Deinhardt • Panzergrenadiere im Kalten Krieg

Sicherheitspolitik und Streitkräfte der Bundesrepublik Deutschland

Herausgegeben vom
Militärgeschichtlichen Forschungsamt

Band 11

Oldenbourg Verlag München 2012

André Deinhardt

Panzergrenadiere im Kalten Krieg.

Die Geschichte einer Truppengattung zwischen »Massive Retaliation« und »Flexible Response« 1960 bis 1970

Oldenbourg Verlag München 2012

Umschlagabbildungen:
  Panzergrenadiergruppe mit Schützenpanzer HS 30 auf dem Truppen-
  übungsplatz Munsterlager im Juni 1965 (Foto: BPA, Bild-F027418-0012);
  Absitzender Panzergrenadier in Hammelburg 1967 (Foto: SKA/IMZBw)
Vorderes Vorsatzblatt:
  Vom Schützenpanzer HS 30 absitzender Panzergrenadier, Hammelburg 1960.
  SKA/IMZBw, Siwik
Hinteres Vorsatzblatt:
  Schützentruppe in geöffneter Ordnung (Schützenreihe). Militärhistorisches
  Museum der Bundeswehr

Die Deutsche Nationalbibliothek verzeichnet diese Publikation in der Deutschen
Nationalbiografie; detaillierte bibliografische Daten sind im Internet über
www.dnb.de abrufbar.

Zugl.: Dissertation der Fakultät für Staats- und Sozialwissenschaften an der
Universität der Bundeswehr München, 2009

Redaktion und Projektkoordination:
Militärgeschichtliches Forschungsamt, Potsdam
  Lektorat und Bildredaktion: Knud Neuhoff (Berlin) unter Mitarbeit von
  Hubertus von Prittwitz (Berlin) und Carmen Winkel (Potsdam)
  Satz: Christine Mauersberger
  Karten und Grafiken: Frank Schemmerling
  Umschlag- und Bildseitengestaltung: Knud Neuhoff (Berlin) und Medien-
  werkstatt Dieter Lang (Karlsruhe)
Druck: Memminger MedienCentrum, Memmingen
Bindung: Buchbinderei Klotz, Jettingen-Scheppach

ISBN 978-3-486-70464-8

Inhalt

Danksagung

Die vorliegende Dissertation ist erfolgreich abgeschlossen. Dies gibt mir die Möglichkeit, mich bei den vielen Menschen zu bedanken, die dieses Forschungsprojekt erst ermöglichten. Allen voran möchte ich mich bei meinem Vater, Dr. Ing. Michael Deinhardt, für kritische und immer konstruktive Diskussionen bedanken. Ihm möchte ich diese Arbeit widmen, denn er weckte mein Interesse an der Geschichte. Meiner geliebten Frau Catherina und meiner lieben Mutter Angelika Deinhardt bin ich für sehr viel Geduld und Toleranz dankbar.

Für die sehr gute Betreuung der Arbeit bin ich der Präsidentin der Universität der Bundeswehr München, Prof. Dr. Merith Niehuss, und dem Wissenschaftlichen Direktor am Militärgeschichtlichen Forschungsamt (MGFA), Privatdozent Dr. Dieter Krüger, in Potsdam zu Dank verpflichtet. Sie erst gaben mir die Möglichkeit dieses Thema anzugehen. Viele ihrer wichtigen und hilfreichen Anregungen, u.a. zu methodischen Ansätzen und der Struktur, halfen mir bei der Forschungsarbeit.

Weiterhin bin ich vielen Mitarbeitern im MGFA und im Bundesarchiv-Militärarchiv in Freiburg i.Br. zu Dank verpflichtet. Sie haben mich offenherzig in ihrer Mitte aufgenommen und standen mir jederzeit mit gutem Rat, aber auch mit der einen oder anderen Akte zur Seite. Stellvertretend möchte ich an dieser Stelle Oberstleutnant Dr. Rudolf Schlaffer, Oberstleutnant Dr. Helmuth Hammerich, Oberstleutnant d.R. Dr. Martin Rink, Oberstleutnant Dr. Christian Stachelbeck und Oberstleutnant Dr. Dieter Kollmer nennen. In diesem Zusammenhang danke ich auch der Schriftleitung des MGFA dafür, das Manuskript druckreif vorbereitet zu haben. Den beiden Lektoren Knud Neuhoff und Hubertus von Prittwitz bin ich für die vielen guten Anregungen sehr verbunden.

Für praktische Einweisung am Kriegsgerät der 1960er Jahre sowie für die Bereitstellung weiterer Akten bin ich Stabsfeldwebel a.D. Hans-Joachim Drost und den Mitarbeitern des Deutschen Panzermuseums in Munster verbunden. Offene Ohren und Unterstützung fand ich ebenfalls in der Gruppe Weiterentwicklung der Panzertruppenschule Munster. Stellvertretend möchte ich hier den ehemaligen Leiter der Gruppe Weiterentwicklung nennen, Oberstleutnant Wolfgang Stipanit, ebenso Oberstleutnant Jens Scheerer.

Nicht zuletzt ist die Arbeit das Ergebnis von dreizehn Jahren praktischer Berufserfahrung als Soldat, von denen mich meine vierjährige Dienstzeit im Panzergrenadierbataillon 421 in Brandenburg an der Havel mit zwei Einsätzen in Afghanistan sowie ein Jahr im Gefechtsübungszentrum des Heeres in Letzlingen besonders intensiv beeinflusst haben. In dieser Zeit waren es immer wieder Soldaten aller Dienstgradgruppen, welche mich kameradschaftlich bei dem Forschungsprojekt unterstützten. Ihnen allen bin ich ausgesprochen dankbar!

Potsdam im August 2011
André Deinhardt

I. Einleitung

In den 1960er Jahren wurde in der Bundesrepublik Deutschland vor dem Hintergrund des Ost-West-Konflikts auf allen Ebenen ein Diskurs zwischen Kontinuität und Neuausrichtung geführt[1]. Dies schlug sich vor allem auf Wirtschaft[2], Gesellschaft[3] und Sicherheitspolitik nieder.

In der gegenwärtigen Zeitgeschichtsschreibung wird diesem Jahrzehnt eine eigenständige Bedeutung zugebilligt. Die Bundesrepublik hatte sich von der Notgemeinschaft der Nachkriegszeit zu einer Wohlstandsgesellschaft entwickelt. Die nach wie vor bestehende Dominanz von Pflicht- und Akzeptanzwerten schränkte die neuen individuellen Freiheiten jedoch ein. Die Selbstverwirklichung in der bunten, von automobiler Mobilität und Fernsehen geprägten Konsumwelt stand im Gegensatz zur existenziellen Arbeits- und Berufswelt der Kriegsgenerationen[4].

Auch im Bereich der Sicherheitspolitik ging man nicht mehr von einer existenziellen Bedrohung aus wie noch in den 1950er Jahren. Hierfür stehen die Debatten über den Strategiewechsel der NATO und die Entspannungspolitik[5]. Die »68er Revolte« ist hierbei im Kontext prozessualer Spannungsfelder im Wandel von der industriellen zur postindustriellen Gesellschaft einzuordnen[6]. Die Bundeswehr war hierbei Subjekt und Objekt zugleich. Sie besaß – wie Industrie, Verwaltung, Justiz, Wissenschaft und Politik auch – eine Vielzahl von Kontinuitätssträngen aus dem »Dritten Reich«, was mit ihrer Konzeption als Parlamentsarmee im demokratischen Rechtsstaat nicht vereinbar war. Die Hauptaufgabe der Bundeswehr bestand in der Verteidigung des Territoriums der Bundesrepublik im Rahmen des westlichen Bündnisses. Dabei agierte sie als konventionelle Streitmacht vor dem Hintergrund des apokalyptischen Kriegsbildes eines atomaren Schlagabtausches.

Unter der Überschrift »Bedingt abwehrbereit« wurde im »Spiegel« 1962 der Zustand der Bundeswehr beschrieben und ihr die Fähigkeit abgesprochen, die Bundesrepublik Deutschland zu verteidigen[7]. Ob von diesem Zustandsbericht

---

[1]   Kleßmann, Das Jahr 1968.
[2]   Verlagerung der Wertschöpfung vom sekundären (Industrie) zum tertiären Sektor (Dienstleistung).
[3]   Veränderung der Gesellschaft von einer auf die Erarbeitung des Lebensunterhaltes ausgerichteten »Berufs-« zu einer »Erlebnis-, Konsum- und Wohlstandsgesellschaft«.
[4]   Dörfler-Dierken, Wandel der Werte.
[5]   Gablik, Strategische Planungen, S. 353 f.
[6]   Schild, Vor der Revolte, S. 7.
[7]   [Ahlers], Bedingt Abwehrbereit.

auf die Einsatzbereitschaft der Bundeswehr für das gesamte Jahrzehnt geschlossen werden kann, ist immer noch Gegenstand kontroverser Diskussionen.

Die Panzergrenadiertruppe bildete als Kern des Heeres einen wesentlichen Baustein des Verteidigungsbeitrages der Bundesrepublik im atlantischen Bündnis. Die Untersuchung dieser Truppengattung vor dem Hintergrund des Diskurses zwischen Kontinuität und Neuausrichtung sowie des sicherheitspolitischen Paradigmas, dass die Bundeswehr die Existenz der Bundesrepublik garantieren sollte, verspricht Erkenntnisse zu folgender Leitfrage: War das deutsche Heer im Verbund der NATO zwischen 1959 und 1971 in der Lage, einem atomaren Angriff des Warschauer Paktes erfolgreich zu begegnen? Dies bezieht sich sowohl auf die konventionelle Kampfweise wie auch auf einen möglichen Einsatz von Atomwaffen und greift die Strategiediskussion, welche in den 1960er Jahren innerhalb der deutschen Politik, Gesellschaft und Bundeswehr geführt wurde, auf. Der Spannungsbogen ergibt sich vor allem aus der Neuausrichtung der NATO-Strategie von der »Massive Retaliation« (MC 14/1) hin zur »Flexible Response« (MC 14/3).

Die vorliegende Arbeit soll zudem einen Beitrag zur Organisationsgeschichte, »historisch-kritischen Operationsgeschichte«[8] sowie Technikgeschichte der Bundeswehr leisten. Der Fokus wird hierbei auf den potenziellen Gewaltakteur, dessen Strukturen und Handlungen gelenkt. Dabei wird dieser als in seiner Lebenswelt aktives Subjekt und nicht als isoliertes, einseitig fremdbestimmtes Objekt wahrgenommen. Die Macht und Wirkung der Bundeswehr im Schatten der Zivilgesellschaft der 1960er Jahre bilden den Ausgangspunkt der Untersuchung. Kultur- und alltagsgeschichtliche Untersuchungen flankieren den Ansatz, aber der Schwerpunkt liegt auf dem Militär, der Männergesellschaft und dem Gegensatz von Übungs- und Einsatzwelt. Die vorliegende Arbeit soll eine gemeinsame Dynamik mit, aber auch Kontraste und Widersprüche zur Zivilgesellschaft der 1960er Jahre verdeutlichen[9]. Dieser Perspektivwechsel scheint notwendig, da die militärgeschichtliche Forschung über den Kalten Krieg und die Bundeswehr bisher die eigentlichen Gewaltakteure regelmäßig ausgeklammert hat. Das Militär wird aus diesem Blickwinkel zur Kulisse der strategischen Debatte degradiert. Umgekehrt lässt sich die Validität der strategischen Argumente überprüfen. Die Panzergrenadiertruppe dient hier als markantes Beispiel für die strategischen und vor allem atomaren Optionen im Kalten Krieg. Einige grundlegende Fragestellungen sollen eingehender untersucht werden:

Wo können die Panzergrenadiere innerhalb der Bundeswehr historisch verortet werden? Welche besonderen Aufgaben wurden den Panzergrenadieren im Gesamtkonzept der taktischen und operativen Planung zugewiesen? In welchem sicherheitspolitischen, wirtschaftlichen und gesellschaftlichen Kontext hat sich die Truppengattung entwickelt? Wie kann man das Selbstverständnis der Truppengattung in der untersuchten Zeit definieren? Welchen Einfluss hatten

---

[8] Dülffer, Militärgeschichte, S. 135 f.
[9] Nowosadtko, Krieg, S. 150.

die gesellschaftspolitischen Veränderungen auf die Motivation und das Selbstverständnis der Akteure? Wie wurden operative und strategische Grundsätze
vom Führungsstab des Heeres bzw. der Bundeswehr im Bundesministerium
der Verteidigung (BMVg) bis hin zur Ebene der Bataillone und Kompanien
umgesetzt? Wurde das neue atomar geprägte Kriegsbild durch die Truppengattung abgebildet oder wurde weiterhin in den taktischen und operativen
Mustern des Zweiten Weltkrieges geübt, ausgebildet und geplant? Wer waren
die Hauptakteure beim Aufbau und der Umgestaltung der Truppengattung
und welche Netzwerke bildeten sie? Wie haben sich Struktur, Stärke, Ausrüstung, Ausbildung und Einsatzgrundsätze entwickelt? Welche Truppengattungen
der NATO und des Warschauer Paktes sind mit den Panzergrenadieren ver-
gleichbar? Welche ex- und intrinsischen Motivationen lagen bei den verschiedenen Dienstgradgruppen vor? Wie stellt sich das Einsatz-Szenario der Panzergrenadiere nach dem Ost-West-Konflikt in den »Neuen Kriegen« dar?
Inhaltlich ist die Arbeit in fünf Abschnitte gegliedert: Am Anfang steht die Vorgeschichte der Truppengattung im Zweiten Weltkrieg, gefolgt von den Entwicklungen der Heeresstruktur 1 von 1955 bis 1960. Das Hauptaugenmerk wird
auf die Zeit der Heeresstruktur 2 von 1960 bis 1970 gerichtet und durch eine
Zustandbeschreibung der nachfolgenden Periode sowie einen Ausblick auf
Gegenwärtiges abgerundet. In jedem Abschnitt werden die Rahmenbedingungen, Strukturen und Besonderheiten der Führungs- und Kampfweise sowie die
Ausrüstung der Truppengattung untersucht. Die Rahmenbedingungen für die
Entwicklung der Panzergrenadiertruppe zwischen 1959 und 1971 wurden von
sicherheitspolitischen, wirtschaftlichen und gesellschaftlichen Entwicklungen
festgelegt. Die sicherheitspolitischen Interessen der Bundesrepublik Deutschland wurden im Wesentlichen von folgenden Zielen geleitet:
>>1. einen Krieg in Deutschland zu verhindern, der sich aus einem Konflikt
    der Weltmächte im zentraleuropäischen Raum entwickeln könnte,
  2. einer Sicherheits- und Verteidigungspolitik zu folgen, die dem poten-
    ziellen Gegner einen Krieg um die Kontrolle in Zentraleuropa als unkal-
    kulierbar erscheinen lassen würde, und
  3. einer Absicherung nationaler Sicherheitsinteressen in einem Bündnis, das
    einen Angriff der Sowjetunion auf Deutschland als kollektiven Angriff
    bewertet und dessen militärische Reaktion in der Verteidigung grund-
    sätzlich auch das Staatsgebiet des Angreifers einschließen würde[10].<<
Zudem sollten mithilfe eines Verteidigungsbeitrages die Handlungsoptionen
der Bundesrepublik Deutschland in anderen Politikfeldern erweitert werden.
Den sicherheitspolitischen Interessen werden eine Bedrohungsanalyse für das
Bundesgebiet sowie die verschiedenen Perzeptionen des modernen Kriegsbildes in den 1960er Jahren gegenübergestellt. Es galt, die zentrale Frage zu
beantworten, ob die Bundesrepublik eine bewegliche, operativ geführte Verteidigung mit dem Schwerpunkt auf den konventionellen Kräften – deren wesentlicher Bestandteil die Panzergrenadiere waren – oder eine statische Verteidi-

---

[10]   Wieck, Die Bundesrepublik, S. 304.

gung mit Schwerpunkt auf der atomaren Abschreckung benötigte. Dabei stand das strategische Dilemma im Vordergrund, wie die Bundesrepublik am besten zu verteidigen wäre, ohne dabei selbst zerstört zu werden.

Die wirtschaftlichen Rahmenbedingungen waren gekennzeichnet von extrem hohen Wachstumsraten in der Zeit des »Wirtschaftswunders« und durch die erste Konjunkturkrise 1966/67, bei außergewöhnlich hohen Verteidigungsausgaben. Nur durch das starke Wirtschaftswachstum konnte die Aufrüstung finanziert werden.

Der gesellschaftliche Kontext dient vor allem der Verdeutlichung von parallelen und ungleichen Entwicklungen zwischen militärischer Binnenwelt und Zivilgesellschaft sowie deren Wechselwirkungen.

Innerhalb der wechselnden Heeresstrukturen – stets Ergebnis und Ausgangspunkt von Willensbildungsprozessen in Politik und Militär – wird der sich verändernde Ort der Panzergrenadiere innerhalb des Gesamtsystems Bundeswehr definiert. Der kontinuierliche Wandel innerhalb der Panzergrenadiertruppe soll anhand eines Vergleichs der ersten drei Heeresstrukturen und den zugrunde liegenden strategischen und operativen Überlegungen dargestellt werden. Im Vordergrund steht der Strategiewechsel der NATO von der Doktrin der »Massive Retaliation«[11] zur »Flexible Response«. Jedoch spiegeln sich die Vorbilder der westlichen Alliierten sowie die Erfahrungen der Wehrmacht nur teilweise in der Entwicklung der Panzergrenadiere der Bundeswehr wider. Somit bilden die verschiedenen Gliederungen der Panzergrenadierbataillone den Großteil der Betrachtungen zum Thema, Schwerpunkte sind hier Auftrag, Personal- und Materialumfang. Den Strukturen der Panzergrenadiere in der Bundeswehr wird die Betrachtung der Motorisierten (Mot.-) Schützen in der Nationalen Volksarmee (NVA) gegenübergestellt, da die NVA neben den sowjetischen Kräften als Hauptgegner der Bundeswehr in einem möglichen Konfliktfall galt. Der hohe Grad der Standardisierung innerhalb der Streitkräfte des Warschauer Paktes erlaubt es, anhand der Motorisierten Schützenverbände der NVA exemplarische Vergleiche mit den Panzergrenadieren zu ziehen.

In jedem Abschnitt wird einerseits die Kampfweise der Panzergrenadiere untersucht, zum anderen die Führungsmethoden. Die Besonderheit der Truppengattung besteht im Wechsel von auf- und abgesessener Gefechtsführung sowie in der Begleitung von Kampfpanzern – dem Kampf der verbundenen Waffen. Von besonderer Bedeutung ist hierbei die neuartige Bedrohung durch atomare Kampfmittel. Zum Verständnis dieses komplexen Prozesses wird näher auf die Geschichte und Entwicklung der Kampfweise der Panzergrenadiere eingegangen. Die Entwicklung der Panzerwaffe, die »Seekriegsstrategie zu Lande« von John F.C. Fuller, wie auch die Ideen und Vorstellungen von Heinz Guderian vor und während des Zweiten Weltkrieges werden hierbei eingehend betrachtet.

Die Vorgaben durch die westlichen Alliierten waren für die Grundausrichtung beim Aufbau der Panzergrenadiertruppe neben den Erfahrungen während des Zweiten Weltkrieges maßgeblich. Aus den strategischen Zielstellungen

---

[11]   Die Entwicklung deutscher Sicherheitspolitik, S. 63; vgl. Thoß, Der Beitritt.

ergab sich die zentrale Frage, ob Panzergrenadiere eher als Infanterie zur relativ statischen Verteidigung oder als Teil der Panzerwaffe zur beweglichen Verteidigung eingesetzt werden sollten. Innerhalb der Truppengattung entwickelte sich aus dieser Fragestellung die bis heute anhaltende Diskussion über die Zugehörigkeit der Panzergrenadiere zur Panzertruppe oder zur Infanterie. Anhand von Stärke- und Ausrüstungsnachweisen (STAN), Übungsunterlagen, Korrespondenzen und Dienstvorschriften werden diese Aspekte näher beleuchtet.

Die Einordnung der Panzergrenadiere in das Gesamtsystem Bundeswehr lässt sich durch eine Gegenüberstellung der wichtigsten Rüstungsprojekte der damaligen Zeit und die Ausgaben für die zwei relevanten Projekte der Panzergrenadiere, die Schützenpanzer »HS 30« und »Marder«, eindeutig charakterisieren. Weiterhin wird die Leistungsfähigkeit der Rüstungsindustrie, insbesondere hinsichtlich des Baus von Panzern bewertet, da diese eine wesentliche Voraussetzung für den Aufbau der Panzergrenadiertruppe darstellt. Im Zentrum der Betrachtung stehen die Entwicklung, Beschaffung und Einführung o.g. Hauptwaffensysteme. Für die Charakterisierung des abgesessenen Kampfes wird exemplarisch die Entwicklung von verschiedenen Handwaffen vorgestellt. Der Beschaffungsprozess wird mit Blick auf Akteure, Gruppen und Netzwerke untersucht. Die Probleme und Fehler bei der Einführung des Schützenpanzers HS 30 finden an dieser Stelle Eingang, um die Motive bei der nachfolgenden Beschaffung des Schützenpanzers Marder vonseiten des Militärs, aber auch der Industrie einschätzen zu können. Die Aktivitäten der Firmen Hanomag, Henschel, MOWAG, Atlas MaK und ab 1967 der Rheinstahl AG werden hierbei ebenso betrachtet wie die des BMVg, des Bundesamtes für Wehrtechnik und Beschaffung (BWB) und der Truppenschulen sowie des Haushalts- und Verteidigungsausschusses. Die Technikgeschichte dient hierbei lediglich als Ausgangspunkt für die Verdeutlichung struktureller Akteursbeziehungen. Ferner wird die Ausrüstung der Panzergrenadiere mit jener der Mot.-Schützen verglichen. Die Kriterien sind vor allem Standardisierung, Reichweite, Verfügbarkeit, Praktikabilität und Abdeckung des Gefechtsfeldes mit Feuer sowie Beschaffungs- und Unterhaltskosten.

Im Ausblick wird der Fragestellung nachgegangen, welche Bedeutung Panzergrenadiere nach 1971 bis hin zu den asymmetrischen Bedrohungslagen der Gegenwart hatten und haben. Einen Schwerpunkt bildet der aktuelle Spagat zwischen Auslandseinsätzen mit erweitertem Aufgabenspektrum und dem klassischen Verteidigungsauftrag im Bündnissystem der NATO.

Die Quellenlage zum Thema ist unübersichtlich. Viele Dokumente in den Beständen des Bundesarchiv-Militärarchivs (BA-MA) sind zugänglich, da die Sperrfristen abgelaufen sind. Sie umfassen vor allem die Stärke- und Ausrüstungsnachweise, verschiedene Dienstvorschriften, Übungsaufzeichnungen, Unterlagen zu Truppenversuchen und Disziplinarverfahren sowie Korrespondenz zwischen dem Bundesministerium für Verteidigung, dem Bundesamt für Wehrtechnik und Beschaffung, der Industrie sowie dem Spezialstab Allgemeine Truppenversuche (ATV) in Munster. Das Archiv der Gruppe »Weiterentwicklung an der Panzertruppenschule« und das Archiv des Deutschen Panzermuseums ergänzen die Quellen des BA-MA, vor allem mit Blick auf den Beschaffungsprozess für die Ausrüstung.

Die Sicht des Parlaments auf besagte Truppengattung beleuchten Dokumente aus dem Archiv des Deutschen Bundestages. Im Mittelpunkt stehen hierbei die Berichte des 1. Untersuchungsausschusses des 5. Deutschen Bundestages sowie diverse Anfragen der Fraktionen an die Bundesregierung. Als Sekundärquellen werden einerseits Fachzeitschriften aus dem militärischen Bereich bzw. der Rüstungsindustrie genutzt, andererseits wird auf Tageszeitungen und Wochenzeitschriften zurückgegriffen.

Zum Thema existieren drei nennenswerte Monografien und eine Diplomarbeit. Die Werke von Ferdinand Maria von Senger und Etterlin sowie Horst Riemann datieren auf 1961 bzw. 1989. Ihr Schwerpunkt liegt auf der Entwicklung und dem Einsatz von Panzergrenadieren im Zweiten Weltkrieg. Die Diplomarbeit von André Forkert aus dem Jahr 2002 bezieht sich vor allem auf die Anfangsjahre der Truppengattung bis 1960. Die umfangreichste Veröffentlichung wurde 2004 durch Klaus Christian Richter herausgegeben. Das Autorenteam folgte einem weitgehend chronologischen Konzept, welches die Entwicklung der Panzergrenadiere in ihrer Binnenstruktur von den Ursprüngen bis in die Gegenwart nachzeichnet, wobei der Schwerpunkt auch hier auf dem Zweiten Weltkrieg liegt.

Für die Einordnung der Panzergrenadiere in die Geschichte der Bundeswehr sind vor allem die Arbeiten des Militärgeschichtlichen Forschungsamtes (MGFA) in der hier vorliegenden Reihe »Sicherheitspolitik und Streitkräfte der Bundesrepublik Deutschland« wertvoll. Hervorzuheben ist hierbei die Publikation »Das Heer 1950 bis 1970« von Helmut R. Hammerich, Dieter Kollmer, Martin Rink und Rudolf J. Schlaffer. Für den Abschnitt »Ausrüstung« wurde an die Dissertation von Dieter Kollmer über die Rüstungsgüterbeschaffung am Beispiel des HS 30 (1953-1961) angeknüpft. Eine Verortung in der Geschichte der Bundesrepublik erfolgt in erster Linie mithilfe der Arbeiten von Hans-Peter Schwarz und Manfred Görtemaker. Zeitzeugen aus Militär, Politik und Industrie werden ebenso einbezogen, woraus sich einerseits die Möglichkeit ergibt, Schriftsätze aus militärischen Aktenbeständen neu zu beleuchten[12] und andererseits die Aussagen von Zeitzeugen kritisch zu hinterfragen.

---

[12] Herbst, Komplexität und Chaos, S. 36.

II. Vorgeschichte der Panzergrenadiere bis 1945

1. Zur Namensgebung

Ende der 1950er Jahre hatte die NATO den Anspruch, mit ihren atomaren und konventionellen Fähigkeiten eine wirkungsvolle Abschreckung gegen die sowjetische Bedrohung darzustellen[1]. Der Hauptbeitrag der Bundesrepublik Deutschland zu dieser in Westeuropa stationierten Streitmacht bestand aus zwölf konventionellen Heeresdivisionen. Zehn dieser Divisionen sollten als Panzer- bzw. Panzergrenadierdivisionen den Kern des deutschen Heeres bilden. Den infanteristischen Kampfauftrag dieser Divisionen übernahmen die »Panzergrenadiere« bzw. »Grenadiere«.

Den Wortstamm »Grenadier« und viele der damit verbundenen Eigenschaften führen die »Panzergrenadiere« auf eine Truppengattung des 17. Jahrhunderts zurück, deren Aufgabe es war, im Gefecht Handgranaten in feindliche Stellungen zu werfen. Diese befanden sich in ledernen Umhängetaschen[2] und bestanden aus ca. 2-3 Pfund schweren Hohlkugeln aus Eisen, Blei oder Glas. »Grenadier« ist dem Italienischen »granata« entlehnt, welches wiederum von der »körnigen Frucht des Granatbaumes«, also dem Granatapfel, stammt und Handgranate bedeutet. Der Grenadier wurde auch als »Grenadierer«, »Granatier« oder »Granatschleuderer« bezeichnet. Die Granate kam bereits im 16. Jahrhundert im Festungskrieg zur Anwendung, im 17. Jahrhundert wurde sie auch im Feldkrieg eingesetzt. Dazu beauftragte man Freiwillige aus den Reihen der Musketiere. Diese mussten besonders stämmig und stark sein, um die Granaten so weit werfen zu können, dass sie die eigenen Soldaten nicht gefährdeten. Das Anzünden und Werfen galt als besonders gefährlich und wurde oft mit Soldzulagen und Freistellung vom Wachdienst honoriert[3].

Eine weitere Sonderstellung betraf die Form der Kopfbedeckung. Die Grenadiere durften eine Art Zipfelmütze tragen, wie seinerzeit bei Handwerkern üblich, und nicht den damals üblichen breitkrempigen Infanteriehut. Dank dieser »Grenadiermütze« – anfänglich »Bischofsmütze« genannt – war ihnen ein besseres Werfen der Granaten möglich[4]. Um die Größe der Grenadiere noch mehr hervorzuheben, versteifte man die Krempe und befestigte über der Stirn

---

[1] Greiner, Das militärstrategische Konzept, S. 211; vgl. Schlaffer, Anmerkungen, S. 501.
[2] Castner, Militär-Lexikon, S. 169.
[3] Transfeldt, Wort und Brauch, S. 92.
[4] Illustrirtes Deutsches Militär-Lexikon, S. 291.

ein oftmals verziertes Metallschild. Diese Mütze wurde zum Markenzeichen der Grenadiere[5].

Die ersten Grenadiereinheiten wurden in Frankreich im Jahre 1667 aufgestellt. In Österreich war es um 1670 soweit, in Brandenburg 1676 und in Bayern 1682. Im 18. Jahrhundert verloren die Granaten an Wirksamkeit, da es zu Weiterentwicklungen bei Artillerie und Gewehren kam, die gleichsam taktische Veränderungen zur Folge hatten. Später erhielten die Grenadiere, wie die Infanterie, Gewehre und wurden ihr gleichgestellt. Vor allem in Preußen verwendete man den Namen weiter und gliederte die Grenadiere als Garde-Infanterie in das Heer ein. Bei den preußischen Garde-Infanterieregimentern war der niedrigste Mannschaftsdienstgrad des ersten und zweiten Bataillons der des »Grenadiers«; desweiteren trugen die Regimenter Nr. 1-12, 89, 100, 101, 109 und 110 bis 1918 den Namen »Grenadierregiment«. Ihr Abzeichen war ein weißer bzw. schwarzer Rosshaarschweif am Helm[6]. Die »Panzergrenadiere« des Zweiten Weltkrieges besaßen ebenfalls einen Elitestatus. Die Eigenschaften von hervorragenden Infanteristen sollten zur Begleitung und zum gemeinsamen Kampf mit der neu entwickelten Panzerwaffe genutzt werden.

In den 1960er Jahren wurde die Bezeichnung »Panzergrenadier« synonym für Infanterist, ausgenommen Gebirgsjäger und Fallschirmjäger, verwendet. Aus der einstigen »Elitetruppengattung« sollte die »gepanzerte Einheitsinfanterie« der Zukunft werden, was mit der Einführung der Heeresstruktur 2 am 16. März 1959 festgelegt wurde[7]. Somit war die Bezeichnung der Truppengattung mehr Planungsabsicht als Ausweis tatsächlicher Ausrüstung und Ausbildung[8].

Gemäß den militärischen Erfahrungen und Konzepten des Zweiten Weltkrieges sollten Panzergrenadiere Soldaten sein, die mit einem Schützenpanzer und Handwaffen ausgerüstet in der Lage waren, den auf- und abgesessenen Kampf im Rahmen des Kampfes der verbundenen Waffen zu führen. Dabei kennzeichnen der schnelle Wechsel der Kampfweise und der enge Verbund mit den Kampfpanzern das beweglich geführte Gefecht[9]. So lautete zumindest das Konzept. Innerhalb der Bundeswehr unterschied man während der 1960er Jahre drei Bataillonstypen:
1. Panzergrenadierbataillone (SPz) (mit Schützenpanzer)
2. Panzergrenadierbataillone (mot.) (nur mit LKW)
3. Panzergrenadierbataillone (MTW) (mit gep. Mannschaftstransportwagen)[10].
Diese Bataillone fanden sich in allen Divisionstypen sowie in allen Panzer- und allen Panzergrenadierbrigaden[11].

---

5   Transfeldt, Wort und Brauch, S. 92.
6   Ebd., S. 90.
7   Forkert, Die Entstehung, S. 5. Vgl. Hammerich/Kollmer/Rink/Schlaffer, Das Heer, S. 755.
8   Hammerich/Kollmer/Rink/Schlaffer, Das Heer, S. 480.
9   Senger und Etterlin, Die Panzergrenadiere, S. 99. Vgl. Middeldorf, Taktik im Rußlandfeldzug, S. 51.
10   Die Panzergrenadiere MTW wurden erst 1962 mit der Beschaffung des Mannschaftstransportwagens M 113 eingeführt.
11   Auch in der 1. Luftlandedivision waren Panzergrenadiere eingegliedert, vgl. stv. Kdr. PzBtl 273 an 1. LLDiv: Gliederung PzBtl 273 »Panzerbataillon mit organisch eingegliederter Panzergrenadierkompanie (SPz)«, Böblingen 6.10.1961, ADP, Az. 10-31-12-08.

◀ Abb. 1:
Grenadier des preußischen Infanterieregiments Alt-Dohna (1709) mit charakteristischer Kopfbedeckung beim Werfen einer Granate. Im Hintergrund Musketiere mit dem seinerzeit üblichen Infanteriehut. Lithografie von Richard Knötel.

MGFA, Sammlung Bleckwenn

▶ Abb. 2:
Angehöriger des Dragonerregiments von Derfflinger, das 1714 den Ehrennamen Grenadierregiment zu Pferde erhielt, was in der für einen Kavallaristen untypischen Kopfbedeckung zum Ausdruck kommt.

MGFA, Sammlung Bleckwenn

▲ Abb. 3:
Der Erste Weltkrieg bedeutete für sämtliche Kavalleristen »Absitzen«. Soldaten des Reserve-Husaren-Regiments 11 im Schützengraben, 1916.

BArch, Bild 136-B0560, Tellgmann

▶ Abb. 4:
»Panzergrenadiere! Junge Waffe – alte Tradition«. Plakat des PK-Zeichners Walter Gotschke.

©www.gotschke-art.com, 2011

Das Hauptwaffensystem der Panzergrenadiere (SPz) war der Schützenpanzer (lang) HS 30. Den Panzergrenadieren (mot.) sowie den Panzergrenadieren (MTW) standen lediglich Transportmittel in Form von LKW oder gepanzerten Mannschaftstransportwagen zur Verfügung. Über das Bataillon hinaus gab es noch die Panzergrenadierbrigade oder -division«. Bis zur Ebene des Bataillons kann man in Hinblick auf Einsatzgrundsätze und Ausrüstung weitgehend von einem von »Panzergrenadieren« beherrschten Verband sprechen. Bei den Brigaden bzw. Divisionen ist dies nicht mehr der Fall. Sie besaßen zwar einen Kern aus Panzergrenadierbataillonen, vereinten aber eine Vielzahl von weiteren Truppengattungen in ihren Verbänden. Die Panzergrenadierbrigaden bzw. Panzergrenadierdivisionen waren, je nach Heeresstruktur, die Träger des Kampfes der verbunden Waffen.

2. Grundlagen der Kampfweise

a) Herkunft

Die Ursprünge der späteren Panzergrenadiere lassen sich in vielen Kriegsformationen erkennen. Einer der Grundgedanken – welcher sich in der Geschichte der Kriegführung immer wieder findet – besteht darin, Fußtruppen berittenen Kräften folgen zu lassen bzw. sie zu begleiten. Dadurch war ihnen u.a. die Möglichkeit gegeben, ausgeruht und zum rechten Augenblick in das Kampfgeschehen eingreifen zu können, zumal nur die Infanterie in der Lage war, den durch die Kavallerie gewonnenen Raum zu halten. Dafür verlastete man zu Fuß kämpfende Kräfte frühzeitig auf Wagen oder Pferde.

Ein charakteristisches Beispiel hierfür sind die Dragoner. Sie saßen vor dem Gefecht ab, um zu Fuß zu kämpfen[12]. Ihr Vorteil bestand in ihrer schnellen Verlegbarkeit und der Fähigkeit, gewonnenen Raum zu behaupten. Der Nachteil waren die hohen Kosten, da die Pferde in der Schlacht regelmäßig verletzt wurden oder in Feindeshand fielen. Deshalb wurden Dragoner oft nur mit »billigen« Pferden ausgestattet. Ein geläufiger Spruch, der ihre Kampfweise deutlich zum Ausdruck bringt, lautete: »Ein Dragoner ist halb Mensch, halb Vieh, aufs Pferd gesetzte Infanterie«.

Das Paradebeispiel für das beweglich geführte Gefecht der Dragoner ist Jan Hoffmann zufolge die Schlacht bei Fehrbellin 1675 im Schwedisch-Brandenburgischen Krieg. Dabei standen sich die schwedischen Truppen unter Feldmarschall Ferdinand von Wrangel und die Brandenburger unter dem Großen Kurfürsten Friedrich Wilhelm von Brandenburg gegenüber. Ziel der Brandenburger war es, den Schweden den Übergang über die Havel nach Westen zu verwehren und sie mit dem Rücken zum Fluss zu einer Schlacht zu zwingen. Dazu waren schnelle Truppen, also Dragoner und Kavallerie notwendig. Hier-

---

[12] Hoffmann, ... und wenn ein Dragoner vom Pferde fällt, S. 15.

bei waren die brandenburgischen Dragoner gegenüber den schwedischen Truppen im Vorteil, weil sie nicht nur den Feind verfolgen konnten, sondern auch in
der Lage waren, das abgesessene Gefecht in der Verteidigung erfolgreich zu führen. Das Schlüsselgelände der Schlacht war eine Anhöhe vor Havelberg am rechten Flügel der schwedischen Stellungen, welches die Kavallerie gewonnen hatte
und von den Dragonern gehalten wurde. Dadurch entschieden die Dragoner die
Schlacht für die Brandenburger[13]. Neben dem Transport von Infanterie zu Pferde
gab es auch schon früh Ansätze, Soldaten von Wagen aus kämpfen zu lassen und
ihnen damit zusätzlich zur Beweglichkeit auch noch Schutz vor Angriffen zu bieten. Als ein Beispiel seien hier die Streitwagen der Hussiten genannt[14].

Der Dreiklang von Invention (Erfindung), Innovation (Einführung) und Imi-
tation (Verbreitung), welcher die Dynamik technischen Fortschritts bestimmt,
steigerte sich infolge der Französischen und Industriellen Revolution beträcht-
lich[15]. Den für die zukünftigen Panzergrenadiere entscheidenden Fortschritt
brachte Ende des 19. Jahrhunderts die Invention des Verbrennungsmotors und
dessen Einbau in sogenannte Motorkutschen. Bereits vor dessen breiter Nutzung erfuhr die Beweglichkeit von Truppen und Informationen durch den Einsatz von Eisenbahn und Telegrafie einen kriegsentscheidenden Sprung nach
vorn. Besondere Auswirkungen zeigte dies im Amerikanischen Bürgerkrieg
von 1861-1865[16], im Krieg zwischen Preußen und Österreich von 1866 sowie
dem Deutsch-Französischen Krieg von 1870/71[17].

Die Motorkutsche als Mittel der Kriegführung wurde im Ersten Weltkrieg zuerst beim Tross eingesetzt. Eines der Beispiele dafür, wie mit unkonventionellen
Mitteln Truppen am Anfang des Ersten Weltkrieges verlegt wurden, sind die Fahr-
ten der Pariser Taxen und Omnibusse zur Front während der Marneschlacht 1914[18].
Die deutschen Truppen hatten Anfang September 1914 ihren Angriff bis 18 km
vor Paris getragen. Am 6. September begann ein französischer Gegenangriff auf
der gesamten Frontlänge von Verdun bis in den Raum Paris. Dafür ließ der französische General Joseph Galiéni alle Kraftdroschken der französischen Hauptstadt beschlagnahmen, seine Infanteristen aufsitzen und an die Front fahren.
Wahrscheinlich wurden damit zum ersten Mal in der Geschichte Truppen auf
Kraftfahrzeugen ins Kampfgebiet transportiert. Dabei entstand auch die Legende,
dass die Pariser Taxen den Sieg an der Marne zu verantworten hätten. Tatsächlich
wurden mit ca. 1100 Motordroschken nur etwa 6000 Soldaten an die Front beför-
dert. Sie kamen dort in solcher Unordnung an, dass sie erst in die Kämpfe eingreifen konnten, als sich die deutschen Truppen schon auf dem Rückzug befanden[19].

---

13 Bauer, Fehrbellin, S. 137 f.; vgl. Scheibert, Deutsche Panzergrenadiere, S. 8; vgl. Riemann,
    Deutsche Panzergrenadiere, S. 15 f.
14 Hoffmann, ... und wenn ein Dragoner vom Pferde fällt, S. 18.
15 Neubauer, Grundzüge der Volkswirtschaftslehre, S. 16 f.
16 Heideking, Geschichte der USA, S. 172 f. und S. 194; vgl. Fuller, Machine Warfare, S. 9.
17 Epkenhans, Einigung durch »Eisen und Blut«, S. 336-357; vgl. Montgomery, Kriegsge-
    schichte, S. 426.
18 Scheibert, Deutsche Panzergrenadiere, S. 8.
19 Tuchman, August 1914, S. 457; vgl. Blond, Die Marne-Schlacht, S. 232.

Der Motorisierung folgte die Mechanisierung des Krieges. Den Eintritt in diese Phase symbolisiert die Entwicklung des »Tanks« oder auch Kampfpanzers. Wichtige Erfahrungen mit der Panzerwaffe wurden im Ersten Weltkrieg vor allem durch die Engländer und Franzosen gemacht[20]. Der Panzer war, nach dem Einsatz von Giftgas, die zweite Option, um die erstarrten Fronten des Ersten Weltkrieges wieder in Bewegung zu versetzen. Während der Somme-Schlacht am 15. September 1915 kamen erstmalig Panzer, wenn auch in geringer Zahl, da technisch noch nicht ausgereift, zum Einsatz. Dies änderte sich mit der Cambrai-Schlacht am 20. November 1917. Hier wurden gemäß der Taktik des »Seekrieges zu Lande«[21] erstmals Panzer in größerer Zahl zur Wirkung gebracht[22]. Nicht nur der Vordenker der Panzertaktik, John F.C. Fuller, nannte diese Schlacht später eine »taktische Revolution«[23]. Die Anfangserfolge des Panzer-Angriffs von Cambrai konnten jedoch aufgrund ungenügender Infanteriebegleitung nicht genutzt und das Gelände nicht gehalten werden[24].

Wie schutzlos die traditionelle Infanterie gegen Panzer war, wurde am 24. April 1918 deutlich, als sieben mittlere englische Panzer des Modells A bei einer Erprobungsfahrt auf vier deutsche Infanteriebataillone stießen und dabei ohne eigene Verluste mit ihren Bordwaffen 500 deutsche Soldaten töteten[25].

Der größte Angriff dieser Art im Ersten Weltkrieg begann am 18. August 1918 bei Amiens mit ca. 600 Panzern nebst folgender Infanterie. Um den Zusammenhang der Gefechtsführung zu gewährleisten, d.h. Infanterie und Artillerie Schritt halten zu lassen, mussten die Panzer mehrstündige Pausen einlegen. Probleme ergaben sich auch bei der technischen Zuverlässigkeit und dem Nachschub. Dies gab den Deutschen Zeit, um den Einbruch mit Reserven abzuriegeln. Eine großräumige Nutzung des operativen Erfolges war dadurch nicht mehr möglich[26]. Mit einer durchschnittlichen Geschwindigkeit von 3 km/h und einer Reichweite von 24 Kilometern bewegten sich die seinerzeitigen Panzer noch sehr langsam. Im Vergleich zur Angriffsgeschwindigkeit der Infanterie durch die gegnerischen Kampfgräben waren sie jedoch schnell[27].

Am Ende des Ersten Weltkrieges lag der Fokus noch nicht auf dem beweglichen Kampf der verbundenen Waffen. Die dafür nötigen Begleitwaffen, wie gepanzerte Infanterie und Panzerartillerie, sollten erst im Zweiten Weltkrieg zum Einsatz kommen. Zwischen 1914 und 1918 lag der Schwerpunkt der Motorisierung bei dem Transport von Truppen und Versorgungsgütern zur Front sowie bei den Panzern, welche zum Frontdurchbruch von beiden Kriegsparteien als Begleitung der Infanterie eingesetzt wurden[28]. Nach 1940 wandelte sich bei

---

[20] Fuller, Die entartete Kunst, S. 192 f.; vgl. Guderian, Erinnerungen, S. 15.
[21] Fuller, Tanks, S. 18.
[22] Insgesamt 378 Kampf- und 98 Nachschubtanks; siehe Sheppard, Die Tanks, S. 42; vgl. Sagmeister, General der Artillerie, S. 154.
[23] Fuller, Machine Warfare, S. 17.
[24] Sheppard, Die Tanks, S. 44.
[25] Ebd., S. 51.
[26] Sagmeister, General der Artillerie, S. 154.
[27] Fuller, Die entartete Kunst, S. 192 f.; vgl. Guderian, Erinnerungen, S. 15.
[28] Guderian, Erinnerungen, S. 14 f.

◀ Abb. 5:
Deutscher Stoßtrupp mit Flammenwerfer
an der Westfront, Aufnahme vom 4. April
1917.
BArch, Bild 104-0669

▶ Abb. 6:
Ein durch deutsche Panzerabwehr mit
Flammenwerfer vernichteter britischer
Tank, dessen Besatzung erstickt und
verbrannt ist.
BArch, Bild 146-1994-085-37

◀ Abb. 7:
Deutscher Sturmpanzerwagen A7V mit
aufgesessenen Soldaten, Aufnahme
vom Juli 1918.
BArch, Bild 146-1974-050-12

▶ Abb. 8:
Transport von erbeuteten englischen
Panzern mit der Eisenbahn.
BArch, Bild 183-P1013-313

allen Kriegsparteien die Panzerwaffe von der Unterstützungs- zur Schwerpunkt-
waffe, welche von Infanterie begleitet wurde.

b) Entwicklungen zwischen den Weltkriegen

Die Endphase des Ersten Weltkrieges kann als eine Art Embryonalstadium in
der Entstehung der Panzergrenadiere bezeichnet werden. Die Idee der mechanisierten Kampfführung mit Panzern, begleitet durch motorisierte, mit hoher
Feuerkraft ausgestatteter und mit Funk verbundener Infanterie, war geboren.
Allein die Umsetzung war noch Vision[29].

Ludwig Ritter von Eimannsberger hatte »aus den Erfahrungen des letzten
Krieges [...] schon erkannt, dass Kampfwagen eine Abwehrstellung ohne Begleitinfanterie nicht nehmen können«[30]. Der österreichische Artilleriegeneral entwarf
daher das Modell einer Begleitinfanterie, die – in Spezialpanzern nach britischem
Vorbild – geschlossenen gepanzerten Verbänden zur Seite gestellt werden sollte[31].
Nach dem Ersten Weltkrieg wurde u.a. die taktische und operative Lehre gezogen, dass die Infanterie motorisiert werden und organisch in die Panzerverbände
eingegliedert werden sollte. Basil Henry Liddell Hart schreibt dazu: »Die vorzüg-
lichste Lösung wäre es, die Infanteristen in kleinen, gepanzerten Raupenfahrzeu-
gen zu befördern[32].« Taktisch liegen die Schlussfolgerungen der englischen Vordenker Liddell Hart und Fuller eng beieinander. Tanks sollten demnach die Front
eigenständig und offensiv an der schwächsten Stelle durchbrechen und sämtliche
Führungs- und Versorgungseinrichtungen des Gegners bedrohen[33]. Die »All-
Tank-Theory« sah vor, Kampfpanzerverbände von befestigten Stützpunkten aus
einzusetzen. Sie sollten aus der Luft kommandiert werden[34]. Die Briten sahen die
Panzerwaffe im selbstständigen »schiffsartigen« Einsatz, während die französische Auffassung sie eher als Begleiter der Infanterie und als defensive Waffe
interpretierte[35]. Beide Theorien sollten sich langfristig nicht durchsetzen.

In der Sowjetunion griff K. Kryshanowski Anfang der dreißiger Jahre »das
Problem des selbstständigen motorisierten Schützenverbandes« auf. Seiner Meinung nach sollten Kampfpanzerverbände von motorisierten Schützenverbänden
begleitet werden, die eroberte rückwärtige Stellungsräume und Ortschaften
sichern konnten und damit ein Vordringen bis zu 120 Kilometer in die Tiefe des
gegnerischen Raumes ermöglichten. Damit wandte er sich vom »Seekrieg zu
Lande« ab und entwickelte die Idee der »Stoßkeile« mit dem direkten Zweck
der Besetzung von gewonnenem Territorium[36].

---

[29] Senger und Etterlin, Die Panzergrenadiere, S. 17; vgl. Liddell Hart, Infanterie, S. 43 f.; vgl.
      Eimannsberger, Der Kampfwagenkrieg, S. 111.
[30] Eimannsberger, Der Kampfwagenkrieg, S. 99.
[31] Ebd., S. 106.
[32] Liddell Hart, Infanterie, S. 44.
[33] Sagmeister, General der Artillerie, S. 160.
[34] Senger und Etterlin, Die Panzergrenadiere, S. 19.
[35] Eimannsberger, Der Kampfwagenkrieg, S. 108.
[36] Kryshanowski, Das Problem; vgl. Sagmeister, General der Artillerie, S. 162.

In Österreich war es Eimannsberger, der die Idee des »Seekrieges zu Lande«
und die des »Stoßkeils« verband. In diesem Zusammenhang kritisiert er die
Theorie vom »Seekrieg zu Lande«, weil sie dem Gelände zu wenig Bedeutung
beimaß. Die von ihm geplante Division sollte demzufolge aus zwei Kampf-
wagen- und einer Jägerbrigade mit drei Bataillonen bestehen. Der Jägerbrigade
kam dabei die Aufgabe zu, den eroberten Raum zu halten und Ruhezonen
(Inseln) für die Kampfwagen im feindlichen Hinterland zu sichern, von welchen aus weitere Angriffe erfolgen sollten[37].

Diese Theorien wurden in Großbritannien, Deutschland, der Sowjetunion
und Frankreich nahezu gleichzeitig in den 1920er und 1930er Jahre entwickelt.
Dabei arbeiteten auf der einen Seite England und Frankreich sowie auf der anderen Deutschland und die Sowjetunion eng zusammen.

Als »Mother of all Armoured Divisions« bezeichnet Liddell Hart die Experi-
mental Armoured Force, welche im Mai 1925 im britischen Salisbury aufgestellt
wurde[38]. Dieser Schul- und Experimentierverband beinhaltete, neben zwei Panzerbataillonen und einer Artilleriebatterie, das 2nd Bn. The Somerset L.I., ein
Infanteriebataillon, welches zum Maschinengewehrbataillon umgerüstet worden war[39]. Im Hinblick auf die infanteristische Begleitung existierten in Salisbury
seinerzeit drei Fraktionen: Die erste hielt das MG-Schützenbataillon für ausreichend an, da sie dessen Aufgabe rein defensiv interpretierte. Es sollte gewon-
nenes Gelände halten und die Panzer in den Kampfpausen sichern. Die zweite
wollte die gleichen Kampfaufträge mit einem mechanisierten Infanteriebataillon durchführen. Die dritte und kleinste Fraktion gab der »armoured infantry«
eine offensive Rolle, die immer nah bei den Panzern sein und wenn nötig, abgesessen im Verbund mit den Tanks kämpfen sollte. Die Ideen der dritten Fraktion
speisten sich vor allem aus den Erfahrungen des Irak-Aufstandes von 1922 und
dessen Niederschlagung mit Panzerkampfwagen und Infanterie[40], und kamen
der Kampfweise der späteren Panzergrenadiere am nächsten. Umgesetzt wurde
dies in Salisbury in den 1920er Jahren allerdings nur in einzelnen Übungen[41]. In
den 1930er Jahren setzte sich in den meisten westlichen Ländern die Auffassung
durch, dass Panzer lediglich eine Unterstützungswaffe der Infanterie seien.

Bei der Entwicklung einer Begleitinfanterie waren die Engländer und Franzosen gegenüber den durch die Rüstungsbeschränkung gehandicapten Deutschen klar im Vorteil. Diese verstanden es jedoch durch Improvisation, Zusammenarbeit mit der Sowjetunion sowie die entsprechende Geheimhaltung
den Vorsprung wettzumachen[42]. Im deutschen Militär gab es lediglich zwei
Lager: Die einen sahen die Panzerwaffe lediglich als Begleitschutz der Infanterie und wollten die Aufteilung der Panzerabteilungen auf die verschiedenen
Infanterie- und Kavalleriedivisionen erreichen. Die anderen, welche vor allem

---

[37] Eimannsberger, Der Kampfwagenkrieg, S. 164-166.
[38] Liddell Hart, The Tanks, S. 243-247.
[39] Riemann, Deutsche Panzergrenadiere, S. 17; vgl. Liddell Hart, The Tanks, S. 245.
[40] Riemann, Deutsche Panzergrenadiere, S. 16.
[41] Liddell Hart, The Tanks, S. 248.
[42] Sagmeister, General der Artillerie, S. 111 f.

aus den Kraftfahrtruppen stammten, sahen den Einsatz von Panzern und Begleitwaffen in eigenen Divisionen als erstrebenswert an[43]. Ziel war es, selbstständig, beweglich und raumgreifend zu operieren, wodurch gegnerische Kräfte entweder eingeschlossen bzw. eigene Kräfte massiert werden sollten. Nach den Feldzügen in Polen und Frankreich setzte sich die letzte Ansicht in Deutschland weitgehend durch[44]. In der Reichswehr war es vor allem Heinz Guderian, der den Aufbau einer wirkungsvollen Panzerwaffe aus den Kraftfahrtruppen vorantrieb. Seine Vorbilder hierbei entstammten vor allem der oben genannten englischen Schule der 1920er Jahre. Desweiteren wurden seine Vorstellungen von den Konzepten des österreichischen Offiziers Eimannsberger geprägt. Wolfgang Sagmeister führt eine Reihe von Indizien an, die nahelegen, dass Guderian einen Großteil seiner Ideen von Eimannsberger übernommen hat[45]. Mit der Aufstellung der ersten drei deutschen Panzerdivisionen am 15. Oktober 1935 erzielte die Panzerfraktion einen wichtigen Etappensieg in Deutschland[46].

Von Anfang an wurden verschiedene Truppengattungen integriert. Trotzdem spricht Ferdinand Maria von Senger und Etterlin nur von einer »gemäßigten All-Tank-Theory«. Zu dem neuen Divisionstyp zählten motorisierte Artillerie, Pioniere, Nachrichtentruppen und Schützen. Diese Schützen waren die Begleitinfanterie der Panzerwaffe. Sie stellten eine neue Truppengattung mit eigenen Kampf- und Führungsgrundsätzen dar und können als die direkten Vorgänger der Panzergrenadiere bezeichnet werden[47]. Guderian selbst sah drei Jahre vor Beginn des Zweiten Weltkriegs die Aufgabe der motorisierten Schützen darin, »die Wirkung des Panzerangriffs unverzüglich zum schnellen Vorgehen auszunutzen und durch eigenen Kampfeinsatz zu ergänzen, bis das vom Panzerangriff eroberte Gelände einwandfrei im eigenen Besitz und von Feind gesäubert ist[48].« Ab 1938 wurden die Schützenverbände für den Aufbau der »schnellen Truppen« unter der Führung des Generals der Panzertruppe Heinz Guderian zusammengefasst[49]. Ferner bezeichnete er Panzerung, Bewegung und Feuer als die Hauptmerkmale der Panzerwaffe. Die motorisierten Schützen sah er als Teil dieser neuen Waffe, die im Zweiten Weltkrieg der »Träger der Entscheidung«[50] wurde.

---

[43] Frieser, Blitzkrieg-Legende, S. 40; vgl. Guderian, Erinnerungen, S. 30.
[44] Das Deutsche Reich und der Zweite Weltkrieg, Bd 4, S. 211 (Beitrag Klink).
[45] Sagmeister, General der Artillerie, S. 111 f.
[46] Guderian, Erinnerungen, S. 15 und S. 29.
[47] Senger und Etterlin, Die Panzergrenadiere, S. 35.
[48] Guderian, Die Panzertruppen, S. 22.
[49] Senger und Etterlin, Die Panzergrenadiere, S. 38; vgl. Guderian, Erinnerungen, S. 55.
[50] Guderian, Erinnerungen, S. 35.

◀ Abb. 9:
Schwer bewaffnete französische
Mannschaft eines Panzer Renault FT-17
während der Ruhrbesetzung vor dem
Rathaus in Essen im Januar 1923.
BArch, Bild 102-14187

▶ Abb. 10:
Da durch den Versailler Vertrag
Deutschland Panzer verboten waren,
wurden zu Ausbildungzwecken Autos mit
Blech verkleidet und in einer Übung der
Reichswehr in Tanks »verwandelt«,
Aufnahme vom Februar 1933.
BArch, Bild 102-02203

◀ Abb. 11:
Rückenansicht der Panzerattrappe.
BArch, Bild 102-14329

▶ Abb. 12:
»Ritter alter und moderner Zeit begegnen sich!« Vorführung eines Tanks auf
dem historischen Grund von Azincourt.
BArch, Bild 102-13858

3. Entstehung im Zweiten Weltkrieg

Um die Panzergrenadiere in den 1960er Jahren angemessen beurteilen zu können, bedarf es u.a. der Forschung nach den Ursprüngen und personellen sowie
inhaltlichen Kontinuitäten aus der Wehrmacht. Die Generale Adolf Heusinger,
Johann Adolf Graf von Kielmansegg oder Oskar Munzel sind dabei nur einige
prominente Beispiele von Soldaten, die in der Wehrmacht wie auch in der Bundeswehr für die Themen Mechanisierung und bewegliche Gefechtsführung
standen[51]. Die operativ-taktischen Erfahrungen im Zweiten Weltkrieg sollten
für die Führungs- und Kampfweise von Panzergrenadieren in der Bundeswehr
wichtige Grundlagen bilden.

Die Kampfpanzer entwickelten sich im Zweiten Weltkrieg zur Hauptwaffe
im Erdkampf, von der das Deutsche Reich 25 000 und die Alliierten sogar
200 000 produzierten. Obwohl das Kriegsbild wesentlich durch Kampfpanzer
bestimmt wurde, darf dies jedoch nicht den Blick darauf verstellen, dass die
Masse der Truppen nicht mechanisiert war. Nie zuvor wurden so viele Pferde
eingesetzt. Und entschieden wurde der Krieg letztlich durch die Asymmetrie
der wirtschaftlichen Ressourcenverteilung, die in oben genannten Produktions-
zahlen gut zum Ausdruck kommt[52].

Mit der Verbindung von Panzerung, Feuer und Bewegung, die es erlaubte
auch schwere Waffen direkt an den Feind zu bringen, wuchs der Bedarf nach
einer Infanterie, die schnell verlegbar war und außerdem wirksam im Verband
mit Panzerkräften kämpfen konnte. Diese Aufgabe wurde auf deutscher Seite
von den Panzergrenadieren übernommen, die anfänglich noch als Schützen,
Kavallerieschützen oder motorisierte Infanterie bezeichnet wurden.

Sie waren in Panzerdivisionen[53], den sogenannten leichten Divisionen[54] oder
motorisierten Infanteriedivisionen[55] eingegliedert. 1940 wurden die leichten
Divisionen in Panzerdivisionen umbenannt und entsprechend verstärkt. Anfänglich waren die Schützen mit Krädern und Beiwagen oder vier- bis sechsrädrigen
Halbgruppenfahrzeugen ausgestattet. Später nutzten sie die Schützenpanzerwagen auf Grundlage der verschiedenen Ausführungen des Sonderkraftfahr-
zeuges (SdKfz.) 251 und 252[56].

Während die Schützen der Panzerdivisionen die Waffenfarbe der Panzertruppe, Rosa, trugen, zeigten die Regimenter bei den leichten Divisionen zumeist
das Gelb der Kavallerie, die Infanterieregimenter (mot.) behielten das Weiß der
Infanterie. Damit wird sehr deutlich, dass die Panzergrenadiere ihre Wurzeln

---

[51] Feldmeyer/Meyer, Johann Adolf Graf von Kielmannsegg, S. 25; Meyer, Adolf Heusinger,
      S. 143-261; Munzel, Die deutschen gepanzerten Truppen, S. 102.
[52] Frieser, Blitzkrieg-Legende, S. 439; Elser, Panzergrenadiere, S. 133.
[53] Zu den Panzerdivisionen gehörten je ein bis zwei Schützenregimenter.
[54] Zu den leichten Divisionen gehörten je zwei Kavallerie-Schützenregimenter.
[55] Zu den motorisierten Infanteriedivisionen gehörten je drei, ab 1940 zwei Schützenregi-
      menter.
[56] Munzel, Die deutschen gepanzerten Truppen, S. 53; Kurowski, Grenadiere, S. 12.

nicht nur in den Kraftfahrtruppen, sondern ebenso in der Infanterie und der Kavallerie haben. Im Jahre 1940 wurden die Bezeichnungen unter dem Begriff »Schützen« vereinheitlicht und zwei Jahre später in »Panzergrenadiere« umbenannt, unabhängig davon, ob sie über gepanzerte Fahrzeuge verfügten oder nicht. 1943 bekamen schließlich alle Panzergrenadiere die Waffenfarbe Grün, die vollkommen neu aufgestellte Verbände bereits seit 1939 trugen[57]. Diese Tradition wurde auch von den Panzergrenadieren in der Bundeswehr übernommen.

a) Gliederungsformen der Wehrmacht

Die Gliederungsformen gepanzerter Kampfgruppen der Divisionen spielten vor allem in den Abwehrkämpfen nach der Schlacht am Kursker Bogen[58] als Vorbilder für die Bundeswehr eine wichtige Rolle. Diese bestanden aus einer Panzerabteilung von 40-60 Kampfpanzern, aus einem Panzergrenadierbataillon mit 50-80 Schützenpanzerwagen (SPW) und weiteren gepanzerten Anteilen der Artillerie, der Panzerjäger und der Pioniere. Durch ihre hohe Mobilität, gute Führbarkeit und hohe Kampfkraft konnten sie immer wieder örtliche sowjetische Überlegenheit ausgleichen[59]. Das Verhältnis von Panzern zu gepanzerter Begleitinfanterie wurde von Erich von Manstein dabei mit 1:1 als ideal bezeichnet[60]. Eike Middeldorf schrieb bezüglich des Aufbaus zukünftiger Streitkräfte, »dass häufig bereits starke Kampfgruppen die Aufgaben der früheren Panzerdivision übernehmen können«[61].

Ein weiteres Vorbild für die Gliederung der Bundeswehr waren die dreizehn Panzerbrigaden, deren Aufstellungsbefehl noch 1944 erging. Auch hier wurde eine Parität zwischen Panzern und Panzergrenadieren angestrebt. Der wichtigste Vorteil gegenüber den bis dahin üblichen Verbänden war die große Ausstattung mit gepanzerten Fahrzeugen. So besaß eine Panzergrenadierdivision 1944 im Normalfall keine SPW. In einer SS-Panzerdivision hatte nur eines von fünf Panzergrenadierbataillonen gepanzerte Gefechtsfahrzeuge. Die Panzerbrigade 44 war hingegen vollständig mit SPW ausgestattet[62]. Der geänderte Schwerpunkt des Kampfes war somit der aufgesessene Kampf in Begleitung von Kampfpanzern[63].

Die Panzerbrigade 44 krankte jedoch an der zu geringen Bemessung von Aufklärungs- und Versorgungseinheiten, dem Fehlen der Artilleriekomponente und dem oftmals zersplitterten Einsatz. So konnte der Kampf der verbundenen Waffen nicht mehr geführt werden. Guderian hielt die Panzerbrigade 44 sogar für einen »Bluff« und verweist auf die zu geringe Stärke[64]. Senger und Etterlin

---

57 Scheibert, Deutsche Panzergrenadiere, S. 9.
58 Unternehmen »Zitadelle«, 5.-16.7.1943, vgl. dazu Das Deutsche Reich und der Zweite Weltkrieg, Bd 8, S. 165-169 (Beitrag Frieser); Manstein, Verlorene Siege, S. 473-506.
59 Hammerich, Komiss, S. 158; Manstein, Verlorene Siege, S. 563.
60 Manstein, Soldat, S. 397.
61 Middeldorf, Taktik im Rußlandfeldzug, S. 39.
62 Richter, Panzer, S. 180.
63 Wehren, Gefechtsausbildung, S. 68. Vgl. HDV 299/4a vom 25.5.1942, Ziffer 41.
64 Guderian, Erinnerungen, S. 347.

Die Panzerbrigade 44 gem. Aufstellungsbefehl vom 6.8.1944

16 SPW   SPW

33 Panzer V »Panther«
10 Sturmgeschütze

92 SPW
12 Granatwerfer
10 Panzerabwehrkanonen 75 mm
6 Infanteriegeschütze
1 Flugabwehr-Zug 37 mm

Quellen: Richter, Panzer, S. 182; Senger und Etterlin, Die Panzergrenadiere, S. 95;
Hammerich, Kommiss, S. 159.

© MGFA
06361-04

---

beurteilt die Panzerbrigade 44 zwar ebenfalls als einen »Fehlschlag«, der jedoch
im Zusammenhang mit dem »herannahenden Zusammenbruch« unvermeidlich
erscheint.

Entsprechend der Gliederungsform der Panzerbrigade 44 wurden u.a. die
Panzerbrigaden 111 bis 113 (5. Panzerarmee) und 106 (1. Armee) im September
1944 in Lothringen geschlossen im Gegenangriff eingesetzt. Auf beiden Seiten
waren Panzerkräfte beteiligt. Die Verluste erwiesen sich als so hoch, dass eine
Auffrischung mit neuen Soldaten verworfen werden musste. Bis zum November
1944 wurden alle bestehenden Panzerbrigaden – mit Ausnahme der Panzerbrigade 106, der Führergrenadierbrigade und der Führerbegleitbrigade – in bereits
bestehende Verbände eingegliedert[65].

Letztlich wies die Panzerbrigade 44 große Ähnlichkeit mit dem Bundeswehr-
modell von 1959 auf und diente diesem zudem als Vorbild für bewegliche Gefechtsführung sowie das Zusammenwirken unterschiedlicher Truppengattungen[66]. Auch deshalb gibt Manstein der Brigade als Träger des Kampfes der
verbundenen Waffen den Vorrang vor der Division[67].

Bei genauerem Hinsehen zeigt sich, dass im Zweiten Weltkrieg große Teile
der Infanterie als Panzergrenadiere bezeichnet wurden, wobei echte Panzer-
grenadierverbände mit einem SPW als Hauptwaffensystem in der Minderheit

---

[65]   Richter, Panzer, S. 182.
[66]   Senger und Etterlin, Die Panzergrenadiere, S. 99; Hammerich, Komiss, S. 159.
[67]   Rink, »Strukturen brausen um die Wette«, S. 415.

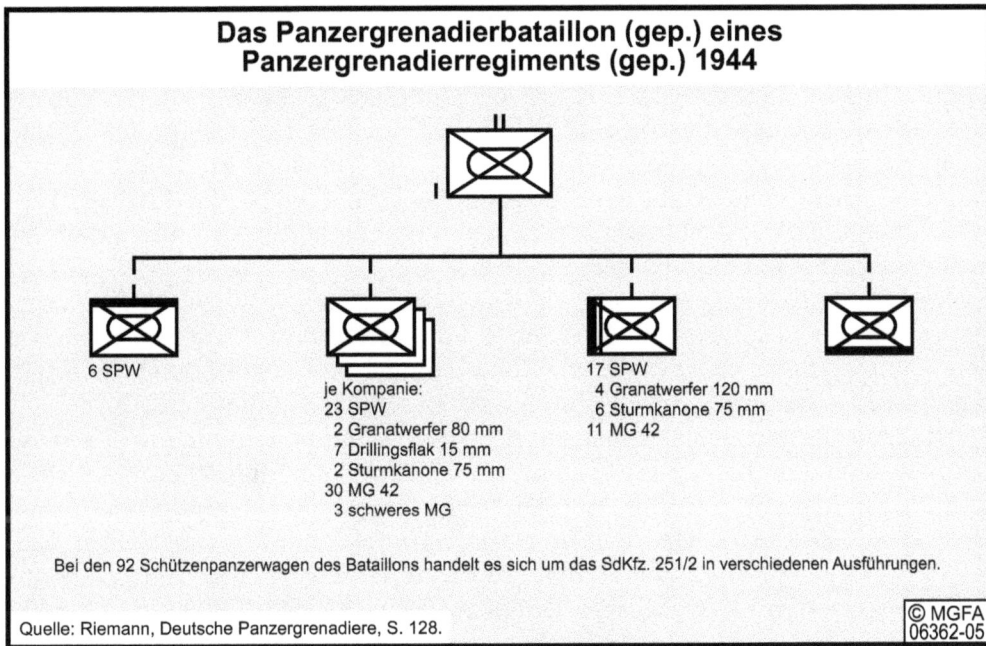

Das Panzergrenadierbataillon (gep.) eines Panzergrenadierregiments (gep.) 1944

6 SPW

je Kompanie:
23 SPW
2 Granatwerfer 80 mm
7 Drillingsflak 15 mm
2 Sturmkanone 75 mm
30 MG 42
3 schweres MG

17 SPW
4 Granatwerfer 120 mm
6 Sturmkanone 75 mm
11 MG 42

Bei den 92 Schützenpanzerwagen des Bataillons handelt es sich um das SdKfz. 251/2 in verschiedenen Ausführungen.

Quelle: Riemann, Deutsche Panzergrenadiere, S. 128.

© MGFA
06362-05

waren. Der weitaus größte Teil der Waffengattung bestand zumeist aus verlasteter Infanterie oder »Fahrradinfanterie« oder reiner Infanterie[68].

Gegen Ende des Zweiten Weltkrieges gab es einige »Musterverbände«. Hervorzuheben ist hierbei das Panzergrenadierbataillon (gep.) von 1944. Es war Bestandteil eines Panzergrenadierregimentes (gep.), in dem zwei weitere nicht gepanzerte Panzergrenadierbataillone (II. und III.) eingegliedert waren. Die Führung durch das Regiment war außerordentlich schwierig, denn die Einsatzgrundsätze von Infanterie und Panzergrenadieren standen sich regelmäßig entgegen. Aus diesem Grund sieht Senger und Etterlin in dem Panzergrenadierregiment der Panzerkampfgruppen nur eine »Hemmung für die bewegliche Führung«[69].

Das Panzergrenadierbataillon (gep.) bestand aus einer Stabs-, einer Versorgungs- und aus vier Kampfkompanien, wobei die vierte eine schwere Kompanie war. Die Kampfkompanien waren wiederum in vier Züge mit je vier Gruppen gegliedert. Die schwere Kompanie bestand aus einem Mörserzug (120 mm), einem Panzerabwehrkanonenzug (75 mm) und einem schweren MG-Zug. Besonders beachtenswert ist hierbei, dass die Vierergliederung der Panzerwaffe und nicht die Dreiergliederung der Infanterie für die Züge und Kompanien genutzt wurde. Nach den Kriegserfahrungen wurde dieser Ansatz für die Panzergrenadiere in der Bundeswehr weiterentwickelt[70].

---

[68] Middeldorf, Taktik im Rußlandfeldzug, S. 51.
[69] Senger und Etterlin, Die Panzergrenadiere, S. 85.
[70] Ebd., S. 56.

b) Die Feldzüge zwischen 1939 und 1941

Der nur 18 Tage dauernde Feldzug gegen Polen glich für die deutschen Schützenverbände einem Experimentierfeld, da die Wehrmacht nur wenige mit Mannschaftstransportwagen (SdKfz. 251/1) ausgestattete Verbände ins Gefecht führen
konnte. Guderian bildete aus der Panzertruppenschule die II. Abteilung des Panzerregiments 5, die, bereits auf Bataillonsebene gemischt, mit drei Panzerkompa-
nien und einer Schützenkompanie ins Feld zog. Dort konnte sie erste Einsatz-
Erfahrungen mit der neuen Kampfweise sammeln. Ebenfalls mit MTW gut ausgestattet war das Schützenregiment 1 der 1. Panzerdivision[71]. Die Konzeption sah
den Mannschaftstransportwagen allerdings lediglich »zur Beförderung von Schützen unter Panzerschutz« vor. Gekämpft werden sollte weiterhin abgesessen[72].

Die meisten der zwölf Schützenregimenter verfügten lediglich über Kräder
mit Beiwagen oder LKW zum Transport, was häufig dazu führte, dass Schützen
und Panzer getrennt kämpften und sich somit ihre Stärken nicht ergänzen konnten[73]. Diese Diskrepanz zwischen Konzeption und Ausstattungsrealität war auch
in der Bundeswehr zu finden. In den 1960er Jahren wurden »Panzergrenadiere«
auf ungepanzerten Lastkraftwagen lediglich transportiert und waren somit nicht
zum gemeinsamen Kampf mit den gepanzerten Truppen befähigt.

Als ein frühes Beispiel der beweglichen Kampfweise von Schützen kann das
I. Bataillon des motorisierten Infanterieregiments 66 herangezogen werden. Es
hatte den Auftrag, 30 km südlich von Warschau einen Brückenkopf über die
Weichsel zu gewinnen und gegen überlegene Kräfte zu verteidigen. Dazu entschied sich der Kommandeur des Bataillons nicht für eine starre Verteidigung
aus festen Stellungen heraus, sondern ließ beweglich kämpfen und das Vorfeld
des Brückenkopfes im Umkreis von 10 km durch Spähtrupps überwachen. Auf-
gespürte Gegner wurden bereits bei der Annäherung mit einer beweglichen
Kampfgruppe angegriffen. Diese bestand aus zwei Schützenzügen unterstützt
durch schwere MG, mittlere Granatwerfer, leichte Infanteriegeschütze, Panzerabwehrkanonen und einer 2-cm-Flak[74].

Der Polenfeldzug war gekennzeichnet durch zu wenige Schützenverbände
in den Panzerdivisionen, fehlende Übung in der Zusammenarbeit zwischen Panzern und Schützen sowie unzureichender Ausstattung mit MTW. Die Kampfweise entsprach eher der Infanterie von 1914 als Guderians Theorie über das
Zusammenwirken von Panzertruppen[75]. Infolge dieser Erfahrungen wurden die
Panzerdivisionen mit einem zusätzlichen Schützenbataillon verstärkt und die
Schnellen Divisionen in Panzerdivisionen umbenannt. Die Schnellen Divisionen
erhielten zwei bis drei zusätzliche Panzerabteilungen[76]. Im Winter und Frühjahr

---

[71] Munzel, Die deutschen gepanzerten Truppen, S. 102; Riemann, Deutsche Panzergrenadiere,
        S. 25; Kurowski, Grenadiere, S. 14.
[72] Elser, Panzergrenadiere, S. 49 und S. 145.
[73] Senger und Etterlin, Die Panzergrenadiere, S. 39.
[74] Elser, Panzergrenadiere, S. 52.
[75] Guderian, Die Panzertruppen, S. 22; Elser, Panzergrenadiere, S. 51.
[76] Senger und Etterlin, Die Panzergrenadiere, S. 39.

◀ Abb. 13:
Erste Vorhuten erreichen im September 1939 Warschau. Deutsche Infanteristen gehen im Schutz eines Panzers II im Stadtteil Praga vor.
BArch, Bild 101I-012-0022-25, Lanzinger

▶ Abb. 14:
Kradschützen während des Frankreichfeldzuges, Aufnahme vom Mai 1940.
BArch, Bild 101I-055-1570-06A, Weber

◀ Abb. 15:
General Heinz Guderian im mittlerem Funkpanzerwagen (SdKfz. 251/3) während des Frankreichfeldzuges im Mai 1940.
BArch, Bild 101I-769-0229-15A, Borchert

▶ Abb. 16:
General Erwin Rommel während des Frankreichfeldzuges Ende Mai/Anfang Juni 1940.
BArch, Bild 102-13858

1939/40 wurden die Erfahrungen in der neuen Kampfweise ausgewertet. Um Verbesserungen zu erreichen, musste oft improvisiert werden. Sandsäcke wurden als zusätzlicher Schutz oder Granatwerfer zum schnelleren Feuer auf den MTW montiert. Eine komplette Kompanie pro Panzerdivision wurde mit MTW ausgerüstet. Die 1. Panzerdivision konnte sogar 7 von 15 Schützenkompanien entsprechend ausstatten. Weiterhin wurde die Anzahl der MG im Schützenbataillon verdoppelt[77]. Damit waren wesentliche Vorgaben für einen gemeinsam abgestimmten Kampf von Schützen und Panzern umgesetzt worden. Die Ausstattung mit dem leicht gepanzerten Mannschaftstransportwagen wird u.a. von einem der ersten Kommandeure des Panzergrenadier(Lehr-)Bataillons 92, Alfred Ritz, als die »Geburtsstunde der Panzergrenadiere« bezeichnet[78].

Der Frankreichfeldzug bildete in den dreieinhalb Wochen nach dem 10. Mai 1940 die Grundlage für den »Blitzkriegmythos«. Zentrale Elemente dieser Legende sind die Übertreibung des Mechanisierungsgrades der Wehrmacht und die Aussage, dass der Feldzug als »Blitzkrieg« geplant war. Der Mechanisierungsgrad des deutschen Heeres war zu diesem Zeitpunkt geprägt durch 10 Panzerdivisionen, 6 motorisierte Divisionen und vor allem 136 mehr oder weniger einsatzbereite Infanterie- und Landesschützendivisionen zu Fuß. Karl-Heinz Frieser vergleicht das deutsche Heer in dieser Situation mit einer Lanze mit stählerner Spitze und hölzernem Schaft. Die motorisierten Schützenverbände gehörten demnach zur »stählernen Spitze«[79]. Die Aufgabe der motorisierten Schützen im Frankreichfeldzug bestand in der Ausnutzung und Unterstützung des Panzerangriffs. Sie hatten Ortschaften und Wälder vom Feind zu säubern, lange Flanken der angreifenden Panzerdivisionen zu schützen, Gewässerübergänge zu erzwingen und die Panzerkräfte aufgesessen zu begleiten[80]. Letzteres war nur für die mit MTW ausgestatten Schützenverbände möglich. Wesentliche Vorzüge dieser engen Kampfweise mit den Panzern waren ihre Schnelligkeit und die damit verbundene Überraschung des Gegners[81]. Der Erfolg dieser neuen Kampfweise lässt sich an der Überquerung der Maas am 13. Mai 1940 durch Erwin Rommels 7. Panzerdivision ablesen[82]. Den Panzern der 7. Panzerdivision voraus griffen mehrere Schützenregimenter an[83]. Der Übergang wurde mit Feuerunterstützung durch Panzer und Artillerie von den Pionieren und Schützen erzwungen. Nach der Bildung von zwei Brückenköpfen ließ Rommel mittels Fähren 30 Panzer übersetzen, welche die Schützen beim Halten der Brückenköpfe unterstützten. Das von den angreifenden Schützenverbänden praktizierte, abgesessene Kampfverfahren wurde als »Stoßtruppgliederung« beschrieben[84].

---

[77] Munzel, Die deutschen gepanzerten Truppen, S. 53; vgl. Kurowski, Grenadiere, S. 14.
[78] Ritz, Panzergrenadiere.
[79] Frieser, Blitzkrieg-Legende, S. 39.
[80] Riemann, Deutsche Panzergrenadiere, S. 27.
[81] Munzel, Die deutschen gepanzerten Truppen, S. 54.
[82] Elser, Panzergrenadiere, S. 57.
[83] 1. und 2. Btl./Schtz.Reg. 14, 1. Btl./Schtz.Reg. 13, KradSchtz.Btl. 7/Schtz.Reg. 6 und Schtz.Reg. 7, siehe Frieser, Blitzkrieg-Legende, S. 285–288.
[84] Elser, Panzergrenadiere, S. 54.

Die Überquerung der Maas war eine der wesentlichen Voraussetzungen für den Gesamterfolg des Frankreichfeldzuges. Im offenen Gelände wandte die 7. Panzerdivision ein Kampfverfahren an, welches schnelle und raumgreifende Operationen ermöglichte. Die Panzerdivision war 2 km breit und 20 km tief gestaffelt. Die Panzer wurden voraus eingesetzt und die Schützen folgten aufgesessen in offener Formation. Beim Angriff wurden Ortschaften, Wälder und Hauptstraßen ausgelassen. Den Schützen fiel oftmals die Aufgabe zu, verbliebene Widerstandsnester niederzukämpfen[85]. Dabei musste man feststellen, dass den Panzerdivisionen nicht ausreichend Schützenverbände zur Verfügung standen. Als am 24. Mai 1940 der »Haltebefehl« für die 4. Armee erfolgte, waren die Schützenverbände stark abgekämpft und wären vermutlich nicht in der Lage gewesen, den Angriff unmittelbar und erfolgreich nach Dünkirchen zu tragen[86].

Trotz des operativen Erfolges im Frankreichfeldzug wird die Zusammenarbeit der Schützen und Panzer auf taktischer Ebene als »mangelhaft« beschrieben. Die Verluste der lediglich motorisierten Schützenverbände waren im direkten Vergleich enorm hoch. Wie schon im Polenfeldzug konnten sie dem Panzerangriff meist nicht folgen[87]. Einer der wesentlichen Gründe hierfür lag in der durch drei verschiedene Truppenschulen bedingten Uneinheitlichkeit der Ausbildung. Gleichwohl bewährten sich im aufgesessenen, schnellen Einsatz vor allem die MTW- und Krad-Kompanien[88]. Besonders der geschlossene operative Ansatz großer mechanisierter Verbände erwies sich als erfolgreich. Im Gegensatz dazu erzielten die verzettelt eingesetzten drei französischen Panzerdivisionen keine entscheidende Wirkung. Die bessere Ausrüstung der Franzosen konnte die Mängel bei der operativen Führung[89] nicht ausgleichen[90].

Die Ergebnisse des Polen- und Frankreichfeldzugs wurden in der Heeresdienstvorschrift (HDv g66) »Führung und Einsatz der Panzerdivision« vom 3. Dezember 1940 zusammengefasst[91], die ihre Gültigkeit bis zum Ende des Zweiten Weltkrieges behielt. Darin wurde die Panzerdivision als reine Angriffswaffe beschrieben, die aber auch Abwehraufgaben »angriffsweise« zu lösen hat. Die Schützen sollten aufgesessen folgen, aber abgesessen kämpfen[92]:

»Der Schwerpunkt des Kampfes für die Panzerdivision liegt bei der Schützenbrigade, wenn Angriffsgelände und Panzersperren den Einsatz der Panzerbrigade nicht zulassen, es gilt, die Schnelligkeit der Schützen auszunutzen.«

Nach zwei weiteren Feldzügen auf dem Balkan und in Afrika wurde in den Vorschriften für die Schützen dem aufgesessenen Kampf größere Priorität zugemessen. Kurz vor Beginn des Unternehmens »Barbarossa« am 10. Juni 1941 gab die Heeresführung die Anlage zur HDv 130/2a »Die Schützenkompanie:

---

[85] Ebd., S. 59.
[86] Senger und Etterlin, Die Panzergrenadiere, S. 39.
[87] Munzel, Die deutschen gepanzerten Truppen, S. 54; Kurowski, Grenadiere, S. 14.
[88] Munzel, Die deutschen gepanzerten Truppen, S. 53.
[89] Schwerpunktprinzip, Umfassungsprinzip (»motorisiertes Cannae«), Führen mit Auftrag und von Vorn, Panzerwaffe als »Gesamtsystem«, Schnelligkeit und Überraschung.
[90] Frieser, Blitzkrieg-Legende, S. 412–432; Senger und Etterlin, Die Panzergrenadiere, S. 39.
[91] Elser, Panzergrenadiere, S. 61.
[92] Senger und Etterlin, Die Panzergrenadiere, S. 44; Elser, Panzergrenadiere, S. 61.

Einzel- und Gruppenausbildung« heraus – das »Vorläufige Merkblatt für Gliederung, Ausbildung und Kampf der Schützengruppe (gp)«. Hierin heißt es,
dass die Schützengruppe »den Feuerkampf mit allen Teilen der Gruppe vom
Fahrzeug oder vom Fahrzeug in Verbindung mit zum Kampf zu Fuß abgesessenen Teilen« führt. »Sie sitzen erst ab, wenn es Feuer und Gelände nicht mehr
zulassen, aufgesessen zu kämpfen.« Die auf dem Gefechtsfeld erprobten neuen
Kampfmethoden fanden hier Eingang in die entsprechende Vorschrift. Die
Formulierung dieser Einsatzgrundsätze stieß bei der praktischen Umsetzung
jedoch an Grenzen, da auch noch Mitte 1941 ein eklatanter Mangel an SPW
bestand[93].

c) Vom Russlandfeldzug bis zum Niedergang

Für Adolf Hitler und einen großen Teil der Wehrmachtführung führten u.a. die
bis dato erfolgreichen Einsätze der Panzerdivisionen zu einer Fehleinschätzung
des sowjetischen Kräftedispositives. Sie überschätzten die Leistungsfähigkeit
der Wehrmacht und unterschätzten die der Roten Armee[94]. Die Wehrmacht
stand in ihrem ersten geplanten »Blitzkrieg« aber einem mindestens ebenbürti-
gen Gegner gegenüber[95]. Zwischen dem 15. Oktober 1935, also der Aufstellung
der ersten drei Panzerdivisionen, und dem Beginn des Russlandfeldzuges am
22. Juni 1941 stellte das Deutsche Reich 21 Panzerdivisionen auf, welchen insgesamt 41 Schützenregimenter und 20 Kradschützenbataillone zugeordnet waren[96].
Die Sowjetunion hatte ihre Panzerverbände seit 1940 zu mechanisierten
Korps umgegliedert. Sie enthielten neben Panzerverbänden auch motorisierte
Infanterie und Artillerie. Die Panzerverbände wurden auf die Typen T 34 und
Klim Woroschilow (KW) umgerüstet[97]. Die motorisierte sowjetische Infanterie
war jedoch nicht gepanzert und musste für das Gefecht absitzen. Der Einsatz
der Panzerkorps und der Mechanisierten Korps sollte – ähnlich dem deutschen
Ansatz – geschlossen und nicht an die Infanterie gebunden erfolgen[98].
Die Schützenverbände der Wehrmacht operierten, im Gegensatz zu der eher
lockeren Verbindung im Polen- und Frankreichfeldzug, in Russland von Anfang an sehr eng zusammen. Die Mischung von Schützen und Panzern erfolgte
dabei bis auf die Kompanie-Ebene[99]. Wesentliche Voraussetzungen dafür bildeten die verbesserte Ausrüstung der MTW (ab 1942 SPW) und die konse-
quente Durchführung der aufgesessenen Kampfweise. So wurden die SPW mit
zusätzlichen Schutzschilden, Lafetten für sMG, mit einer 3,7-cm-Panzerabwehr-

[93] Elser, Panzergrenadiere, S. 61 f.
[94] Kurowski, Der Panzerkrieg, S. 123.
[95] Ebd., S. 158.
[96] Das Deutsche Reich und der Zweite Weltkrieg, Bd 4, S. 270 (Beitrag Klink); Kurowski,
      Grenadiere, S. 13.
[97] Andronikow/Mostowenko, Die roten Panzer, S. 30.
[98] Das Deutsche Reich und der Zweite Weltkrieg, Bd 4, S. 58 (Beitrag Hoffmann); Senger
      und Etterlin, Die Panzergrenadiere, S. 45.
[99] Senger und Etterlin, Die Panzergrenadiere, S. 45.

kanone (Pak) und Funk ausgerüstet[100]. Vor allem Letzteres ermöglichte das enge Zusammenwirken der verschiedenen Truppengattungen. Trotzdem war die Voraussetzung für gemeinsame Operationen gutes Wetter, fester Boden und weitgehend offenes Gelände. Bei schlechten Bodenverhältnissen wurde die Kampfweise von der Beschränktheit des Materials bestimmt, wie spätestens der Winter 1941/42 zeigte[101]. Ein weiteres Problem war die mangelnde Ausrüstungstiefe. So erhielten die Kradschützenbataillone ab 1941 zwar schrittweise Schützenpanzerwagen, die große Mehrheit der Soldaten kämpfte jedoch zunächst weiterhin ohne. Zusätzlich wurde die Umrüstung durch die Materialausfälle im Gefecht erschwert. Allein zwischen dem 22. Juni und 31. Dezember 1941 verloren die Schützenverbände 270 SPW. Im gleichen Zeitraum wurden lediglich 28 SPW neu zugeführt[102].

Als ein Beispiel für die enge Zusammenarbeit – aber auch für die Gleichwertigkeit des Gegners – kann das Schützenregiment 52 der 18. Panzerdivision herangezogen werden. Es erreichte zusammen mit den Panzerkräften der Division am 30. Juni 1941 den Übergang über den Fluss Beresina, welcher durch einen westlich aufgebauten sowjetischen Brückenkopf gesichert wurde. Östlich der Brücke befanden sich feindliche Bunkeranlagen, welche der Besatzung des Brückenkopfs Feuerschutz gaben. Das Schützenregiment 52 trat mit Feuerunterstützung durch die Panzer- und Artilleriekräfte gegen den Brückenkopf an. Durch die schnelle Zusammenarbeit der gepanzerten Kräfte konnte eine vorbereitete Sprengung der Brücke verhindert werden. Zwei Tage später trafen die Kräfte der 18. Panzerdivision erstmals auf die Kampfpanzer T 34 und KW[103]. Dabei mussten sie feststellen, dass die sowjetischen Panzer in Panzerung und Waffenwirkung den eigenen überlegen waren[104].

Schon während der Anfangsoperationen waren die Verluste sehr hoch. So verlor allein das Schützenregiment 64 der 16. Panzerdivision am 16. August 1941 beim Kampf in bebautem Gelände 992 Soldaten. Im weiteren Verlauf des Krieges sank die Zahl gut ausgebildeter Schützen rapide, was sich nachhaltig auf die komplexe Kampfweise der gepanzerten Truppen auswirkte[105]. Die ersten beiden Winter brachten die Panzer- und Schützenverbände weitgehend zum Stehen. Sie wurden immer wieder im Stützpunkt- oder Stellungskrieg zweckentfremdet. So wurden einzelne Dörfer zur Rundum-Verteidigung eingerichtet oder Inseln in Sumpfgebieten gehalten. Bewegungen waren oft nur noch mithilfe von Pferd und Panje-Wagen oder Schlitten möglich. Die 7. Panzerdivision unterhielt bspw. im Winter 1942/43 insgesamt 250 dieser Gefährte, um ihre Versorgung sicherzustellen[106]. Bei der deutschen Frühjahrsoffensive von 1942 setzte sich die aufgesessene Kampf-

---

[100] Kurowski, Grenadiere, S. 16.
[101] Munzel, Die deutschen gepanzerten Truppen, S. 55.
[102] Das Deutsche Reich und der Zweite Weltkrieg, Bd 4, S. 178 (Beitrag Klink); Elser, Panzergrenadiere, S. 65.
[103] Zur Bewertung des schweren Kampfwagens KW siehe Munzel, Panzer-Taktik, S. 31.
[104] Kurowski, Der Panzerkrieg, S. 156 f.
[105] Elser, Panzergrenadiere, S. 63.
[106] Ebd., S. 74-76; Das Deutsche Reich und der Zweite Weltkrieg, Bd 4, S. 622 (Beitrag Klink) und Bd 8, S. 1087-1089 (Beitrag Schmieder).

weise im engen Verbund mit den Panzerkräften weitgehend durch. Jede Panzerdivision erhielt mindestens ein Schützenbataillon (gep.). Dabei ergänzten sich beide Truppengattungen dahingehend, dass die Schützen vom SPW durch ihr besseres Sichtfeld leichter feindliche Panzernahkampftrupps oder Pak-Stellungen aufklären und bekämpfen konnten, während die Panzer geländegängiger waren und die stärkere Feuerkraft gegen Feindpanzer zum Einsatz bringen konnten[107].

Am 5. Juli 1942 wurden alle Schützen- in Panzergrenadierregimenter umbenannt. Damit wurde einer relativ kleinen Eliteformation zur Unterstützung der Panzerwaffe ein neuer Name gegeben und somit der Entwicklung einer neuen Kampfweise Rechnung getragen[108]. Dies zeigt ein Auszug aus der HDv 299/4a »Ausbildung und Einsatz der Schützenkompanie« vom 25. Mai 1942. Dabei wird der SPW als ein »Hauptkampfmittel der Schützenkompanie (gp)« bezeichnet. Schwerpunkt war der aufgesessene Kampf. Die Kampfaufträge konnten u.a. Feuerschutz abgesessener Teile, Sicherung, Gefechtsaufklärung oder Kampf über die Bordwand sein[109]. Im selben Jahr wurden auch alle Infanteriedivisionen (mot.) in Panzergrenadierdivisionen umbenannt. Damit kamen ab 1942 Panzergrenadiere in Panzerdivisionen, in Panzergrenadierdivisionen sowie in den ab 1944 aufgestellten, später zum Teil wieder aufgelösten, selbstständigen Panzerbrigaden zum Einsatz[110].

Ab 1943 war der Kampf der Panzergrenadiere gekennzeichnet durch die Gefechtsarten Abwehr und Verzögerung mit den Elementen der zeitlich und örtlich begrenzten Verteidigung sowie Gegenangriff und -stoß[111]. Die defensiv ausgerichteten Panzergrenadiere der Bundeswehr profitierten von den zahlreichen Erfahrungen aus den Rückzugsgefechten, vor allem in Bezug auf das Zusammenwirken mit den gepanzerten Kampftruppen. Guderian, der 1943 Generalinspekteur der Panzertruppen geworden war, setzte eine Reihe von Maßnahmen zur Stärkung der Kampfkraft durch. Diese wirkten sich in materieller Hinsicht, aber auch hinsichtlich der Führungs- und Kampfweise aus[112]. Die Panzergrenadiere sollten alle Waffen von Bord des SPW aus bedienen können. Die Feuerkraft der Kompanie wurde wesentlich verstärkt. U.a. wurde auf Regimentsebene ein Zug SPW mit Flammwerfer (Wirkung bis zu 60 m) eingeführt, die sich vor allem im Kampf gegen Bunkerstellungen eigneten. Alle Zugführer-SPW wurden mit einer 3,7-cm-Pak ausgestattet, die hinter einem Schutzschild bedient werden konnte[113]. In den neu formulierten Aufgaben und Einsatzgrundsätzen wurden Flammpanzerwagen als besonders wichtig eingeschätzt:

---

[107] Riemann, Deutsche Panzergrenadiere, S. 34; Kurowski, Grenadiere, S. 16 f.
[108] Munzel, Die deutschen gepanzerten Truppen, S. 57 f.; Senger und Etterlin, Die Panzergrenadiere, S. 15.
[109] Elser, Panzergrenadiere, S. 77.
[110] Scheibert, Deutsche Panzergrenadiere, S. 9.
[111] Riemann, Deutsche Panzergrenadiere, S. 36.
[112] Kurowski, Grenadiere, S. 19.
[113] Munzel, Die deutschen gepanzerten Truppen, S. 59.

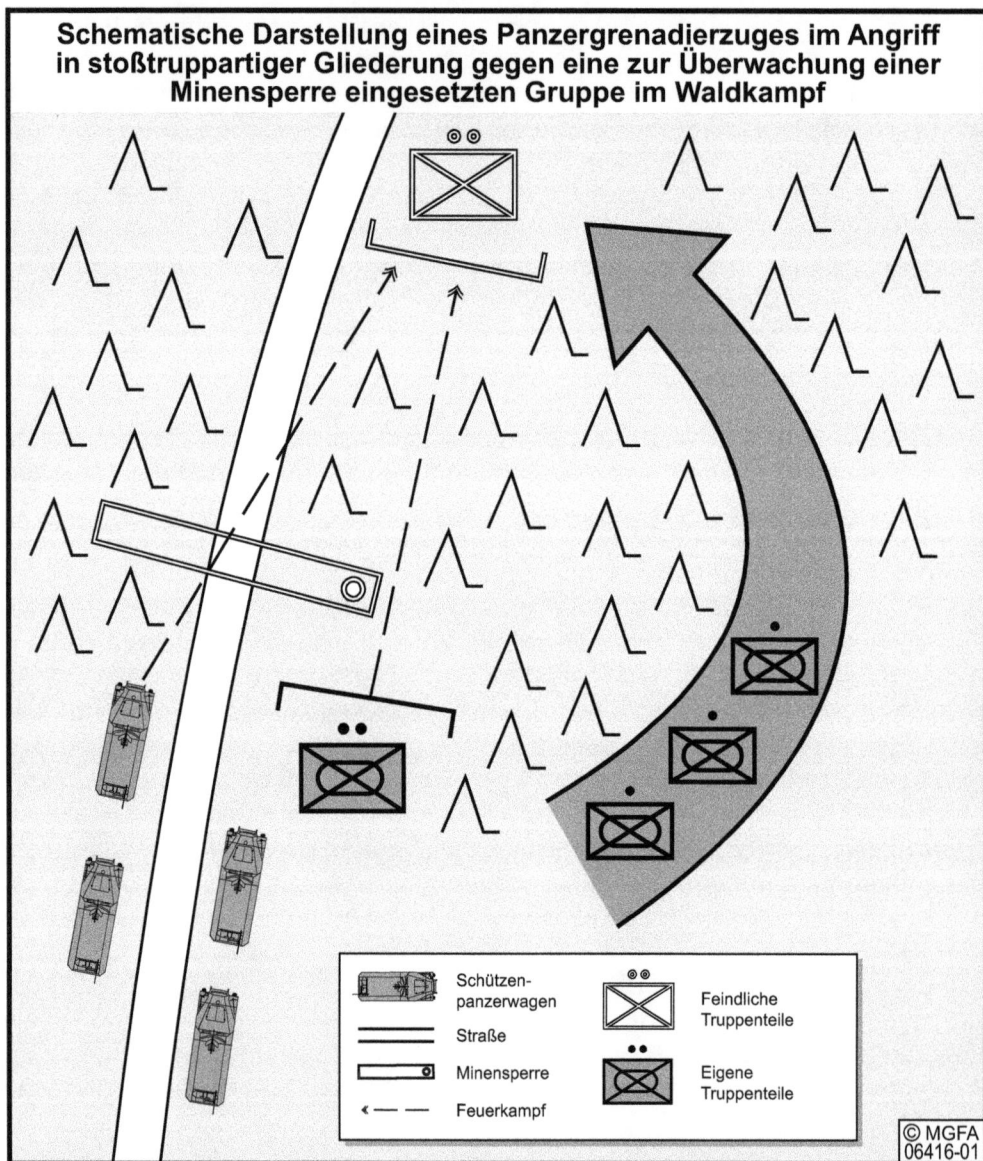

Schematische Darstellung eines Panzergrenadierzuges im Angriff in stoßtruppartiger Gliederung gegen eine zur Überwachung einer Minensperre eingesetzten Gruppe im Waldkampf

- beim Kampf in unübersichtlichem Gelände, in Waldstücken, über Flussabschnitte und bei Ortsgefechten,
- beim Überwinden eines verteidigten Minenfeldes oder einer »Pakfront«,
- und bei nächtlichen Panzerangriffen[114].

Die SPW sollten sich nah aber in aufgelockerter Formation mit den Panzern bewegen, um schnell zur Verfügung zu stehen, um die Panzer gegen Pak und Panzernahkampftrupps zu schützen. Beim Auftreten einer der oben angesprochenen Lagen sollten die SPW, unter Niederhalten des Feindes mit Artillerie und schwe-

---

[114] Ebd., S. 60.

ren Waffen, in den Feind einbrechen. Das Fahrzeug selbst wurde dabei auch als Waffe genutzt. Wenn es notwendig war, abzusitzen, konnte der Angriff in stoß-truppartiger Gliederung mit Unterstützung durch Panzer erfolgen. Nach dem abgesessenen Niederkämpfen des Feindes sollten die Panzer »durchstoßen«, um schnell wieder Raum »zu nehmen/zu gewinnen«. Die SPW wurden zum Aufsit-zen der Panzergrenadiere nachgezogen. Sie folgten dem Panzerangriff, bis wieder Verbindung hergestellt war[115]. Die »stoßtruppartige Gliederung« war eine, auch heute noch übliche abgesessene Kampfweise der Panzergrenadiere. Sie stand im Gegensatz zur Gruppentaktik. General Walter Hoernlein, Kommandeur der Pan-zergrenadierdivision »Großdeutschland«, sah 1943 vor, dass die Panzergrena-dierkompanie mit zwei Zügen und dem schweren Zug diese Einsatzgliederung einnehmen sollte. Der dritte Panzergrenadierzug blieb als Reserve aufgesessen. Die zwei abgesessenen Züge teilten sich in je drei Stoßtrupps zu max. sieben Sol-daten. Weiterhin wurde aus den zwei lMG-, drei Gewehrgranat- und den Scharf-schützen eine Feuergruppe gebildet[116], die von den Stoßtrupps weiterhin als Spreng- und Blendtrupp zum Öffnen von Drahtsperren und zur Verneblung des Gegners eingesetzt werden konnte. Der abgesessene Angriff erfolgte durch die Stoßtrupps unter Deckungsfeuer der Feuergruppe und der SPW-Besatzungen[117].

Im Juli 1943 fand das Unternehmen »Zitadelle« im Kursker Bogen statt. Dies war der größte Einsatz gepanzerter deutscher Kräfte im Zweiten Weltkrieg. Dabei kämpfte ein großer Teil der Panzergrenadiere zu Fuß, konnte den Pan-zern nur teilweise folgen und auch nicht die zumindest anfänglichen Erfolge ausnutzen[118]. Die sowjetische Panzerwaffe war nach ihrer kontinuierlichen Weiterentwicklung sowohl qualitativ als auch quantitativ überlegen[119]. Die 18. Panzerdivision sollte mit ihrem Panzergrenadierregiment 52 im Rahmen der 9. Armee von Norden nach Süden in Richtung Kursk angreifen und sich dort mit den aus dem Süden angetretenen Kräften treffen. Das Regiment nahm am 8. Juli 1943 die Höhe 240,5 und wehrte im Anschluss einen Gegenangriff des III. sowjetischen Panzerkorps ab. Ein weiterer Angriff der Panzergrenadiere hatte keinen Erfolg, da er ohne Unterstützung der Panzer erfolgte. Erst am nächsten Tag, dem 9. Juli 1943, griff die Panzerabteilung 18 ein, blieb aber eben-falls nach flankierendem Feuer liegen[120].

Nach 1943 wurden Panzergrenadiere vor allem in sogenannten gepanzerten Kampfgruppen als »Feuerwehr« gegen den durchgebrochenen Feind eingesetzt. Diese gepanzerten Kampfgruppen stellten bei der Aufstellung der Bundeswehr in der Heeresstruktur 1 und in der späteren Brigadegliederung ein wichtiges Vorbild dar[121]. Die bewegliche Kampfführung erfolgte 1944/45 u.a. nach dem

---

[115] Ebd., S. 61.
[116] Elser, Panzergrenadiere, S. 88.
[117] Wehren, Gefechtsausbildung, S. 189.
[118] Munzel, Die deutschen gepanzerten Truppen, S. 62; Kurowski, Grenadiere, S. 22.
[119] Das Deutsche Reich und der Zweite Weltkrieg, Bd 8, S. 150 f. und S. 158 f. (Beitrag Frie-ser); Riemann, Deutsche Panzergrenadiere, S. 36.
[120] Kurowski, Der Panzerkrieg, S. 362.
[121] Munzel, Die deutschen gepanzerten Truppen, S. 63.

»Großkampfverfahren« mit dem Ziel, operative Panzerdurchbrüche abzuwehren. Die feindlichen Panzer sollten von der Infanterie getrennt und in einem Gegenstoß oder -angriff geschlagen werden. Dem Feind sollte der Durchbruch nur so weit gestattet werden, dass seine Artillerie ihn nicht mehr unterstützen konnte. Für dieses Verfahren wurde ein zu verteidigender Raum festgelegt. Die Hauptkampflinie war lediglich ein Anhalt, um den beweglich gekämpft wurde[122]. In den dazu eingesetzten Kampfgruppen wurden alle gepanzerten Kräfte der Divisionen zusammengefasst. In der Regel waren dies eine Panzerabteilung (ca. 40-60 Panzer), ein Panzergrenadierbataillon (ca. 50-80 SPW), eine gepanzerte Artillerieabteilung – zwei Geschütz-Batterien 10,5 cm »Wespe«, und eine Geschütz-Batterie 15 cm »Hummel« – sowie eine Panzerpionierkompanie. Diese Kampfgruppen waren die »Heimat« der Panzergrenadiere (gep.) zwischen 1943 und 1945[123]. In ihrer speziellen Kampfweise setzte sich endgültig der aufgesessene Kampf als Schwerpunkt durch. Dazu heißt es in der HDv 298/3a »Das Panzergrenadierbataillon (gp)« vom 5. August 1944:

> »Panzergrenadiere [...] kämpfen vom Schützenpanzerwagen: Feindwirkung und Gelände können vorübergehend zum raschen Wechsel zwischen aufgesessenem Kampf und Kampf zu Fuß zwingen. Auch dem Kampf zu Fuß geben die auf dem Schützenpanzerwagen beweglich eingesetzten schweren Waffen seine Eigenart [...][124].«

Ab 1944 sank die Kampfmoral der Wehrmacht aufgrund der zunehmend schwierigeren Gesamtlage kontinuierlich[125]. Ungenügender Ersatz an ausgebildetem Personal und einsatzfähigem Material, aber auch die immer deutlichere Überlegenheit des Gegners begleiteten den Untergang der Panzergrenadiere[126]. Die statistische Überlebensdauer bei der Truppengattung betrug für einen Bataillonskommandeur einen knappen Monat, für einen Kompaniechef drei Wochen und für einen Zugführer sieben Tage[127]. Der letzte große gemeinsame Einsatz gepanzerter Verbände erfolgte in der Ardennenoffensive am 16. Dezember 1944[128]. Die Operation kostete die Wehrmacht 10 749 Tote, 34 225 Verwundete und 600-700 gepanzerte Fahrzeuge[129]. Die Offensive wurde trotz Treibstoffmangels und Luftunterlegenheit durchgeführt[130].

Die verbrecherische Ideologie des »Dritten Reichs« und die Asymmetrie der Ressourcen waren die Ausgangspunkte für eine umfassende, moralische und militärische Niederlage. Trotz des Untergangs der Panzergrenadiertruppe überlebte die Legende[131] von einer »hart, erfolgreich, [aber] sinnlos« kämpfenden

[122] Elser, Panzergrenadiere, S. 106.
[123] Rozmyslowski, Panzergrenadiere, S. 3.
[124] Elser, Panzergrenadiere, S. 100 f.
[125] Das Deutsche Reich und der Zweite Weltkrieg, Bd 10/1, S. 344 (Beitrag Zimmermann).
[126] Elser, Panzergrenadiere, S. 101 f.
[127] Munzel, Die deutschen gepanzerten Truppen, S. 64.
[128] Kurowski, Der Panzerkrieg, S. 443.
[129] Das Deutsche Reich und der Zweite Weltkrieg, Bd 7, S. 632 (Beitrag Vogel).
[130] Frieser, Blitzkrieg-Legende, S. 440.
[131] Der Begriff wird hierbei als eine ideologisch beeinflusste Erzählung verstanden.

◀ Abb. 21:
Schützenpanzer mit Flammenwerfer
(SdKfz. 251/16) im Einsatz, Aufnahme
von August/September 1944.
BArch, Bild 101I-281-1110-03, Petraschk

▶ Abb. 22:
SdKfz. 124 »Wespe« mit 10,5-cm-Feld-
haubitze (le.), Frühjahr 1944.
BArch, Bild 146-1987-121-10A, Woscidlo

◀ Abb. 23:
Panzergrenadiere im SdKfz. 250/10 mit
3,7-cm-Pak im Bereich der Heeres-
gruppe Süd, August/September 1942.
BArch, Bild 101I-217-0493-27, Geller

▶ Abb. 24:
Panzergrenadiere auf dem
Rückzug an der Ostfront
im Frühjahr 1945.
BArch, Bild 183-J28759

Eliteformation[132]. Die Panzergrenadiere spielten eine wesentliche Rolle im Kriegsverlauf. Sie waren wichtiger Bestandteil der »stählernen Spitze« der Wehrmacht,
welche Grund für erste »Blitzsiege« und die folgende Selbstüberschätzung dar-
stellten[133]. Nach der Wende des Krieges in Stalingrad und Tripolis war der historische Ort der »Elitetruppe« vor allem die gepanzerte Kampfgruppe, welche
die gepanzerten Teile – oftmals nur deren Reste – der Divisionen umfasste. Für
die Panzergrenadiere mit Schützenpanzerwagen entwickelte sich im Verlauf
des Zweiten Weltkriegs eine neue Führungs- und Kampfweise, die bei den Alliierten in dieser Form nicht existierte. Die alliierte gepanzerte Infanterie mar-
schierte aufgesessen und kämpfte grundsätzlich abgesessen. Der schnelle Wechsel der Kampfweise sowie das enge Zusammenwirken mit Panzern stellte die
Besonderheit der deutschen Panzergrenadiere dar. Den Schützenpanzerwagen
betrachteten sie am Ende des Zweiten Weltkrieges nicht mehr nur als Trans-
portfahrzeug, sondern als Hauptkampfmittel[134].

---

[132] Lubs, IR 5, S. 106.
[133] Frieser, Blitzkrieg-Legende, S. 39.
[134] Elser, Panzergrenadiere, S. 145.

III. Entwicklungen von 1955 bis 1960 (Heeresstruktur 1)

1. Die Struktur der Panzergrenadiertruppe

In der Soziologie versteht man unter »Struktur« ein relativ stabiles, bestimmten Gesetzmäßigkeiten unterliegendes Gefüge, das im Aufbau und Ablauf aus der Beziehung zwischen theoretisch unterscheidbaren Elementen besteht. Aufgrund dieser Wechselwirkung muss das Gebilde ein nach »außen« hin abgrenzbares System darstellen[1]. Die Trennschärfe zu dem Begriff »Organisation« ist jedoch nur schwer herzustellen[2]. Vereinfacht kann man Organisation als einen Zusammenschluss von Menschen zur Erreichung eines gemeinsamen Zieles beschreiben[3]. Im soziologischen Kontext handelt es sich bei einer Organisation um ein komplexes System, welches durch eine bestimmbare Anzahl von Mitgliedern, eine mögliche Grenzziehung zwischen Binnen- und Außenorientierung, eine interne arbeitsteilige Rollengliederung nach Zielfokus und rationaler Ordnung sowie eine von dem einzelnen Mitglied abgekoppelte soziale Verhaltensstruktur gekennzeichnet ist. Eine Organisation kann einerseits ein rationales Instrument für eine effiziente Zielrealisierung sein, andererseits hat sie immer den Charakter eines Herrschaftsmittels[4]. Eine für die Bundeswehr in weiten Teilen maßgebliche spezielle Form ist die »bürokratische Organisation«[5]. Sie beinhaltet nach Max Weber die Parameter einer generellen Reglung der Kompetenzen und Befehlsgewalten im Hinblick auf den Zweck der Organisation und ein institutionalisiertes Stufensystem mit einem Über- und Unterordnungsverhältnis. Ihre Amtsführung erfolgt nach allgemeinverbindlichen Regeln und beruht auf Schriftlichkeit sowie Verschwiegenheit, ist jedoch überprüfbar. Ferner üben ihre Funktionsträger die Tätigkeit, die eine Ausbildung voraussetzt, hauptberuflich aus, und die Autorität der Rollenträger ist an das Amt und nicht an die Person gebunden[6]. Die »bürokratische Organisation« ist ein Modell das in seinem Kern eine der Grundlagen des demokratischen Rechtsstaates dar-

---

[1] Hillmann/Hartfiel, Wörterbuch der Soziologie, S. 867.
[2] Lange, Politische Soziologie, S. 165.
[3] Hillmann/Hartfiel, Wörterbuch der Soziologie, S. 867.
[4] Weber, Wirtschaft und Gesellschaft, S. 548; vgl. Hillmann/Hartfiel, Wörterbuch der Soziologie, S. 868.
[5] Lange, Politische Soziologie, S. 162.
[6] Weber, Wirtschaft und Gesellschaft, S. 551 f.

stellt. Es nivelliert soziale und ökonomische Unterschiede, schafft aber auch neue Machtkonzentrationen in den Händen der Funktionsinhaber[7].

Die Organisation und Struktur der Panzergrenadiertruppe soll unter den folgenden Aspekten untersucht werden: Zieldefinition, Ressourcenverteilung, Kommunikationswege sowie Über- und Unterordnungsverhältnisse. Die militärische Organisation ist gekennzeichnet durch Kräfte – Soldaten – und Mittel – Fahrzeuge und Waffen – unter gemeinsamer Führung, mit einem gemeinsamen Ziel und gemeinsamen Selbstverständnis. Die Strukturen dienen dazu, bei der Umsetzung komplexer Zielstellungen den optimalen Einsatz von Kräften und Mitteln zu erreichen. Nur durch ein interagierendes, soziales Handeln wird »Organisation« möglich[8]. Dabei sind die formellen Strukturen der Rahmen, in dem sich nichtformelle Gruppierungen entfalten[9]. Das Subjekt Soldat als »Gewaltakteur« handelt in der Struktur und gestaltet diese auch selbst mit. Ob es gelingt, eine militärische Organisation effizient und schlagfähig aufzubauen, hängt wesentlich davon ab, wie weit die Soldaten die Ziele der Organisation verinnerlicht haben[10]. Im Falle der Panzergrenadiere war dies vordergründig die Gewährleistung der territorialen Integrität der Bundesrepublik im Rahmen der NATO. Neben diesem vordergründigen Ziel existierten eine Vielzahl von sich überlagernden und konkurrierenden Interessenlagen, welche auf die militärische Zieldefinition, bspw. die gemeinsame Ausbildung. das Abhalten von Übungen usw., einwirkten[11]. Gleichzeitig rangen die Vertreter der Truppengattung aber auch mit einer Vielzahl von Konkurrenten um begrenzte Mittel und Ressourcen.

Bei der Untersuchung der Strukturen der Panzergrenadiertruppe soll die Funktionalität ihrer »Organisation« herausgearbeitet werden. Die Organisation Bundeswehr wird hierzu als »kleiner« und die Bundesrepublik im Bündnis als »größerer« Rahmen angenommen. Um diese näher beleuchten zu können, bedarf es vorab einer Erklärung des Instrumentariums »Organigramm«. Dort werden eine Reihe von taktischen Zeichen verwendet, um Größenordnungsbezeichnungen und Spezialisierungen von militärischen Strukturen zu kennzeichnen. Ähnlich wie in wirtschaftlichen Organisationen wird hier zwischen Aufbau- und Ablauforganisation unterschieden. Die weitgehend statische Aufbauorganisation (Grundgliederung) wurde in der Bundeswehr mittels der STAN festgelegt. Hier wird zwischen den Ebenen unterhalb und oberhalb eines Verbands unterschieden. Im ersten Fall wird von »Einheiten« gesprochen, die grundsätzlich *einer* Waffengattung zugeordnet sind und als Kompanie, Batterie, Staffel o.ä. bezeichnet werden. Sie umfassen ca. 100 bis 200 Soldaten und sind wiederum in Züge (ca. 30 Soldaten), Gruppen (ca. 10 Soldaten) und Trupps (ca. 5 Soldaten) untergliedert[12]. Auf letztgenannter Ebene sind Bataillone (ca. 500-1000

---

[7] Kalberg, Einführung, S. 136.
[8] Weber, Wirtschaft und Gesellschaft, S. 11.
[9] Lange, Politische Soziologie, S. 165.
[10] Warburg, Das Militär, S. 20.
[11] Kollmer, »Nun siegt mal schön«, S. 401.
[12] Rink, »Strukturen brausen um die Wette«, S. 363; General-Legende auf hinterem Vorsatzblatt.

Soldaten), Regimenter (ca. 2000-3000 Soldaten), Brigaden (ca. 3000-6000 Soldaten), Divisionen (ca. 12 000-20 000 Soldaten) und Korps anzutreffen. Von Großverbänden spricht man ab der Ebene einer Brigade. Verbände vereinen unter ihrer Führung immer mehrere Truppengattungen, die für den Kampf der verbunden Waffen gemeinsam koordiniert und geführt werden müssen. Seit der napoleonischen Zeit war es die Divisionsebene, welche Artillerie, Infanterie und Kavallerie gemeinsam zum Einsatz brachte[13]. Zum Führen des Kampfes der verbunden Waffen in der Heeresstruktur 1 waren die Divisionen und in der Heeresstruktur 2 die Brigaden befähigt[14]. Die oben angegebenen Stärken der verschiedenen Größenordnungen sowie die Charakterisierung weichen national und international immer wieder voneinander ab und sind lediglich Anhalte.

Im Folgendem sollen die Verhältnisse, in welchen die Einheiten und Verbände und nicht zuletzt die Stäbe zueinander standen, d.h. die Ablauforganisation, betrachtet werden. Hierbei gab es einerseits das klassische Über- und Unterordnungsverhältnis, sowie andererseits die Verpflichtung zur Zusammenarbeit. Letzteres bedeutete, dass die »gegenseitige Unterrichtung, Beratung und Unterstützung« verpflichtend war[15]. Hier wird bereits deutlich, dass die rein hierarchische Grundgliederung den komplexen Herausforderungen eines Krieges, der gleichzeitig an mehreren Orten, äußerst mobil und womöglich unter atomaren Bedingungen stattfinden würde, nicht hinreichend gerecht wird. Diesem Problem wurde in der militärischen Organisationsform mit der sogenannten Truppeneinteilung begegnet, in welcher die verschiedenen Einheiten, Stäbe und Verbände für einen bestimmten Auftrag zusammengestellt werden. Dieses Prinzip wird auch als »Task-Force-Prinzip« bezeichnet, dessen Flexibilität schon in der Grundgliederung angelegt sein kann. Ein besonders deutliches Beispiel hierfür ist die von der U.S. Army übernommene Kampfgruppengliederung, welche in der Heeresstruktur 1 in der Bundeswehr zur Anendung kam. Hierbei werden schon in der Grundgliederung Verbände, Einheiten und Stäbe bereitgehalten, die für jeden Auftrag individuell zusammengestellt werden können[16].

In der Literatur wird aus diesem Grund zwischen der »organischen« und der »offenen« Gliederung unterschieden[17]. Bei Ersterer blieben die Verbände auch im Einsatz weitgehend in der Grundgliederung bestehen, da sie in dieser alle zur Erfüllung des Auftrags erforderlichen Kampf- und Einsatzunterstützungstruppen im Verband hatten. Dies schloss jedoch eine Truppeneinteilung nicht aus. Der Grundsatz lautete hier: »Übe, wie du kämpfst!«. Bei Letzterer wurden die Verbände für jeden Auftrag im Baukastenprinzip zusammengestellt, was der U.S. Army eine höhere Flexibilität für weltweite Einsätze gab[18].

---

[13] Rink, Vom »Partheygänger« zum Partisanen, S. 230; vgl. Montgomery, Kriegsgeschichte, S. 348.
[14] Riemann, Deutsche Panzergrenadiere, S. 129.
[15] Rink, »Strukturen brausen um die Wette«, S. 364.
[16] Richter, Der Aufbau, S. 240.
[17] Rink, Das Heer, S. 143.
[18] Rink, »Strukturen brausen um die Wette«, S. 465.

2. Die NATO-Strategie der »Massive Retaliation«

Die Integration der Streitkräfte der Bundesrepublik Deutschland in die NATO ist für die Betrachtung der Panzergrenadiere in der Bundeswehr aus zweierlei Sicht wichtig. Erstens war ein Aufbau der Bundeswehr ohne feste Einbindung in die westliche Allianz auch nach dem verlorenen Krieg nicht denkbar, und zweitens sind die Strategien und Forderungen der NATO einer der wesentlichen Grundbausteine, an denen sich die Ausrüstung und Stärke des Heeres und damit auch der Panzergrenadiere orientieren musste[19].

Auf eine grundsätzliche Strategiediskussion, wie sie den meisten Arbeiten über die NATO vorangestellt ist, wird verzichtet[20], dennoch ist eine kurze Eingrenzung des Strategiebegriffs trotzdem notwendig: Strategie wird als geplante, zielgerichtete und koordinierte Anwendung aller politischen, diplomatischen, wirtschaftlichen, technologischen und wissenschaftlichen Kräfte eines Staates verstanden. Besonders wichtig ist hierbei die Betonung der Zielgerichtetheit des staatlichen Handelns.

Die Militärstrategie umfasst nur einen Teil der Gesamtstrategie eines Staates oder Bündnisses und wird daraus abgeleitet. Carl von Clausewitz nennt »Strategie [...] die Lehre vom Gebrauch der Gefechte zum Zweck des Krieges«[21] und grenzt somit das Gefecht und die Taktik gegen die Strategie ab. Taktik ist demnach »die Lehre vom Gebrauch der Streitkräfte im Gefecht«[22]. Als eine Verbindung zwischen der Strategie und der Taktik hat sich die Begrifflichkeit »operative Führung« herausgebildet[23]. Die Militärstrategie wird stets von den höchsten politischen und militärischen Gremien bestimmt und vereint Konzepte, Einsatzgrundsätze und Optionen (z.B. Nuklearstrategie), die zur Erreichung der Gesamtstrategie notwendig erscheinen und legt die dafür notwendigen Mittel und Kräfte fest. Dies reicht von der Androhung bis hin zum tatsächlichen Einsatz von Streitkräften.

Die NATO-Strategie ist hierbei als Gesamtstrategie zu verstehen, die Großräumigkeit durch supranationale Allianzplanungen nutzt und die innerstaatliche wie allianzstrategische militärische Planung auf die Handlungsfelder aller für eine totale Kriegführung notwendigen Bereiche und Ressourcen ausdehnt. Als kennzeichnender Begriff hierfür steht »Grand Strategy«[24].

Im untersuchten Zeitraum treten zwei wesentliche Merkmale aller Strategien zutage: Einerseits die klare Ausrichtung auf Kernwaffen zur Verteidigung des Bündnisgebietes und andererseits der Aufbau, Erhalt und Ausbau der ökono-

---

[19] Die Entwicklung deutscher Sicherheitspolitik, S. 38.
[20] NATO Strategy Documents, S. 9; Schmidt, Verteidigung oder Vergeltung, S. 11-20; Stromseth, The Origins, S. 12.
[21] Clausewitz, Vom Kriege, S. 53 f.
[22] Ebd., S. 50 f.
[23] Wörterbuch zur Sicherheitspolitik, S. 320, 384 und S. 400.
[24] Wellershoff, Mit Sicherheit, S. 103; Liddell Hart, Strategy.

mischen Prosperität im Systemwettlauf[25]. Die entsprechenden Schlagworte hierfür fand Henry Kissinger Ende der 1960er Jahre, in dem er von der »hinreichenden« gegenüber der »überlegenen« Rüstung sprach[26]. Wie sich zeigen sollte, war die ökonomische Komponente ein wesentlicher Grund für den späteren Zusammenbruch des Warschauer Paktes.

Die NATO-Staaten hatten sich im Mai 1957[27] unter amerikanischer Führung auf die Doktrin der »Massive Retaliation« verständigt[28]. Diese sah bei einem sowjetischen Angriff auf Mitteleuropa ein unverzügliches strategisches Nuklearbombardement der UdSSR vor. Ferner sollten konventionelle Kräfte und taktische Kernwaffen den feindlichen Vormarsch möglichst weit östlich des Rheins verzögern. Die konventionelle Komponente wurde als »Schild«, die atomar strategische als »Schwert« bezeichnet. Der stetig weiter entwickelte Gesamtoperationsplan bestand aus den beiden wesentlichen Teilen EDP (Emergency Defence Plan) und ASP (Atomic Strike Plan). Mit Letzterem sollte die Unterlegenheit auf dem Gebiet der konventionellen Kräfte durch glaubhafte Abschreckung ausgeglichen werden[29].

Grundsätzlich ging die NATO von einem Krieg in zwei wesentlichen Phasen aus: Beginnend mit dem Angriff des Warschauer Paktes plante die NATO, durch den maximalen Einsatz von Atomwaffen das Heft des Handelns innerhalb von ca. 30 Tagen zu gewinnen. In einer zweiten nicht weiter zeitlich definierten Phase sollte verlorenes Territorium zurückerobert werden[30]. Unabhängig davon war bei kleineren, örtlichen Aggressionen auch eine nicht nukleare Verteidigung vorgesehen[31].

Die USA, aber vor allem die europäischen NATO-Partner, konnten aus finanziellen und politischen Gründen die konventionellen Truppenstärken nicht jenen der Sowjetunion und deren Verbündeten anpassen[32]. Im Planungszirkel des Supreme Headquarters Allied Powers Europe (SHAPE) wurde dies Anfang 1960 als eine »nicht zu schließende Schere zwischen militärischen Erfordernissen und finanziellen Kosten«[33] beschrieben. Selbst die Einbeziehung der Bundesrepublik Deutschland in das westliche Verteidigungsbündnis und der schrittweise Aufbau der zwölf deutschen Divisionen ab 1956 brachte nicht genügend konventionelle Kräfte auf[34]. Eine weitere Nuklearisierung der Bündnisstrategie gegen Ende der 1950er Jahre war die Folge. Dies zog gegen Ende der 1950er Jahre eine Einplanung von Kernwaffen in die Operationsführung bis auf die Ebene der Brigade nach sich und führte zu intensiven Diskussionen darüber, wer die letzte Entscheidung über deren Einsatz zu fällen habe. Hierbei

---

[25] NATO-Vertrag, Artikel 2.
[26] Thoß, NATO-Strategie, S. 4.
[27] NATO Strategy Documents, S. 277 f. und S. 317 f.
[28] Die Entwicklung deutscher Sicherheitspolitik, S. 63.
[29] Hecker, Ein Rundgang, S. 108; Thoß, NATO-Strategie, S. 65.
[30] Thoß, NATO-Strategie, S. 69.
[31] Duffield, The Evolution of NATO's Strategy, S. 132-156; Haftendorn, Kernwaffen, S. 94.
[32] Greiner, Das militärstrategische Konzept, S. 235 f.
[33] Hammerich, Jeder für sich, S. 367 f.; Richardson, NATO's Nuclear Strategy, S. 35-43.
[34] Kollmer, Rüstungsgüterbeschaffung, S. 104.

war es bis 1963 letztendlich der Divisionskommandeur vor Ort, der nach einer allgemeinen Freigabe durch den Supreme Allied Commander Europe (SACEUR) eine entsprechende sowjetische Truppenansammlung erkennen musste und die taktischen Kernwaffen einsetzen konnte[35].

Ermöglicht wurde dies in erster Linie durch die Verkleinerung der Atomwaffen infolge des Projekts »VISTA« als Ergebnis von 1952 begonnenen Entwicklungsarbeiten des California Institute of Technologie. Nun war die Produktion von Atom-Minen und -Artilleriegeschossen, aber auch Mittelstreckenraketen möglich. Damit war die Kernwaffe von einer strategischen zu einer »normalen« Waffe auf dem Gefechtsfeld geworden[36].

Innerhalb der Bundeswehrführung gab es von Beginn an zwei verschiedene sicherheitspolitische und strategische Denkschulen: Auf der einen Seite stand die Luftwaffenführung, welche sich klar für eine auf Abschreckung ausgerichtete Planung stützte und deshalb um die Teilhabe an dem Kernwaffenpotenzial bemüht war. Auf der anderen Seite stand die Heeresführung, unterstützt von der Marine. Sie setzte vor allem auf ihre Erfahrungen aus dem »Ostkrieg« und präferierte eine Planung mit mehreren Optionen, die eine bewegliche, raumgreifende Operationsführung mit starken gepanzerten und hochmobilen Kräften vorsah. Dabei stand jederzeit die Frage nach den Auswirkungen eines atomaren Krieges auf Mitteleuropa im Vordergrund. Die Verteidigung der Bundesrepublik sollte nicht durch nationalen Selbstmord erreicht werden[37].

Der Generalinspekteur der Luftwaffe, General Josef Kammhuber, äußerte sich am 6. November 1959 in einer Stellungnahme zu einem strategischen Konzept, das Heer und Marine eingebracht hatten. Seiner Meinung nach seien »herkömmliche Landoperationen eine Illusion«, weil es nach einem atomaren Schlagabtausch »nichts mehr zu operieren gibt – außer in Krankenhäusern«[38]. Die Annahme des für Forschung und Entwicklung zuständigen U.S. Generals James M. Gavin von 1957, dass man im Kriegsfall 423 Nuklearsprengköpfe pro Kampftag einsetzen würde[39], und die Ergebnisse der Übung »Flash Back« (31.10.-2.11.1960) bestätigten die Luftwaffenführung in ihrem Kriegsbild. Während der Übung wurde der Einsatz von 170 feindlichen und 240 eigenen Kernwaffen im süddeutschen Raum angenommen. Nach zehn Tagen des atomaren Schlagabtauschs sollte ein Gegenangriff durch das III.(GE) Korps die Rückeroberung des verlorenen Geländes sicherstellen. Die Bewertung ergab dabei Folgendes:

> »Das Gelände war derart verformt worden, dass ein Zurechtfinden anhand des vorhanden Kartenmaterials in dem zeitweilig aufgegeben Territorium schlicht nicht mehr möglich war. Da der gesamte Gefechtsraum des deutschen Korps im übrigen zu 40-60 Prozent bewaldet war, hatte der flächendeckende Einsatz von Atomwaffen in Folge von Trümmerfeldern, Wind-

---

[35] Hammerich, Komiss, S. 146.
[36] Thoß, NATO-Strategie, S. 39-43.
[37] Krüger, Schlachtfeld Bundesrepublik?, S. 188.
[38] Zit. nach: Thoß, NATO-Strategie, S. 726.
[39] Ebd., S. 334.

bruch und Großbränden so ausgedehnte Sperrzonen entstehen lassen, dass sie selbst mit Gefechtsfahrzeugen nicht mehr gangbar waren. Bei der Abschlussdiskussion musste man sich deshalb fragen, ob der Auftrag zur Rückeroberung der aufgegebenen Geländeteile unter diesen Umständen überhaupt noch durchführbar gewesen wäre[40].«
Die von der Heeresführung befürchtete Zerstörung des eigentlich Schützenswertens wurde in mehreren NATO-Übungen bestätigt. Die aufgeschreckte Öffentlichkeit beachtete besonders die Übung »Carte Blanche« (20.-28.6.1955), mit 335 eingeplanten atomaren Detonationen und 1,7 Millionen Toten und 3,5 Millionen Verwundeten. Die Strahlenschäden waren hierbei noch nicht eingerechnet. Ähnlich verheerende Ergebnisse zeigten weitere Übungen wie »War Game-60« (30.3.-1.4.1960) oder »Flash Back« (31.10.-2.11.1960). Bei der Übung »War Game-60« sollte der süddeutsche Raum zwischen Hof, Waldsassen, Waidhaus, Furth i.W. und dem Südostrand des Böhmerwaldes, insgesamt ca. 300 km², verteidigt werden. Die Central Army Group (CENTAG) führte die Planübung mit vier Präsenzdivisionen und der 7. (US), der 1.(FR) Armee sowie dem II.(GE) Korps durch. Ziel war es, einen Angriff von 230 000 tschechischen Soldaten abzuweisen und das Nachrücken der Folgekräfte in Stärke von 15 sowjetischen Divisionen um drei Tage zu verzögern, sodass die Voraussetzungen zur Vernichtung der Feindkräfte und der Rückeroberung des Bündnisgebietes gegeben waren. Dazu wurden mithilfe von Sperrbataillonen (Übungsannahme) und durch den Einsatz von 60 ADM (Atomsprengkörper) zur Sprengung der Bergkuppen im Bayerischen Wald die Täler unpassierbar gemacht werden. Bei der Auswertung wurde deutlich, dass das Problem der Bevölkerungsevakuierung nicht gelöst werden konnte[41]. Der spätere Verteidigungsminister Franz Josef Strauß sprach sich noch als Atomminister und Wehrexperte der CSU für die atomare Gefechtsführung aus, da sich die »strategische Revolution« nicht zurückdrehen ließe. Die zwölf aufzustellenden Divisionen der Bundeswehr müssten von Anfang an auf die neue Bedrohungslage des Atomzeitalters ausgerichtet werden[42]. Diese Haltung behielt er auch als Verteidigungsminister konsequent bei.
Eine ähnliche Diskussion fand innerhalb der US-Streitkräfte statt. Hierbei waren es ebenfalls die Perzeptionen der verschiedenen Kriegsbilder, die unterschiedliche strategische Überlegungen begründeten. Auf der einen Seite stand die U.S. Air Force, auf der anderen Seite die Army, die Navy und das Marine Corps. Die amerikanische Luftwaffe ging davon aus, dass es nach einer kurzen atomaren Anfangsphase mit ihren weitreichenden Zerstörungen unwahrscheinlich war, großräumige Operationen analog zum Zweiten Weltkrieg durchzuführen, weshalb sie darauf drang, dass die NATO- und US-Strategie eindeutig auf die atomare Abschreckung ausgericht würden. Die anderen drei Teilstreitkräfte präferierten eine stärker konventionelle Ausrichtung, um die zweite Phase nach dem atomaren Schlagabtausch für den Westen zu entschei-

---

[40] III.(GE) Korps, G3: Kdr-Besprechung bei 7.(US) Armee zur Übung »Flash Back« vom 31.10. bis 2.11.1960, BA-MA, BH 1/27518.
[41] Thoß, NATO-Strategie, S. 599.
[42] Verhandlungen des Deutschen Bundestages, Bd 2, S. 5603-5610 (16.7.1955).

den[43]. Der Hintergrund jedweder Argumentationen war nicht zuletzt auch die Auseinandersetzung über die begrenzten Ressourcen in den Verteidigungshaushalten.

Die NATO erwartete ohnehin von den deutschen Verbänden, und vor allem vom Heer als größte Teilstreitkraft, eine Gliederung, Ausstattung, Führung und Ausbildung, die klar auf eine atomare Gefechtsführung ausgerichtet war[44]. Von verschiedenen Seiten, u.a. SACEUR Lieutenant General Lauris Norstad, wurde die Ausrüstung der europäischen NATO-Partner mit taktischen Atomwaffen gefordert. Dies schloss auch die Bundesrepublik ein[45], dem in den Dokumenten MC 14/2 sowie 48/2 entsprochen wurde, wodurch auch die Bundeswehr atomare Trägersysteme erhielt. Die Atomwaffen sollten jedoch erst im Konfliktfall von den Amerikanern freigegeben werden[46]. Besonders problematisch war hierbei, dass die Trägersysteme der taktischen Atomsprengköpfe (280-mm-Geschütze) eine Reichweite von nur 30 km hatten. Da die erste Verteidigungslinie jedoch im Norden am Elbe–Travel-Kanal verlief und dann weiter im Süden auf die Weser–Fulda–Main–Ludwig-Kanal-Linie zurücksprang, hätte der atomare Schlagabtausch mit taktischen Atomwaffen komplett auf dem Gebiet der Bundesrepublik stattgefunden. Man hätte zerstört, was man eigentlich schützen wollte[47]. Die infanteristisch geprägten Panzergrenadiere hätten sich der Wirkung der eigenen atomaren Waffen nur schwer entziehen können. Die Zeit zwischen Vorwarnung und Einsatz der taktischen Nuklearsprengkörper wäre zu kurz für die Truppe gewesen, um aus dem Gefahrenbereich auszuweichen.

Die »Massive Retaliation« sah eine auf atomare Abschreckung ausgerichtete Strategie und eine Ausrüstung mit taktischen Atomwaffen bis auf Divisionsebene vor. Damit wurde die Bedeutung der konventionellen Waffen so weit eingeschränkt, dass nur noch zwischen »kleinem« und »großem« Atomkrieg zu unterscheiden war. Die konventionellen Truppen hatten lediglich noch eine »Stolperdraht-Funktion«[48].

Die Stärke der NATO-Truppen in Mitteleuropa wurde im Dezember 1954 in der MC 48 mit 30 Divisionen festgelegt, die zum größten Teil mit taktischen Atomwaffen ausgerüstet werden sollten. Die Bundesrepublik sollte nach Aufnahme ins Bündnis zwölf dieser Divisionen stellen. Tatsächlich wurden innerhalb der NATO jedoch bis 1958 nur etwa 23 der vorgesehenen Divisionen aufgestellt, da die europäischen Mitgliedsstaaten sich Zeit ließen[49]. Von 1958 bis 1963 wollte die NATO die Zahl ihrer Divisionen in Mitteleuropa auf 29 erhöhen. Gleichzeitig sollte die Zahl der »Ground Nuclear Delivery Groups« von 40

---

[43] Thoß, NATO-Strategie, S. 52 f.

[44] Aufzeichnung Generalleutnant a.D. Hans Speidels über ein Gespräch mit Generalleutnant Cortlandt V.R. Schuyler, Chief of Staff SHAPE, am 9.11.1954, BA-MA, N 683, Nr. 56.

[45] Krüger, Schlachtfeld Bundesrepublik?, S. 189; Brandstetter, Allianz des Mißtrauens, S. 179.

[46] NATO Strategy Documents, S. 329; Bald, Die Atombewaffnung, S. 45.

[47] Greiner, Zur Rolle Kontinentaleuropas, S. 157.

[48] Ebd., S. 163.

[49] Ebd., S. 170.

◀ Abb. 25:
Der Bundesminister der Verteidigung Theodor Blank bei der Ansprache zur Überreichung der Ernennungsurkunden für die ersten 101 Freiwilligen der Bundeswehr am 12. November 1955.

BArch, Bild 146-1995-057-16

▶ Abb. 26:
Anschlag von Plakaten der Freiwilligenwerbung der Bundeswehr, Aufnahme vom 16. November 1956.

Militärhistorisches Museum der Bundeswehr

◀ Abb. 27:
Soldaten der 1. Lehrkompanie der Bundeswehr. Die ersten 1000 Soldaten der Bundesrepublik Deutschland traten am 20. Januar 1956 ihren Dienst an.

BPA, Bild 00019662, Denecke

▶ Abb. 28:
Bundeskanzler Konrad Adenauer besichtigte am 20. Januar 1956 die neu aufgestellte Bundeswehr in Andernach.

BArch, Bild 146-1998-006-34, Wolf

auf 135 anwachsen. Diese Heeresartillerie-Einheiten waren mit taktischer Nuklearmunition ausgestattet[50].

Der nukleare Rüstungswettlauf war dabei stets von einem »atomaren Patt« gekennzeichnet[51]. Im Jahre 1949 zündete die Sowjetunion ihre erste Atombombe, im August 1953 die erste Wasserstoffbombe und ein knappes Jahr später hatte sie Trägersysteme entwickelt, welche die USA erreichen konnten[52]. Im Februar 1961 testete die UdSSR zum ersten Mal erfolgreich eine Interkontinentalrakete[53]. Vor diesem Hintergrund gab es bereits ab den 1950er Jahren immer wieder Überlegungen über eine militärische Strategieänderung, zu der sich die Eisenhower-Administration u.a. aus finanziellen Überlegungen nicht mehr durchringen konnte[54]. Erst die Regierung John F. Kennedys setzte eine grundlegende Strategieänderung Anfang der 1960er Jahre durch, welche 1967 auch die offizielle NATO-Doktrin ablöste.

3. Die Heeresstruktur 1

Die Heeresstruktur 1 war die bestimmende Größe für die Entwicklung der noch jungen Bundeswehr und sah wie die beiden folgenden Heeresstrukturen eine Aufstellungsphase von zehn Jahren vor, gefolgt von einer ebenso langen Konsolidierungsphase. Doch die Heeresstruktur 1 blieb unvollendet und wurde bereits Ende der 1950er Jahre von der Heeresstruktur 2 abgelöst. In dieser Zeit sind drei Entwicklungslinien zu erkennen, die sich teilweise gegenüber standen und andererseits auch ergänzten: Zum einen waren da die Kriegserfahrungen der Wehrmachtoffiziere, zum anderen die Vorgaben und Anregungen der US-Streitkräfte und -Politik und nicht zuletzt die praktischen Erfahrungen der Soldaten in der noch jungen Bundeswehr[55]. Diese drei Entwicklungslinien, welche zur Heeresstruktur 2 führten, werden aus Sicht der Panzergrenadiere untersucht.

Neben der Truppengattung der Panzergrenadiere gab es im Heer noch die Panzertruppe, -artillerie, -aufklärer, -pioniere, -jäger, die Instandsetzung, den Nachschub, die Sanitäter und die Heeresflieger, um nur die Wichtigsten zu nennen. Nur das gemeinsame »Konzert« dieser Kräfte ermöglichte den effektiven Kampf auf dem Gefechtsfeld. Den Kern stellten die gepanzerten Kampf- und Kampfunterstützungstruppen dar. Hierbei war es die Aufgabe der Panzerwaffe und der Panzergrenadiere (SPz) feindliche Kräfte zu bekämpfen und durch überlegene Feuerkraft und hohe Geschwindigkeit eine Entscheidung im Gefecht herbeizuführen. Die Kampfpanzer und Panzergrenadiere (SPz) sollten

---

[50] Kollmer, Rüstungsgüterbeschaffung, S. 107.
[51] Schmidt, Verteidigung oder Vergeltung, S. 22 f.
[52] Die Langstreckenbomber vom Typ Bison und Bär.
[53] Thoß, NATO-Strategie, S. 320.
[54] Die Entwicklung deutscher Sicherheitspolitik, S. 65.
[55] Hammerich, Kommiss, S. 23.

dabei auf verschiedene Weise begleitet und unterstützt werden. Die Artillerie sollte Steilfeuer schießen und feindliche Kräfte vernichten, abriegeln oder bei der Aufstellung stören. Die Pioniere sollten die eigenen Bewegungsmöglichkeiten befördern und den Gegner behindern bzw. lenken, und die Panzeraufklärer sollten für ein ständig aktualisiertes Feindlagebild sorgen.

Ein weiteres Kriterium für den Aufbau verschiedener Truppengattungen stellten die Gelände- und Umweltbedingungen dar. Auf bewaldetem oder urbanem Terrain sowie in Mittel- und Hochgebirgen konnten Kampfpanzer nicht ihre volle Wirkung entfalten. Hier lag der Vorteil bei den verschiedenen Truppengattungen der Infanterie wie den Panzergrenadieren (mot.) sowie den Gebirgs- und Fallschirmjägern.

a) Anleihen aus der U.S. Army

Die gepanzerte US-Infanterie (Armored Cavalry/Armored Infantry) ist mit den deutschen Panzergrenadieren nur schwer zu vergleichen. Die wesentlichen Unterschiede liegen in der Nutzung der Gefechtsfahrzeuge, im Kampf der verbundenen Waffen, der Auftragstaktik und dem Kriegsbild. Die deutsche Vorstellung vom Kampf der verbunden Waffen sah eine enge organische Zusammenarbeit der gepanzerten Truppengattungen auf dem Gefechtsfeld vor. Nicht so bei den US-Streitkräften. Zudem stand die deutsche Auftragstaktik im Gegensatz zur angelsächsischen Befehlstaktik. Das deutsche Konzept sah eine höhere Eigenverantwortung des Soldaten bei der Auftragserfüllung vor. Bei den Panzergrenadieren war das Gefechtsfahrzeug gleichzeitig das Hauptwaffensystem, welches für den aufgesessenen und abgesessenen Kampf genutzt wurde. Bei den Amerikanern diente es lediglich als gepanzertes Transportmittel, da im Gefecht abgesessen gekämpft oder lediglich den Panzern gefolgt werden sollte. Auch die Kriegsbilder unterschieden sich erheblich. Die Deutschen orientierten sich vor allem an den Einsatzmustern der Ostfront von 1943-1945, die US-Streitkräfte an denen des Koreakrieges bzw. eines möglichen Atomkrieges[56].

Trotz der unterschiedlichen Philosophie beim Einsatz gab es eine Reihe von Berührungspunkten. So hatten die US-Streitkräfte in der Aufstellungsphase ihrer ersten Panzerdivision 1940/41 einige Anleihen bei der Wehrmacht von 1934 genommen. Aber besonders das Verhältnis von Panzern und Infanterie war in den US-Divisionen 1941 unvorteilhaft mit 25 zu 7 Kompanien ausgefallen. Dies wurde in den Folgeverbänden 1942 zu einem Verhältnis von zwei zu eins geändert[57]. Weiterhin wurden zwei Combat-Comand-Stäbe geschaffen, unter denen Task Forces für bestimmte Aufträge zusammengefasst wurden. Dies sind die Grundlagen für die erfolgreiche Kampfgruppengliederung, die sich später auch auf deutscher Seite in der Heeresstruktur 1 wiederfand[58].

---

[56] Hammerich, Kommiss, S. 160.
[57] Senger und Etterlin, Die Panzergrenadiere, S. 160.
[58] Hammerich, Kommiss, S. 160.

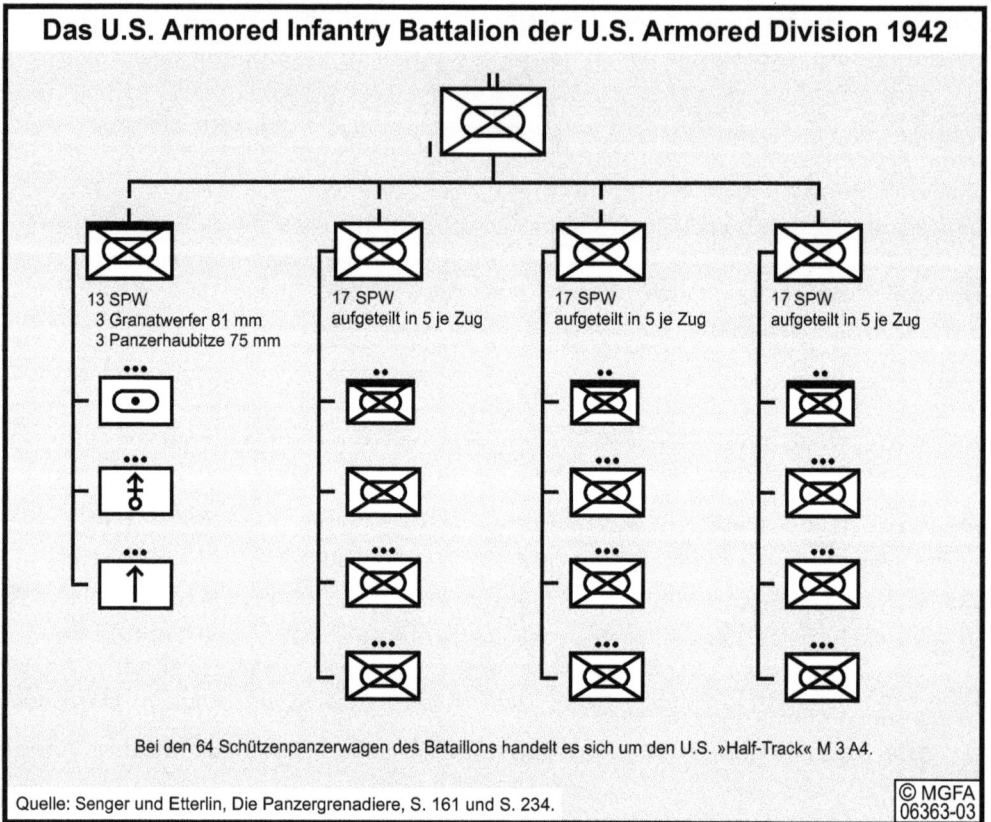

Das U.S. Armored Infantry Battalion der U.S. Armored Division 1942

13 SPW
3 Granatwerfer 81 mm
3 Panzerhaubitze 75 mm

17 SPW
aufgeteilt in 5 je Zug

17 SPW
aufgeteilt in 5 je Zug

17 SPW
aufgeteilt in 5 je Zug

Bei den 64 Schützenpanzerwagen des Bataillons handelt es sich um den U.S. »Half-Track« M 3 A4.

Quelle: Senger und Etterlin, Die Panzergrenadiere, S. 161 und S. 234.

© MGFA
06363-03

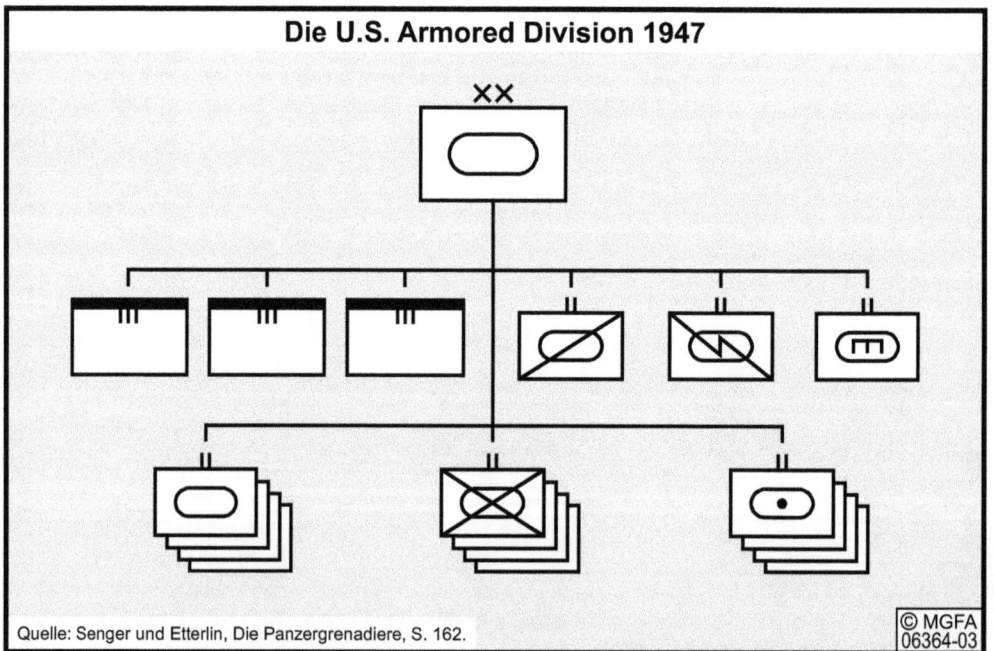

Die U.S. Armored Division 1947

Quelle: Senger und Etterlin, Die Panzergrenadiere, S. 162.

© MGFA
06364-03

Das U.S. Armored Infantry Battalion der U.S. Armored Division 1958

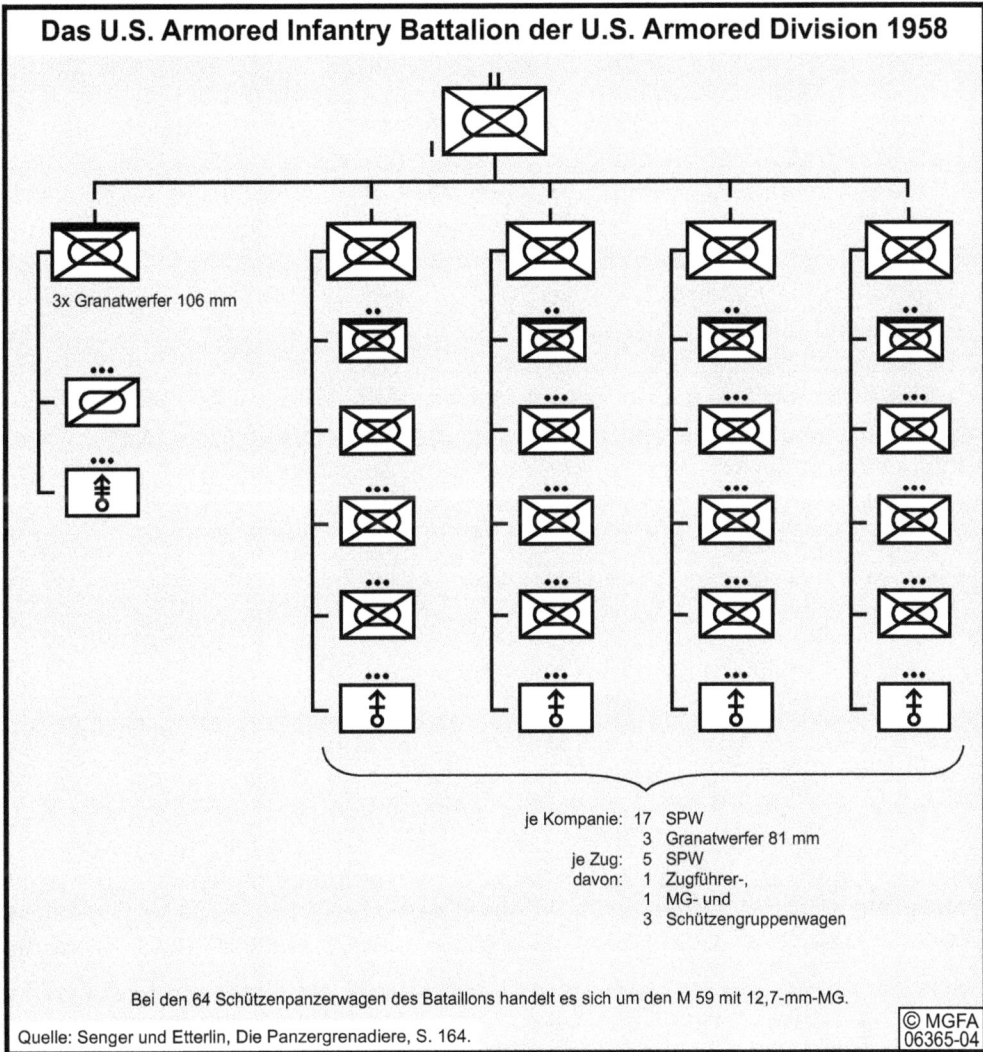

3x Granatwerfer 106 mm

je Kompanie: 17 SPW
3 Granatwerfer 81 mm
je Zug: 5 SPW
davon: 1 Zugführer-,
1 MG- und
3 Schützengruppenwagen

Bei den 64 Schützenpanzerwagen des Bataillons handelt es sich um den M 59 mit 12,7-mm-MG.

Quelle: Senger und Etterlin, Die Panzergrenadiere, S. 164.

© MGFA
06365-04

Das klassische U.S. Armored Infantry Battalion war 1942 in vier Kompanien gegliedert. Drei davon waren Schützenkompanien mit jeweils 17 SPW, die sich in drei Züge mit jeweils 5 SPW aufteilten. Die vierte Kompanie war zugleich Stabs- und schwere Kompanie und bestand aus einem schweren MG-Zug, einem Mörserzug und einem Zug Panzerhaubitzen. Sie war mit 13 SPW, drei 81-mm-Mörsern und drei 75-mm-Panzerhaubitzen ausgerüstet. Damit kann das U.S. Armored Infantry Battalion als ein vollgepanzerter Verband bezeichnet werden, der mit dem »Half Track« M 3 A4 die Kampfpanzer begleiten konnte.

1943 wurden die US-Panzerdivisionen erneut umgegliedert und erhielten einen weiteren Kampfgruppenstab, wodurch die Verbände in der Lage waren, das Gefecht mit nunmehr drei Stäben zu führen. Weiterhin wurde die Anzahl der Panzerbataillone verringert. Damit war das Verhältnis zwischen Panzer-, Schützen- und Panzerartilleriebataillonen paritätisch, sodass auch von einer

»Ausgewogenheit der Kampfgruppe« gesprochen wurde[59]. Die Armored Infantry Battalions erhielten zusätzlich eine Versorgungskompanie, da die Regimenter mit ihren Versorgungsteilen aufgelöst wurden. Diese Gliederung entspricht weitgehend der einer Panzerdivision der Bundeswehr in der Heeresstruktur 1[60], die sich amerikanischerseits im Zweiten Weltkrieg bewährt hatte. Durch das zielgerichtete erfolgreiche Zusammenwirken der Divisionsverbände wurde auch von der »Förderation der 13 Bataillone« gesprochen[61]. Die Grundgliederung der Panzerdivision 1943 wurde auch nach dem Krieg weitgehend beibehalten. 1947 erweiterte man sie lediglich um ein Panzer-, ein Infanterie- und ein Panzerartilleriebataillon. Dadurch wurde sie viergliedrig. Die Schützen erhielten eine vierte Kampfkompanie, und die Halbkettenfahrzeuge wurden durch geschlossene Vollketten-SPW ersetzt.

Die US-Panzerdivision war nicht organisch gegliedert. In der Praxis wurden jedoch einige Panzerdivisionen regelmäßig den gleichen Kampfgruppenstäben zugeteilt, sodass einige Nachteile der offenen Gliederung ausgeglichen werden konnten[62]. Spätere Versuche in den Jahren 1956/57, die US-Divisionen in eine »Pentomic-Gliederung« mit fünf Kampfgruppenstäben zu überführen, können nicht als Vorbild für die Entwicklung in der Bundeswehr gewertet werden, da sie in ihrer Führung zu komplex waren und nicht den deutschen Vorstellungen von einer Zweier- bis Dreiergliederung entsprachen[63].

Im U.S. Armored Infantry Battalion von 1958 blieb es trotz Mischung der Truppengattungen bis auf die Zugebene bei dem reinen gepanzerten Infanterieverband[64]. Im U.S. Armored Infantry Battalion von 1953 waren noch in jeder der Kampfkompanien Mörserzüge fest eingeplant, womit die Kompaniechefs über eine eigene Steilfeuerkomponente (kleine Artillerie) verfügen konnten. Dies war eine Gemeinsamkeit mit den Panzergrenadierbataillonen (gep.) der Wehrmacht und wurde so auch in der Heeresstruktur 1 übernommen. Die schweren Mörser hingegen, über die bei den Amerikanern die Stabskompanie verfügte, wurden im Panzergrenadierbataillon (gep.) der Wehrmacht, wie auch in der Bundeswehr, in eine gesonderte schwere Kompanie eingegliedert.

b) Gliederungsformen der Heeresstruktur 1

Die nie vollkommen umgesetzte Heeresstruktur 1 von 1955 war gekennzeichnet durch die schon thematisierte Kampfgruppengliederung. Ziel dieser Heeresstruktur war es, zwölf Divisionen zur Verteidigung der Bundesrepublik und Unterstellung an die NATO aufzustellen. Davon sollten acht als Grenadier-, zwei als Panzer- und je eine als Luftlande- und als Gebirgsdivision gegliedert

---

[59] Ebd., S. 160.
[60] Senger und Etterlin, Die Panzergrenadiere, S. 163 f.
[61] Hammerich, Kommiss, S. 159.
[62] Senger und Etterlin, Die Panzergrenadiere, S. 163 f.
[63] Hammerich, Kommiss, S. 168, sowie Rink, »Strukturen brausen um die Wette«, S. 427 f.
[64] Hammerich, Kommiss, S. 161.

Die Panzerdivision in der Heeresstruktur 1

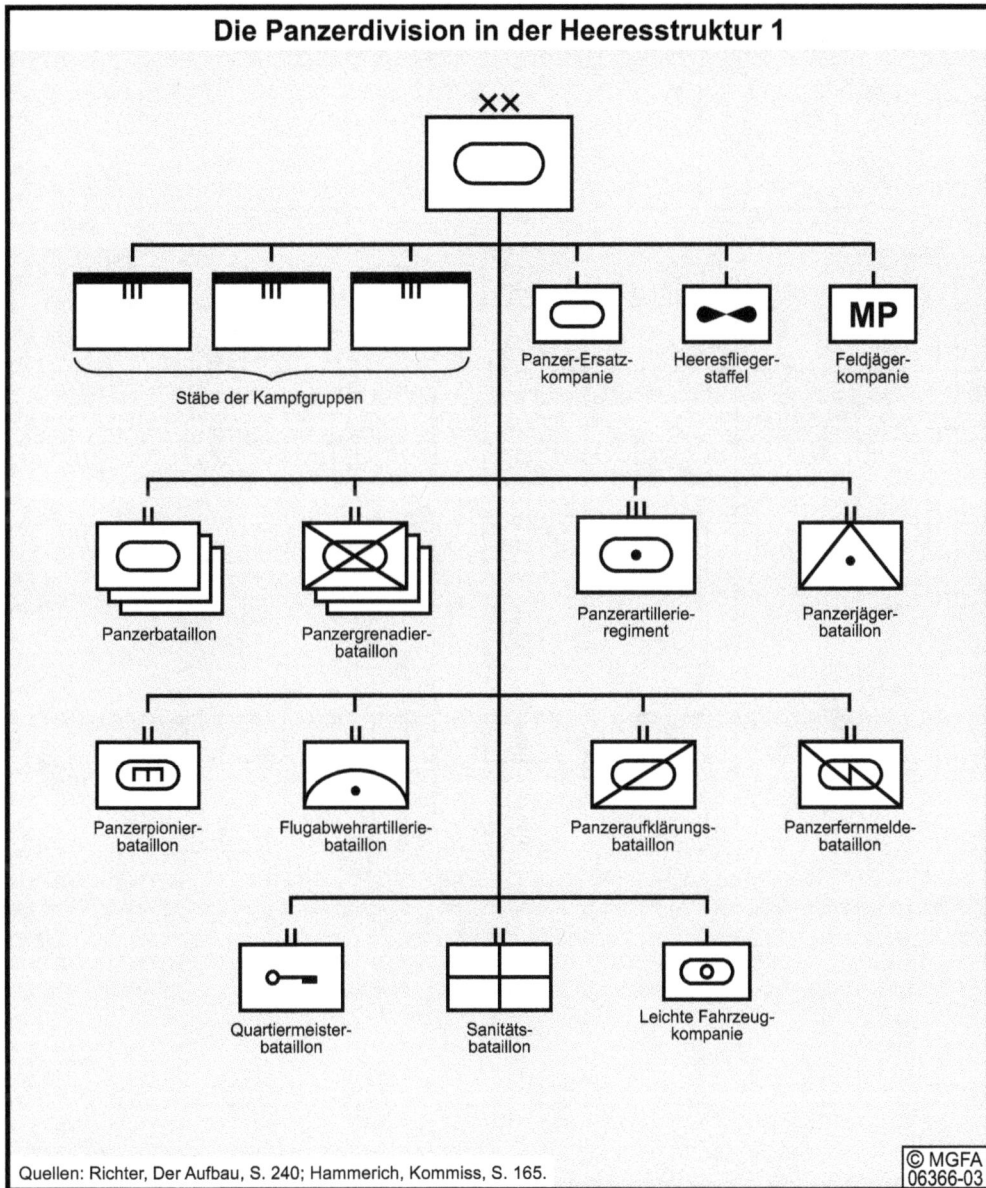

Quellen: Richter, Der Aufbau, S. 240; Hammerich, Kommiss, S. 165.

© MGFA
06366-03

sein. In dieser Struktur sollte der Träger des Kampfes der verbunden Waffen die Panzer- bzw. Grenadierdivision sein. Das Zusammenwirken der verschiedenen gepanzerten Komponenten wurde im Gefecht vom Divisionskommandeur und dessen Stab geführt[65]. Eine solche Division umfasste zwischen 12 000 und 13 000 Soldaten[66]. Dabei ist die enge Anlehnung an die Kampfgruppengliederung der US-Divisionen nicht zu übersehen. In der 2. und 5. Panzer-

---

[65] HDv 100/1, 23. März 1956, Ziffer 106; HDv 101/1, 22. August 1956, BA-MA, BHD 1/11 »D«, S. 7 und S. 11.

[66] Riemann, Deutsche Panzergrenadiere, S. 127.

Das Panzergrenadierbataillon einer Panzerdivision von 1956 bis 1959

5 KPz
17 SPW
6 Granatwerfer 120 mm

je Kompanie:
18 SPW
2 Granatwerfer 81 mm
2 Leichtgeschütze 106 mm
23 Maschinengewehre
18 Panzerfäuste

Quelle: Riemann, Deutsche Panzergrenadiere, S. 128.

© MGFA
06367-03

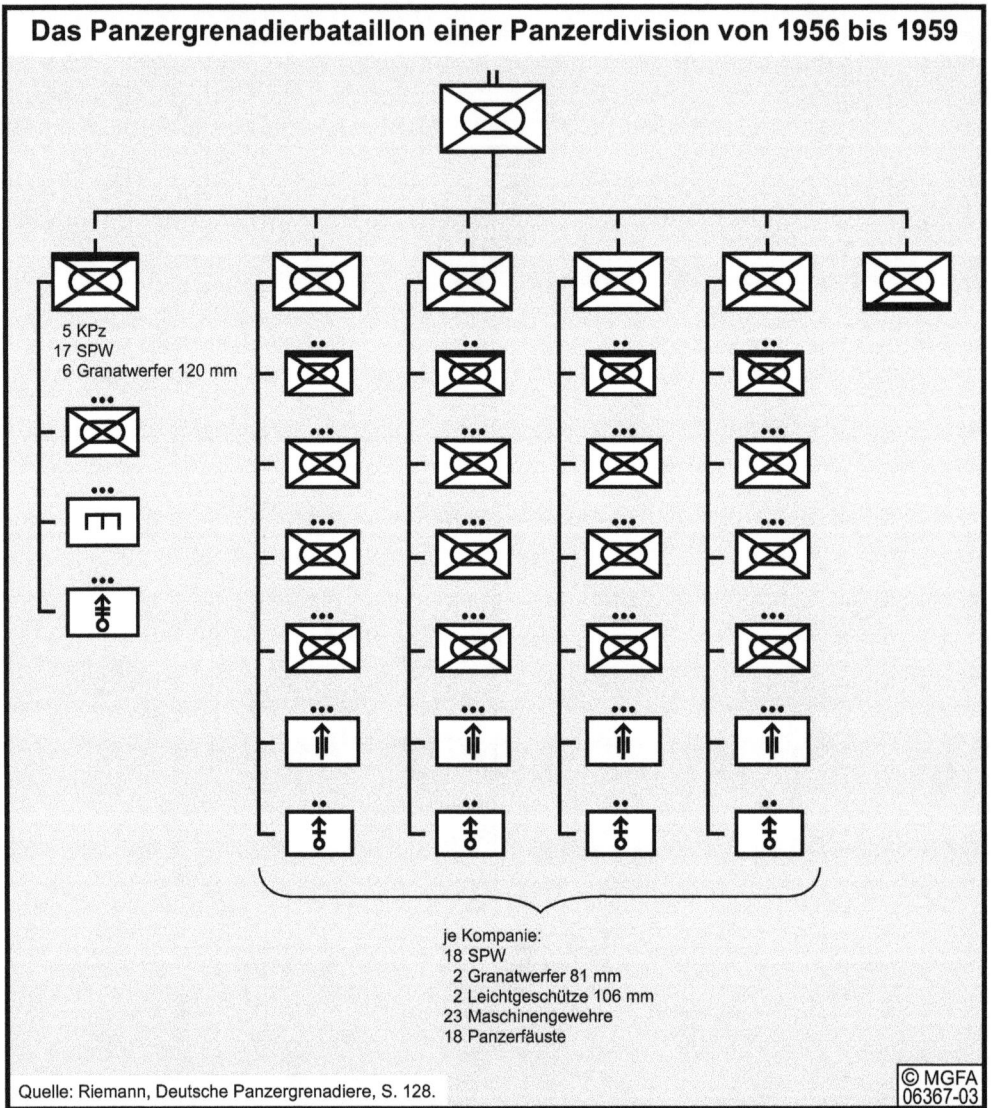

division war das Verhältnis von drei Panzer- zu drei Panzergrenadierbataillonen paritätisch[67], was einen optimalen Ansatz für den Kampf der verbunden Waffen bedeutete[68]. Auf 192 kamen 216 leichte und mittlere Kampfpanzer[69]. Somit sollten insgesamt sechs Panzergrenadierbataillone im Heer aufgestellt werden, die in jeweils sechs Kompanien gegliedert waren[70]. Hinzu kam noch das

---

[67] Rink, »Strukturen brausen um die Wette«, S. 401 f.
[68] Middeldorf, Taktik im Rußlandfeldzug, S. 38.
[69] Hammerich, Kommiss, S. 167.
[70] Truppenamt, Abt. Panzergrenadiere: Aufgaben, Gliederung, Ausrüstung und Einsatz der Panzergrenadiere-Bataillone (Kurzfassung), Juli 1956, BA-MA, BW 7/303.

Panzergrenadierlehrbataillon in Munster, welches keiner Division fest zugeordnet war[71] und das als Erstes aufgestellt wurde[72].

Die Führung der Bataillone im Gefecht sollte je nach Auftrag durch einen der drei Kampfgruppenstäbe erfolgen. Hierzu verfügte die Division über eine große Anzahl an Kampf- und Einsatzunterstützungselementen, zu denen Panzerartillerie, -jäger, -pioniere, -aufklärung, Flugabwehr, Fernmelde-Einheiten, Heeresflieger, Feldjäger, ein Quartiermeisterbataillon, Sanitätskräfte sowie Transport- und Instandsetzungseinheiten zählten[73].

Das Panzergrenadierbataillon in der Heeresstruktur 1 umfasste eine Stabskompanie, welche mit einer Bataillonsführungs- und einer Fernmeldegruppe ausgestattet war und getreu dem amerikanischen Vorbild schwere Kampfunterstützungselemente wie eine Gruppe Kampfpanzer M 41, schwere Mörser (120 mm) und Pioniere ihr eigen nannte. Ferner verfügte es über vier Kampfkompanien, die jeweils aus drei Zügen, einer Mörsergruppe (81 mm) und einer Leichtgeschützgruppe (LGS 106 mm) zur Panzerabwehr bestanden. Für das Eingliedern der Mörser in die Kampfkompanie kann man sowohl Vorbilder im U.S. Armored Infantry Battalion von 1947 als auch beim Panzergrenadierbataillon (gep.) von 1944 finden. Für die Sicherstellung von Nachschub und Instandsetzung sorgte eine zusätzliche Versorgungskompanie. Die Gemeinsamkeiten mit dem U.S. Armored Infantery Battalion von 1958 bestanden in der gleichen Anzahl von Panzergrenadierkompanien, in der verstärkten Stabskompanie und im Fehlen der schweren Kompanie. Mit dem Panzergrenadierbataillon (gep.) von 1944 hatte man die stärkere Panzerabwehr (75 mm Sturmgeschütze bzw. KPz M 41) und die Versorgungskompanie gemeinsam. Die Anzahl von 71 SPW lag zwischen der des US-Vorbildes (64 SPW) und Wehrmachtsvorläufers (92 SPW)[74]. Insgesamt tendierte das Panzergrenadierbataillon von 1956 stärker in Richtung Wehrmacht denn U.S. Army.

Die Fahrzeuge der ersten Panzergrenadierbataillone waren zumeist LKW. Da sich der geplante Schützenpanzer HS 30 noch in der Beschaffung befand, war lediglich das Panzergrenadierlehrbataillon in Munster 1956 mit Kettenfahrzeugen ausgestattet. Bei diesen Fahrzeugen handelte es sich um 30 Schützenpanzer M 39 (USA), 5 leichte Kampfpanzer M 41, 3 Bergepanzer, 12 Transportpanzer BrenCarrier (UK) und 4 Nachschubpanzer Hotchkiss (F), von denen keines die Anforderungen der Heeresplanung erfüllte[75].

Der erste große Test hinsichtlich der Wirksamkeit der Heeresstruktur 1 war die Herbstübung im Jahre 1957, an der deutscherseits ca. 50 Panzer und 6000 LKW beteiligt waren. Die Kampfgruppen übten allgemeine Aufgaben im Einsatz wie Alarmierung, Herstellung der Marschbereitschaft, Märsche, Beziehen von Bereitstellungsräumen und Sicherung. Die Auswertung ergab, dass die

---

[71] Richter, Aufbau, S. 219 f.
[72] Aufstellungsbefehl Nr. 6 (Heer), 5.3.1956, Tgb.Nr. 886/56, AWP.
[73] Riemann, Deutsche Panzergrenadiere, S. 127; Rink, »Strukturen brausen um die Wette«, S. 402.
[74] STAN 321 2200, -3200 , -4200, und -7200, 20.9.1955, BA-MA, BWD 4/607; Riemann, Deutsche Panzergrenadiere, S. 127.
[75] Richter, Der Aufbau, S. 222.

Kampfgruppen in vielen Lagen wegen zu hoher Personalstärken, einer zu großen Zahl an Kraftfahrzeugen (3500 pro Division) und einer fehlenden organischen Gliederung schlichtweg überfordert waren. In der Manöverkritik bescheinigte u.a. Oberst i.G. Albert Schindler vom Führungsstab (Fü S) III der Truppe, nicht für einen Atomkrieg tauglich zu sein[76]. Dieses Urteil traf vor allem die Grenadierdivisionen, die zwar über Panzer, jedoch über keine Panzergrenadiere verfügten. Brigadegeneral Oskar Munzel, Inspizient Panzer-, Panzergrenadier- und Panzeraufklärungstruppe, bezeichnete die Grenadierdivision u.a. deshalb als »untaugliches Gebilde«. Das Ziel von General Adolf Heusinger, Generalleutnant Hans Röttiger wie auch Generalmajor Oskar Munzel lag in der Stärkung der gepanzerten Kräfte, sowie der Vereinfachung der Struktur hin zu kleineren, besser führbaren Verbänden[77].

c) Die Lehr- und Versuchsübung »LV 58«

Um die Schwächen zu beseitigen, welche sich u.a. bei der Herbstübung 1957 gezeigt hatten, ließ Heeresinspekteur Röttiger im September 1958 in der Lehr- und Versuchsübung »LV 58« eine neue Brigadestruktur erproben[78]. Unter der Führung von Brigadegeneral Burkhart Müller-Hillebrand (Leitung), Brigadegeneral Ulrich de Maizière (Grenadierbrigade) und Oberst Hans-Georg Lueder (Panzerbrigade) traten zwei neue Brigadetypen gegeneinander an. Die mehrwöchige Übung in allen Gefechtsarten, besonderen Gefechtshandlungen und den allgemeinen Aufgaben im Einsatz[79] fand auf dem Übungsplatz in Bergen-Hohne unter Beteiligung von 11 385 Soldaten, 680 Ketten- und 2981 Radfahrzeugen aus vier Divisionen und den Lehrbataillonen statt[80].

Die Panzerbrigade bestand hierbei u.a. aus zwei Panzerbataillonen, einem Panzergrenadier-, und einem Panzerartilleriebataillon[81]. Die Grenadierbrigade war u.a. in ein Panzergrenadier-, ein Panzer-, ein Artillerie- und zwei Infanteriebataillone gegliedert. Somit trat eine weitgehend vollgepanzerte Panzerbrigade (rot) gegen eine gemischte Grenadierbrigade (blau) an.

In der Abschlussübung vom 24. bis zum 26. September 1958 griff die Panzerbrigade unter Einsatz von zwei Atomsprengkörpern (10/20 KT) von Nord nach Süd an und demonstrierte ihre Überlegenheit auf nachhaltige Weise[82]. Es

---

[76] Hammerich, Kommiss, S. 167.
[77] Ebd., S. 177.
[78] Maizière, In der Pflicht, S. 216-219; Kissel, Die Lehr- und Versuchsübung.
[79] Zu den »allgemeinen Aufgaben im Einsatz« gehören u.a. Verbindung, Aufklärung, Sicherung, Erkundung und Marsch. Zu den »besonderen Gefechtshandlungen« gehören u.a. das Begegnungsgefecht, das Lösen vom Feind, die Ablösung einer Truppe und die Aufnahme von eigenen Teilen.
[80] Kissel, Die Lehr- und Versuchsübung, S. 585; Hammerich, Kommiss, S. 180-186, davon abweichende Zahlen bei Richter, Der Aufbau, S. 231.
[81] PzGrenLBtl 92: Befehl für die Lehr- und Versuchsübung 1958, 17.7.1958, Tgb.Nr. 97/58 AGWPzTrpS; Richter, Der Aufbau, S. 231; Kissel, Die Lehr- und Versuchsübung.
[82] Kissel, Die Lehr- und Versuchsübung, S. 592.

◀ Abb. 29:
Der Bundesminister für Verteidigung
Franz Josef Strauß im Gespräch mit
Generalleutnant Hans Röttiger während
der »LV 58« in der Lüneburger Heide
am 3. September 1958.
BPA, Bild 00006065, Steiner

▶ Abb. 30:
Brigadegeneral Ulrich de Maizière
bei einer Besprechung während der
»LV 58« am 23. September 1958.
BPA, Bild 00100905, Steiner

◀ Abb. 31:
Kampfpanzer Typ M 48 C während der
»LV 58« in voller Fahrt, Aufnahme vom
23. September 1958.
BPA, Bild 00100906, Steiner

▶ Abb. 32:
Kampfpanzer Typ M 47 als Spähpanzer,
Aufnahme von 1969.
SKA/IMZBW, Siwik

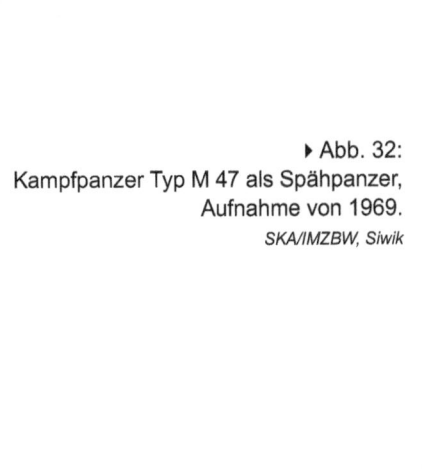

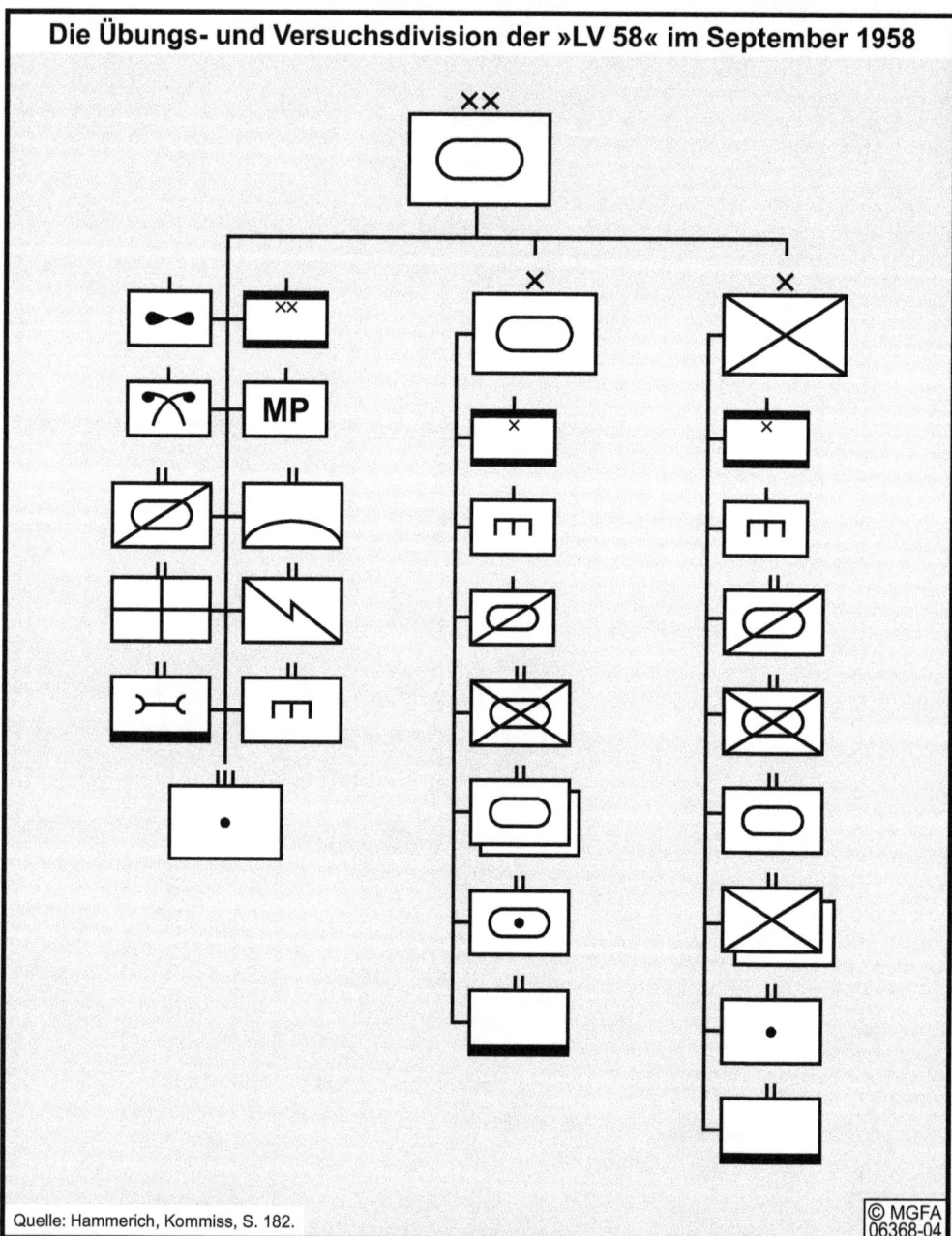

Die Übungs- und Versuchsdivision der »LV 58« im September 1958

Quelle: Hammerich, Kommiss, S. 182.

© MGFA
06368-04

wurde festgestellt, dass die ungepanzerten Einheiten nach dem Einsatz der Nuklearwaffen »hilflos« waren. General Munzel forderte dementsprechend, alle Grenadiere mindestens mit gepanzerten Mannschaftstransportwagen (MTW) auszustatten[83]. Hans Kissel bemerkte zu den eingespielten Atomsprengkörpern, dass die Annahme, »gepanzerte Verbände seien gegenüber Atomexplosionen

---

[83] Hammerich, Kommiss, S. 183.

bestens geschützt«, nur teilweise zutrifft, und demnach das Bild für den Angreifer als zu positiv ausgewertet wurde. Auch Oberst Schindler bemängelte hinsichtlich der »LV 58« den »unklaren und wirklichkeitsfernen Umgang mit dem Einsatz von Atomwaffen«[84]. Bei der Übung stießen vor allem die infanteristisch geprägten »Ostfrontkämpfer« angesichts eines Atomkriegs-Szenarios an ihre Grenzen. In der Auswertung zu der erprobten Struktur stellten mehrere Autoren übereinstimmend fest, dass die Mischung von gepanzerten und ungepanzerten Verbänden in der Grenadierbrigade unzweckmäßig sei und auch bei der Panzerbrigade von 2:1 auf 1:1 verändert werden sollte[85]. Die Ausrüstung der Panzergrenadiere wurde während der Übung für die noch fehlenden Schützenpanzer HS 30 ersatzweise durch 39 Flugabwehrpanzer M 42 verstärkt[86].

Die Auswertung der Ergebnisse der »LV 58« sollte zum Aufbau der »Division 59« führen, welche die Grundlage für die Heeresstruktur 2 bildet. Die Notwendigkeit, Grenadiere und Panzergrenadiere mit atomkriegstauglichen Schützenpanzern auszustatten, wurde hier allzu eindringlich verdeutlicht.

4. Die Neugründung der Panzergrenadiertruppe

a) Kontinuität und atomare Kampfmittel

Bis 1956 wurde vom »Amt Blank« unter Mitwirkung von Teilen der alten Wehrmachtelite die neue westdeutsche Armee geplant. In diesem Zusammenhang wird vom »Gründungskompromiss« zwischen alter Wehrmacht und neuer Bundesrepublik gesprochen[87]. Im Zuge dieses Kompromisses kristallisierte sich u.a. heraus, dass die Infanterie nicht mehr den Kern des Heeres bilden sollte, sondern die Kampfgemeinschaft von Panzern und mechanisierten Schützen. Die klassische Infanterie wollte man auf Spezialisten wie z.B. Gebirgsjäger reduzieren, die Masse sollte jedoch nach Ausstattung und Ausbildung den Panzergrenadieren zugeordnet werden. Vorbehalte der Alliierten und ein enger finanzieller Rahmen setzten der Vollmechanisierung allerdings Grenzen. Die neue Infanterie sollte zunächst aus Grenadieren, die noch nicht mit SPz ausgestattet waren, und Panzergrenadieren bestehen, die beide von Beginn an der Panzertruppe zugeordnet waren[88].

Im Gegensatz zur strukturellen Neugründung des Heeres waren bei der Entwicklung der Führungs- und Kampfweise für Panzergrenadiere die amerikanischen Streitkräfte kein Vorbild, weswegen in erster Linie auf die deutschen

84 Ebd., S. 185 f.
85 Kissel, Die Lehr- und Versuchsübung, S. 594.
86 Richter, Der Aufbau, S. 231.
87 Bald, Alte Kameraden, S. 59.
88 Amt Blank, Abt. II/P1: Protokoll der Wochenbesprechungen vom 22.5.1953, BA-MA, BW 9/231.

Kriegserfahrungen zurückgegriffen wurde. Der Kommandeur der 7. Panzer-division der Bundeswehr Generalmajor Eike Middeldorf stellte 1956 seine Er-fahrungen aus dem Russlandfeldzug in Form von Ratschlägen für das »Amt Blank« zusammen[89]. Er bezeichnete das Zusammenwirken zwischen Panzern und Panzergrenadieren als Kampf entscheidenden Faktor und unterschied fünf verschiedene Einsatzformen:

1. Panzer voraus – Panzergrenadiere folgen aufgesessen:
   Derart wurde bei panzergünstigem Gelände mit weiten Sichtstrecken vorge-gangen. Die Panzergrenadiere wurden hierbei zur Flankensicherung und in der zweiten Welle gegen verbliebene Widerstandsnester eingesetzt. Hier stand die hohe Dynamik und Geschwindigkeit im Vordergrund.

2. Panzergrenadiere aufgesessen voraus – Panzer folgen dichtauf:
   Dieses Verfahren kam in bedecktem, durchschnittenem Gelände mit geringen Sichtfeldern zur Anwendung. Weiterhin war es vorgesehen für Einsätze in der Nacht, bei Dämmerung, Nebel oder Schneetreiben. Die Panzer waren hierbei für den Feuerschutz aus der Tiefe vorgesehen.

3. Panzergrenadiere und Panzer greifen aus verschiedenen Richtungen an:
   Hiermit sollte beim Gegner für Verwirrung und Überraschung gesorgt wer-den. Es setzte eine sehr gute Planung und Ausbildung der beteiligten Kräfte, Artillerie eingeschlossen, voraus. Die beiden Stoßkeile trafen sich hierbei im Angriffsziel[90].

4. Panzergrenadiere abgesessen voraus – Panzer folgen:
   Dieses Einsatzverfahren wurde nur in Ausnahmefällen wie schwierigem Gelände und bei länger vorbereiteten Stellungssystemen angewandt. Als schwierige Geländeabschnitte wurden verteidigte Flüsse mit Sperrwirkung, Wald, sumpfiges Gelände und Gebirge angesehen. Artillerievorbereitung war hierbei besonders wichtig, denn es war mit den potenziell höchsten Ver-lusten verbunden.

5. Panzergrenadiere greifen alleine an – Panzer geben Feuerschutz:
   Bei diesem Vorgehen gleichen die Panzer unzureichende Artillerieunterstüt-zung aus, was den Vorzügen gepanzerter Verbände am wenigsten entsprach[91].

Als wichtigste Voraussetzung für den gemeinsamen Einsatz von Panzergrena-dieren, Panzern und Artillerie nannte Middeldorf die gemeinsame Ausbildung und eine funktionierende Funkverbindung.

Das Kriegsbild hatte sich durch Atomarisierung und Blockbildung gegen-über 1945 wesentlich verändert[92]. Im Koreakrieg 1950 stieß der kommunistische Norden mit ca. 200 Panzern nach Süden vor, wo man nicht in der Lage war, ent-scheidenden Widerstand gegen die T 34 zu leisten. Erst Verstärkungen der US-Streitkräfte mit Panzern vom Typ M 26 und M 47 konnten den Durchbruch auffangen und die Lage stabilisieren. In der Folge wurden die von der UN ge-

---

[89] Middeldorf, Taktik im Rußlandfeldzug, S. 39.
[90] Ebd., S. 42.
[91] Ebd., S. 45; HDv 100/1, 25.8.1959, BA-MA, BHD 1, S. 137 f.
[92] NATO Strategy Documents, S. 17; Die gepanzerten Kampftruppen, S. 89-100.

ENADIERE
IZERSCHÜTZEN
IZERGRENADIERE
IZERAUFKLÄRER
IZERJÄGER
TILLERIE
GABWEHR
NIERE
NMELDETRUPPE
NITÄTSTRUPPE
ARTIERMEISTERTRUPPE
DZEUGTRUPPE
C-ABWEHR
RESFLIEGER
BIRGSTRUPPE
TLANDETRUPPE

Unser HEER

▲ Abb. 33: Werbeplakat für das Heer um 1959
SKA/IMZBw

WILLIGE erhalten nähere Auskunft durch die Kreiswehrersatzämter sowie durch die Leiter der Annahme
n Wehrbereichen: Kiel-Kronshagen, Kopperpahler Allee 120 · Hannover-Buchholz, Sündernstraße 29
dorf, Wilhelmplatz 9 · Wiesbaden, Schloßplatz 3 · Stuttgart, Mörikestraße 12 · München, Freimanner Straße 218

führten gepanzerten Kräfte jedoch verzettelt eingesetzt, und es kam zu keinem adäquaten Gegenangriff gepanzerter amerikanischer oder südkoreanischer Kräfte[93]. Auch die gepanzerten Kräfte Israels wurden während der Suez-Krise im 100-Stundenkrieg im November und Dezember 1956 geschlossen und energisch gegen die Ägypter eingesetzt[94]. Die Konflikte in Korea und auf dem Sinai hatten gezeigt, dass der mechanisierte Großverband auf den Schlachtfeldern nach 1945 zum Alltag gehörte. Ohne ihn waren angegriffene Nationalstaaten zum Guerillakrieg verdammt. Mit der Zündung der ersten sowjetischen Atombombe zeigte sich jedoch eine neue Ultima Ratio zwischen den Machtblöcken.

Im Kriegsbild der Bundeswehr war der Einsatz von taktischen Atomsprengkörpern im Sinne stärkerer Artillerie eingeplant. Wie dies von weiten Teilen des Heeres bewertet wurde, zeigt ein Artikel aus dem Jahr 1956 von Oberst Ferdinand Maria von Senger und Etterlin zu einem Atomtest[95]. Der Autor war zwischen 1956 und 1983 einer der wichtigsten Protagonisten der gepanzerten Truppen der Bundeswehr. Er war u.a. als G 3 der Panzerlehrbrigade 9, Mitarbeiter in der Studiengruppe Heer für atomare Taktik, Kommandeur des Panzerlehrbataillons 94 und der 7. Panzerdivision, Kommandierender General (KG) des I. Korps und Oberbefehlshaber der NATO-Streitkräfte Mitteleuropa (C-i-C AFCENT) eingesetzt[96]. In seinem Artikel von 1956 heißt es u.a.:

»Bei einer Explosion einer 35–40 KT-Bombe am 3. Mai 1955 in Nevada waren etwa 450 m vom Erdnullpunkt drei Pzkpfw. M 48 ›PATTON‹, ein Pzkpfw. M 24 ›CHAFFEE‹, eine 155-mm-Selbstfahrkanone T 97 (vollgepanzert) aufgestellt. Ein M 48, der im schrägen Winkel zum Explosionssturm stand, wurde umgeworfen. Er verlor dabei die Ketten und ein Leitrad riss ab. Das Periskop des Kommandanten wurde verbogen, die Batterie lief aus. Der Motor war unversehrt. Ein M 48 mit Front zum Turm wurde 3 m zurückgedrückt. Er war voll fahrbreit. Ein M 48, der quer zum Turm stand, verlor die Kette. Nach Aufziehen einer Kette war er voll einsatzbereit. Dem veralteten leichten M 24 wurde der Turm abgerissen und wie ein Hut im Winde 270 m weit weggeschleudert. Die Wanne war umgekippt. Der große T 97 war einsatzbereit. Zwei in 550 m Entfernung aufgestellte M 24 blieben fahrbereit. Ein Jeep und ein leichter LKW in 500 m Entfernung wurden vollständig zerstört. Ein alter Landepanzer LVTA 4 am Fuß des Turmes wurde spurlos vernichtet. Sonstige ungepanzerte Fahrzeuge bis 1100 m erlitten starke Beschädigungen und waren nicht mehr voll einsatzbereit. Ihre Motoren, Fahrgestelle und Getriebe waren jedoch noch verwendbar. Leichte Feuerwaffen bei 550 m wurden weggeblasen, jedoch nicht beschädigt. Eine gepanzerte Kampfgruppe, bestehend aus 1 Pz.Btl., 1½ Pz.Inf.Kp., 1 s.Art.Battr. und 1 Pz.Pi.Zug, war 2750 m vom Erdnullpunkt in Bereitstellung. Acht Minuten nach der Explosion trat sie an und durchquerte den Explosionsraum ohne Schaden. Nach sieben Stunden begannen die Aufräumungsarbeiten durch ungepanzerte Feldzeugtruppen[97].«

---

[93] Reinhardt, Entscheidet der Panzer noch das Gefecht?
[94] Marshall, Sinai Victory, S. 22.
[95] Senger und Etterlin, Atomkrieg und Panzertruppe, S. 438.
[96] Kilian, Elite im Halbschatten, S. 307.
[97] Senger und Etterlin, Atomkrieg und Panzertruppe, S. 438.

Der Autor stellte weiterhin fest, dass ein Panzerverband 450 m vom Erdnullpunkt der Detonation keine nennenswerten Personalverluste erleide. Weder die
Hitzewelle noch die Radioaktivität hätte den Fahrzeugen ab 450 m etwas anzu-
haben vermocht. Ungepanzerte Truppen hätte man jedoch bis 2000 m Entfernung bei taktischen Atombomben als Totalverlust einzuplanen. Aus diesen
Erkenntnissen zog Senger und Etterlin den Schluss, dass die zu ziehenden taktischen Folgerungen »gegenüber der konventionellen Kriegführung nicht bedeutend« seien[98].

b) Der Richtungsstreit

In der Gründungsphase der Bundeswehr wurden verschiedene taktische Ansätze
für den Einsatz von Panzergrenadieren deutlich. Dabei standen sich die Auffas-
sungen der Panzertruppen- und der Panzergrenadierschule diametral gegenüber. Das neue Kriegsbild stand hierbei für das Heer weniger im Mittelpunkt
der Überlegungen. Es entwickelte sich vielmehr ein Richtungsstreit darüber, ob
die Panzergrenadiere eher als selbstständige Truppengattung oder als Hilfs-
truppe der Panzerwaffe[99] einzusetzen wären: Die Panzertruppenschule bestand
auf der im Zweiten Weltkrieg bewährten Mischung von Panzern und Panzergrenadieren. Dies bedeutete neben enger Zusammenarbeit auch die gegenseitige Unterstellung von Panzergrenadierkompanien für den gemeinsamen Einsatz[100]. Die Panzergrenadierschule sah ihre Soldaten in einer weit selbststän-
digeren Rolle auf dem Gefechtsfeld. Sie wollte mit dem Schützenpanzer einen
großen Teil der Aufgaben der Panzer mit übernehmen, weswegen sie die taktische Ausbildung mit ungepanzerten Transportfahrzeugen ablehnte[101]. Mit dieser Auffassung stand sie allerdings weitgehend isoliert da. Der Inspizient der
Kampftruppen, Generalmajor Oskar Munzel, sprach sogar von einer Neuauflage
der »attackierenden Kavallerie«[102]. Unter der Fragestellung »Was sind Panzergrenadiere?« hieß es hingegen im zuständigen Referat des Truppenamtes:
> »Panzergrenadiere sind keine Infanterie! Panzergrenadiere kämpfen nach
> eigener Taktik. Ihre Hauptwaffe ist der Schützenpanzer. Bewegung und
> Feuer sind die Hauptelemente ihres Kampfes.«
Im Gegensatz zu der Panzerfraktion behauptete das Referat weiterhin, dass die
Panzergrenadierbataillone folgende Aufgaben selbstständig lösen könnten:

---

[98]   Ebd., S. 439.
[99]   Insp. Panzertruppe, Panzergrenadiere, Panzeraufklärung an BMVg, Abt. V betr.: Richtlinien
       für die Panzertruppe und Panzergrenadiere, 26.3.1957, BA-MA, BH 2/3806.
[100] Ebd.
[101] Truppenamt, Referat Panzergrenadiere: Aufgaben, Gliederung, Ausrüstung und Einsatz
       des Panzergrenadierbataillons, 15.3.1956, BA-MA, BH 2/82.
[102] Insp. Panzertruppe, Panzergrenadiere, Panzeraufklärung an BMVg, Abt. V betr.: Richtlinien
       für die Panzertruppe und Panzergrenadiere, 26.3.1957, BA-MA, BH 2/3806.

»Taktische Aufklärung tief in den Feind, überholende Verfolgung, Flanken-
schutz, überraschender Angriff gegen Flanken oder Rücken des Feindes,
Verzögerungsgefecht[103].«

Damit grenzten sie sich deutlich zu den Panzergrenadieren (gep.) des Zweiten
Weltkriegs ab. Diese konnten »nur unter schweren Opfern«[104] den gemeinsamen
aufgesessenen Kampf an der Seite der Panzer führen. Grund hierfür war vor
allem die ungenügende Panzerung der SPW. Oft führten sie den Angriff aufgrund fehlender Fahrzeuge sogar nur zu Fuß durch.

Im Panzergrenadierbataillon von 1956 sollte der Kampf mithilfe des neuen
Schützenpanzers nach »Panzertaktik« erfolgen. Volle Geländegängigkeit,
Schnelligkeit, sichere Panzerung und starke Feuerkraft der Bordwaffen waren
hierfür die Voraussetzungen. Der aufgesessen geführte Kampf sollte die Regel
sein[105], der Kampf in der Abwehr beweglich sowie angriffsweise geführt werden. Der Schutz gegen Atomwaffen wurde durch den neuen SPz als »weitgehend« gegeben angesehen[106]. Der gemeinsame Kampf mit Kampfpanzern sollte
nach einer Studie von 1957 nur in »bestimmten Gefechtslagen [...] notwendig
werden«. Der Unterschied zur Infanterie wurde aber ebenfalls deutlich heraus-
gestellt, weshalb die »Verwendung von Panzergrenadierbataillonen zur Besetzung fester Stellungen [...] abzulehnen« war[107]. Dies stellte den Versuch dar,
eine bis dato feste Regel zu brechen. Die Panzergrenadiere sollten selbstständig
eingesetzt werden und der gemeinsame Einsatz mit Kampfpanzern die Ausnahme darstellen, da sie als eine eigene Panzerwaffe gesehen wurden, welche
die Nachteile der klassischen Kampfpanzer ausgleichen konnten.

Der Angriff wurde in diesem Konzept als wichtigste Gefechtsart der Truppengattung betrachtet. Dabei sollte nach Artillerievorbereitung mit großen und
schnellen Sprüngen das feindliche Feuer unterlaufen werden. Einen Schießhalt
plante man nur für den Fall ein, wenn das gegnerische Feuer dazu zwang. Die
Kampfentfernung für den Schützenpanzer mit Bordmaschinenkanone (BMK)
20 mm war auf 800–1000 m aus dem Schießhalt und auf max. 250 m aus der
Bewegung festgelegt. Der Einbruch in die feindlichen Stellungen sollte im
Normalfall aufgesessen und unter Nutzung der BMK und des Kampfes über die
Bordwand erfolgen. Zuvor mussten ca. 500 m vor den feindlichen Stellungen
alle erkannten Panzernahbekämpfungs-Waffen vernichtet werden[108]. Die An-
griffsbreite für ein Panzergrenadierbataillon mit zwei Kompanien voraus wurde

[103] Truppenamt, Referat Panzergrenadiere: Aufgaben, Gliederung, Ausrüstung und Einsatz
des Panzergrenadierbataillons, 15.3.1956, BA-MA, BH 2/82.
[104] Truppenamt, Abt. Panzergrenadiere: Aufgaben, Gliederung, Ausrüstung und Einsatz der
Panzergrenadierbataillone, Juli 1956, BA-MA, BW 7/303, S. 3.
[105] Ebd.
[106] Truppenamt, Referat Panzergrenadiere: Aufgaben, Gliederung, Ausrüstung und Einsatz
des Panzergrenadierbataillons, 15.3.1956, BA-MA, BH 2/82.
[107] Truppenamt, Abt. Panzergrenadiere: Studie über die Richtlinien der Panzergrenadiere,
15.2.1957, BA-MA, BH 2/877, S. 7.
[108] Ebd., S. 18.

mit 1000 m x 1000 m beschrieben[109]. Der Schützenpanzer wurde für den Panzergrenadier als »das fahrende Deckungsloch betrachtet, aus dem heraus er dem
Feind nicht mehr Ziel bietet«. Der Panzergrenadier hätte demnach den Vorteil,
von oben nach unten wirken zu können[110]. Dieser Aussage wurde von Generalmajor Oskar Munzel deutlich widersprochen[111]. In einem anderen Beitrag hieß
es, der Schützenpanzer sei »die Hauptwaffe der Panzergrenadiere, ein echtes
Kampffahrzeug, dazu ausreichend gepanzert; kein Transportmittel![112]«

Nur im Ausnahmefall sollte das Panzergrenadierbataillon zur Verteidigung
herangezogen werden. Für den hinhaltenden Kampf (Verzögerung) hielt das
zuständige Referat das Panzergrenadierbataillon für besonders geeignet, da es
hierbei die Einheit von hoher Feuerkraft und Beweglichkeit am besten nutzen
konnte. Als wichtigste Unterstützungswaffe sahen die Planer hierbei die Panzerjäger. Der Abschnitt für ein Panzergrenadierbataillon im hinhaltenden Kampf
sollte sechs Kilometer betragen[113].

Die Panzerfraktion sollte sich jedoch weitgehend durchsetzen, auch wenn in
verschiedenen Abschnitten oben angeführte Ansätze aufgenommen wurden. So
beschrieb die für die Führung des Kampfes der verbunden Waffen maßgebliche
Vorschrift »Truppenführung (TF) 56« taktische Aufklärung als eine Aufgabe
der Panzergrenadiere[114]. In der »TF 59« werden die Panzergrenadiere (SPz) als
Teil der Infanterie charakterisiert. Im entscheidenden Abschnitt hierzu heißt es:
»Panzergrenadiere (SPz) sind die schnelle und bewegliche Infanterie. Ihre
gepanzerten Fahrzeuge befähigen sie, eng mit Panzerkräften zusammenzuwirken und den Kampf beweglich zu führen. Erlauben Lage und Gelände
dies nicht, so kämpfen sie abgesessen. Unter Ausnutzung ihrer Mechanisierung und ihrer panzerbrechenden Waffen können sie auch den Kampf mit
feindlichen Panzern aufnehmen. Im Angriff bilden sie gemeinsam mit Panzern die gepanzerte Angriffsspitze und vollenden in raschem Nachstoßen
den Erfolg. Im Zusammenwirken mit den Panzern halten sie die feindliche
Infanterie und Panzerabwehr nieder und schützen die Panzer gegen Nahbe-
kämpfung; sie säubern und halten das von den Panzern gewonnene Gelände. In der Verteidigung können sie den Kampf sowohl beweglich als auch
aus Stellungen führen. Zum Kampf in der Verzögerung sind sie besonders
geeignet. Der schnelle Wechsel zwischen auf- und abgesessener Kampfweise
erhöht die Vielseitigkeit der Panzergrenadiere (SPz) und gibt ihrem Kampf
das Gepräge[115].«

---

[109] Truppenamt, Abt. Panzergrenadiere: Aufgaben, Gliederung, Ausrüstung und Einsatz der
Panzergrenadierbataillone, Juli 1956, BA-MA, BW 7/303, S. 3.

[110] Truppenamt, Abt. Panzergrenadiere: Studie über die Richtlinien der Panzergrenadiere,
15.2.1957, BA-MA, BH 2/877, S. 20.

[111] Insp. Panzertruppe, Panzergrenadiere, Panzeraufklärung an BMVg, Abt. V betr.: Richtlinien
für die Panzertruppe und Panzergrenadiere, 26.3.1957, BA-MA, BH 2/3806.

[112] Truppenamt, Abt. Panzergrenadiere: Aufgaben, Gliederung, Ausrüstung und Einsatz der
Panzergrenadierbataillone, Juli 1956, BA-MA, BW 7/303, S. 3.

[113] Truppenamt, Abt. Panzergrenadiere: Studie über die Richtlinien der Panzergrenadiere,
15.2.1957, BA-MA, BH 2/877, S. 21 f.

[114] HDv 100/1, 23.3.1956, S. 31.

[115] HDv 100/1, August 1960, S. 50, BA-MA, BHD 1.

Die Panzergrenadiere (mot.) sollten hingegen zu Fuß kämpfen und vor allem im Kampf um Wälder, Ortschaften und Gewässer eingesetzt werden, für die Verzögerung konnten sie nur mit Verstärkung genutzt werden[116]. Die Panzergrenadiere (MTW) waren zu diesem Zeitpunkt noch nicht vorgesehen.

Der neue Ansatz, Panzer und Panzergrenadiere in einer Waffengattung zu vereinen, wurde durch eine »Fixierung aus Erfahrung« aber vor allem durch die Bauweise des HS 30 verhindert. Die Panzergrenadieroffiziere konnten sich nicht durchsetzen, auch wenn sie im Zweiten Weltkrieg mehrfach hatten feststellen müssen, dass ihnen wirksame Waffen für eine selbstständige Panzerabwehr fehlten[117]. In der israelischen Armee fand die Idee mit dem »Merkava-Konzept« in Teilen seine technische und taktische Umsetzung. Diese Fahrzeugserie enthielt ab 1972 einen vollwertigen Kampfpanzer, der die Möglichkeit bot, bis zu zehn Infanteristen aufzunehmen. Einschränkend ist allerdings hinzuzufügen, dass ein Kampf über die Bordwand nicht mehr möglich war.

---

[116] Ebd., S. 51.
[117] Ritz, Panzergrenadiere, S. 199.

IV. Entwicklungen von 1960 bis 1970 (Heeresstruktur 2)

1. Sicherheitspolitischer Rahmen

Die Regierungen Adenauer (1949-1963), Erhard (1963-1966), Kiesinger (1966-1969) und Brandt (1969-1974) stehen innenpolitisch für das »Wirtschaftswunder«, die »gesellschaftliche Restauration« und die Auseinandersetzung mit der NS-Vergangenheit sowie für eine Hinwendung zur »Moderne/Postmoderne«[1]. Außenpolitisch waren für die Sicherheitspolitik der Bundesrepublik in erster Linie die Positionen der USA und der Sowjetunion maßgeblich, aber auch die Frankreichs und Großbritanniens[2]. Die USA war für Westeuropa und insbesondere für die Bundesrepublik Schutz- und Führungsmacht. Nur mit ihr konnte eine wirksame Abschreckung gegenüber dem sowjetischen Bedrohungspotenzial aufgebaut werden, zumal im Laufe der 1960er Jahre der Versuch, eine europäische Verteidigungspolitik zu schaffen, nicht nur an Frankreich scheiterte[3]. Die USA vertraten spätestens mit John F. Kennedy eine neue außenpolitische Linie, welche die eigentliche Nachkriegszeit beendete und vom Höhepunkt des Kalten Krieges zu einer Phase der Entspannungspolitik überleitete.

Der Begriff »Sicherheitspolitik« löste Anfang der 1960er Jahre die Begriffe »Wehr- und Verteidigungspolitik« ab[4]. Hintergrund dieses Wechsels der Begrifflichkeit war der andauernde Ost-West-Konflikt, welcher die Gefahr einer totalen Vernichtung, auch des eigenen Staates, im Kriegsfall beinhaltete. Deshalb sollte auch die Terminologie auf die politisch gewollte Kriegsverhinderung hindeuten. Das Instrumentarium der Sicherheitspolitik umfasste vorbeugende Maßnahmen wie klassische Bündnispolitik, Rüstung zur Abschreckung, Auslandspionage und Spionageabwehr, vorsorgende Maßnahmen wie die Bevorratung von Lebensmitteln und Schutzraumbauten, direkte Abwehrmaßnahmen wie den Ausbau der Streitkräfte, des Grenzschutzes, von Minengürteln oder Grenzbefestigungsanlagen sowie eine positive Gestaltung der Außenbeziehungen, also Entspannungs-, Kooperations- und Vertragspolitik sowie die Einbindung in Systeme kollektiver Sicherheit[5].

---

[1] Glaser, Zwischen Grundgesetz und Großer Koalition, S. 11 f., und Glaser, Zwischen Protest und Anpassung, S. 9.
[2] Wieck, die Bundesrepublik, S. 304.
[3] Krüger, Schlachtfeld Bundesrepublik?, S. 54 f.; Görtemaker, Geschichte der Bundesrepublik Deutschland, S. 377; AWS, Bd 2, S. 233.
[4] Wörterbuch zur Sicherheitspolitik, S. 374.
[5] Ebd., S. 376.

Anfang 1960 war die Welt noch vom »Kalten Krieg« geprägt. Der Ost-West-Konflikt trat nach einer kurzen Zeit der Entspannung mit der Berlinkrise von 1958-1961 in die zweite Hauptphase[6]. Die Sowjetunion schien durch hohe wirtschaftliche Zuwachsraten im machtpolitischen und ideologischen Konkurrenzkampf mit den USA schnell aufzuholen[7]. Spätestens mit dem Bau der sowjetischen Interkontinentalraketen war die Unverwundbarkeit der USA hinfällig. Die amerikanische Außenpolitik stand seit dem 4. Oktober 1957 im Zeichen des »Sputnikschocks«. Als die Welt während der Kubakrise 1962 am Rande eines Atomkrieges stand, wurde diese neue Situation besonders deutlich[8].

In Europa herrschte Anfang der 1960er Jahre ein relativ stabiler »Status Quo« zwischen den Supermächten, da der Kontinent spätestens seit dem Ungarn-Aufstand von 1956 in die jeweiligen Einflusssphären aufgeteilt war. Eine Ausnahme stellte hierbei die geteilte Stadt Berlin dar, um deren Status zäh gerungen wurde. Die sich daraus entwickelnde Berlinkrise endete erst mit dem Mauerbau im August 1961.

Im Gegensatz dazu waren die Machtverhältnisse in der sogenannten Dritten Welt in Bewegung geraten. Eine Reihe von Staaten in Asien und Afrika wurden Anfang der 1960er Jahre von ihren europäischen Kolonialmächten unabhängig. Das führte in weiten Teilen dieser Regionen zu einem Machtvakuum, in welches die Supermächte stießen. So unterstützten Moskau und Peking in Südostasien marxistisch orientierte »nationale Befreiungsbewegungen«. Ähnliche Entwicklungen waren auch in Süd- und Mittelamerika zu verzeichnen, wo die USA diverse politische Umwälzungsprozesse anstießen, aber auch z.B. Fidel Castro im Verlaufe des Jahres 1960 auf die Linie Moskaus einschwenkte, was als einer der wesentlichen Gründe für die Kubakrise im Oktober 1962 gesehen werden kann[9].

Im Laufe der 1950er und 1960er Jahre legten beide Seiten ein nukleares Arsenal an, das ausgereicht hätte, den Gegner in einem Konflikt mehrfach zu vernichten – die »overkill capacity«. Angesichts dieser Zerstörungsgewalt schien es nicht mehr entscheidend, dass die USA von 1950 bis 1966 noch eine überwältigende und von 1966 bis 1969 immer noch eine beachtliche nukleare Überlegenheit besaßen. Die einseitige Abschreckung durch die USA hatte sich zu einem »nukleare Patt«[10] gewandelt. Für 1967 wird von 32 500 amerikanischen und rund 15 000 sowjetischen Sprengköpfen ausgegangen[11]. US-Präsident Richard Nixon stellte in einer Rede am 18. Februar 1970 die strategischen Nuklearkräfte der beiden Supermächte und deren Entwicklung gegenüber und unterstrich den Zustand der atomaren Parität der beiden Hegemone[12].

---

[6]   Steininger, Der Kalte Krieg, S. 33 f.; Hanhimäki/Westad, The Cold War, S. 242 f.
[7]   Schertz, Die Deutschlandpolitik, S. 57.
[8]   Görtemaker, Geschichte der Bundesrepublik Deutschland, S. 355; Steininger, Der Kalte Krieg, S. 31 und S. 108 f.
[9]   Weltpolitik, S. 43; Schertz, Die Deutschlandpolitik, S. 57.
[10] Steininger, Der Kalte Krieg, S. 110; Weißbuch 1970, S. 6.
[11] Bald, Die Bundeswehr, S. 78.
[12] Weißbuch 1970, S. 7.

Einsatzbereite strategische Nuklearraketen der USA und der UdSSR		
	1965	**1970**
Interkontinentalraketen		
USA	934	1054
UdSSR	224	1290
U-Boot-Raketen		
USA	464	656
UdSSR	107	300

Quelle: Weißbuch 1970, S. 7.

© MGFA
06369-02

1970 war China aus der Phalanx der marxistisch-leninistischen Staaten ausgebrochen, während Westeuropa weiterhin unter der Hegemonie Amerikas stand. Die sogenannte Dritte Welt war heiß umstritten und die Blockfreien Staaten strebten eine multipolare Welt an. Frankreich hatte sich zur vierten Atommacht entwickelt und war aus den integrierten NATO-Strukturen 1966 ausgetreten. Die Bundesrepublik wurde zum konventionell und nuklear bewehrten Glacis ausgebaut, mit dem sich die angelsächsischen Bündnispartner und Frankreich umgaben, um einen Konflikt möglichst nicht auf eigenem Territorium ausfechten zu müssen. Die Bundesrepublik befand sich in ihrer Partnerschaft zu den USA in einer noch größeren Abhängigkeit als noch zu Beginn der 1960er Jahre. Durch die Strategie der »Massive Retaliation« war jeder Aggressor dem großen Risiko der eigenen Vernichtung ausgesetzt[13]. Der Wechsel zur »Flexible Response« setzte – so die öffentliche Wahrnehmung – dieses Risiko herab[14]. Sie erforderte stärkere konventionelle Streitkräfte, wozu auf deutscher Seite vor allem gepanzerte Heeresverbände zählten[15].

Um die aus dem »atomaren Patt« erwachsende Notwendigkeit der Kriegsverhinderung zu gewährleisten, setzten die beiden Supermächte auf Rüstungskontrolle und Abrüstung bei gleichzeitiger Modernisierung ihrer Streitkräfte. Die Bemühungen um Rüstungskontrolle und Abrüstung fanden ihren Ausdruck in dem Atomtest-Stopp-Abkommen von 1963, dem Nicht-Verbreitungs-Vertrag von 1969 und dem SALT-I-Vertrag von 1972 zur Begrenzung der strategischen Waffen[16].

---

13 Krüger, Schlachtfeld Bundesrepublik?, S. 54 f.
14 Steinhoff/Pommerin, Strategiewechsel, S. 100.
15 Trauschweizer, Learning, S. 507, und Trauschweizer, Creating deterrence, S. 399.
16 Weltpolitik, S. 73.

Die Voraussetzung für die Gewährleistung der deutschen Sicherheitsinteressen[17] war vertragsrechtlich durch den Beitritt der Bundesrepublik zum Nordatlantikbündnis am 9. Mai 1955 geschaffen worden. Hierbei war die »Integrierte Verteidigung« ein wesentlicher Bestandteil der westdeutschen Sicherheitspolitik, welche die Bundesrepublik nicht nur zum strategischen Vorfeld der Nordatlantischen Allianz machte, sondern eine wirksame »Vorne-Verteidigung« gewährleisteten sollte[18]. Dies bedeutete, dass die Verteidigung so grenznah wie möglich erfolgen sollte. Ab 1969/70 war es das Ziel der Bundesrepublik, unter Sicherung des Status Quos und des Patts im Rüstungswettlauf, eine Entspannungs- und Abrüstungspolitik zu erwirken. Dazu dienten Verhandlungen, gegenseitige Rüstungskontrolle, Abrüstung und Entspannung sowie eine neue Ostpolitik[19].

a) Bedrohungsanalyse für das Territorium der Bundesrepublik von 1960 bis 1970

Eine Bedrohungsanalyse ist die Grundlage für die Strategieplanung sowie für die daraus folgende Art und Stärke des Aufbaues der Streitkräfte. Der Military Council (MC) der NATO legte deshalb am 7. März 1963 eine solche vor[20], um auf deren Grundlage weitere Strategie- und Streitkräfteplanungen sowie Lagebeurteilungen zu erarbeiten. Die Lagebeurteilung aus der MC 100 sollte mit ersten Schlussfolgerungen in der MC 100/1 fixiert werden, was allerdings am Veto Frankreichs scheiterte[21].

Die Aufstellung sowie Weiterentwicklung und dementsprechend auch der Auftrag der Panzergrenadiere war naturgemäß von den gültigen Bedrohungsanalysen, vor allem deren atomarer Komponente, geprägt. So heißt es 1960 in der Stärke- und Ausrüstungsnachweisung (STAN) für ein Panzergrenadierbataillon (SPz), dass es »feindliche Atomschläge überstehen und eigene ausnutzen«[22] kann. Sechs Jahre sollte es lediglich noch »kontaminiertes Gelände mithilfe seiner gepanzerten Fahrzeuge« überwinden[23]. Vom Ausnutzen eigener Atomschläge ist hier nicht mehr die Rede. In beiden STAN wurde mit einem Einsatz von Nuklearwaffen gerechnet. Erstere stand unter dem Eindruck von 50 Atombombenversuchen Anfang des Jahrzehnts. Die stärkste Detonation verursachte dabei eine 50 Megatonnen Bombe am 30. Oktober 1961[24].

In allen zentralen Lagebeurteilungen der 1960er Jahre wurde nicht von der planmäßigen Auslösung eines Weltkrieges durch die Sowjetunion aufgrund ihres weiterhin »weltrevolutionären Anspruch« ausgegangen, sondern von der

---

[17] Wieck, Die Bundesrepublik, S. 304.
[18] Thoß, NATO-Strategie, S. 18.
[19] Weißbuch 1970, S. 7-14.
[20] Gablik, Strategische Planungen, S. 366.
[21] Haftendorn, Kernwaffen, S. 47.
[22] STAN 321 2100, 30.5.1960, BA-MA, BWD 4/607.
[23] STAN 321 2000, 15.11.1966, ebd.
[24] NATO. Tatsachen und Dokumente, S. 52.

gezielten Ausnutzung regional begrenzter Schwächemomente des Westens oder neutraler Staaten[25]. Im Weißbuch der Bundesregierung von 1970 heißt es dazu

»Die Frage, wie groß die Bedrohung heute tatsächlich ist, wird im Westen vielfach diskutiert. Im Vordergrund steht dabei die Frage, ob die eigenen Verteidigungsvorkehrungen sich an den Absichten oder den Fähigkeiten eines möglichen Angreifers ausrichten müssen. Mögliche Absichten eines Gegners sind schwer fassbar, überdies wandelbar. Sie sind dort, wo sie sich am auffälligsten zu dokumentieren scheinen, in Stereotypen der Propaganda, am zuverlässigsten abzulesen; es verwischen sich darin die in der praktischen Politik vorhandenen Grenzen zwischen Wunsch und Vermögen. Im Übrigen sind sie durch unsere eigene Politik beeinflussbar. So geht es in der Ost-West-Auseinandersetzung nicht so sehr um Dogmen als vielmehr um Kräfte und Interessen. Die Fähigkeiten eines Gegners ergeben sich aus dem Verhältnis seines Potenzials zu dem eigenen[26].«

Mit diesem Ansatz wurden vier sicherheitspolitische Risiken für die Bundesrepublik Deutschland formuliert:

1. eine groß angelegte Aggression gegen Westeuropa, die als eher wenig wahrscheinlich galt,
2. eine begrenzte Aggression gegen Teile des NATO-Gebiets, die ebenso als wenig wahrscheinlich galt,
3. die politische Pression (Raumgewinn durch Druck unterhalb der atomaren Schwelle und ohne reguläre sowjetische Truppen) durch die Stützung militärischer oder paramilitärischer Gruppen an der Südflanke der NATO, im Nahen Osten oder im Mittelmeerraum und
4. die besondere Bedrohung West-Berlins, welche für die Bundesrepublik das höchste Eskalationsrisiko beinhaltete[27].

Beispielgebend hierfür waren der Korea- oder Indochinakrieg[28]. Deutschland wurde hierbei als Schlüsselregion betrachtet, mit deren Kontrolle die Sowjetunion eine Vormachtstellung gegenüber Westeuropa hätte erringen können, wenn sie das Wirtschaftspotenzial sowie die humanen Ressourcen möglichst unversehrt in ihren Besitz bringen konnte[29]. Die Lage wurde von der Bundesregierung aber auch dem Großteil der Gesellschaft unterschiedlich wahrgenommen. Neben der Fähigkeit der sowjetischen Militärmacht, auf das Bundesgebiet vorzudringen, wurde die Bedrohung durch Propaganda, aktiven Klassenkampf und legale kommunistische Parteien ebenfalls als stark eingeschätzt[30]. Die den damaligen Sicherheitsorganen vorliegenden Berichte über Stärke, Ausrüstung und Handlungen der gegnerischen Streitkräfte stammten zum einen aus Quellen der amerikanischen und verbündeten Nachrichtendienste, zum anderen von

---

25 Thoß, NATO-Strategie, S. 22.
26 Weißbuch 1970, S. 17.
27 Ebd., S. 20.
28 Hanhimäki/Westad, The Cold War, S. 177–179.
29 Rautenberg, In den 50er Jahren, S. 316.
30 Am 17.8.1956 wurde die Kommunistische Partei Deutschlands (KPD) durch das Bundesverfassungsgericht verboten. Sie wurde wegen »subversiver Tätigkeit« für verfassungsfeindlich erklärt, siehe Laufer, Verfassungsgerichtsbarkeit, S. 476.

deutschen Diensten. Die Informationen über die Deutsche Demokratische Republik (DDR) wurden in erster Linie durch den Bundesnachrichtendienst (BND) beschafft, der sehr gute Kontakte in die DDR hatte[31]. Hinsichtlich der Aufklärung der Sowjetunion befanden sich die Amerikaner aufgrund Ihrer modernen Aufklärungstechnik, wie U2-Flugzeugen, klar im Vorteil[32]. Derart gewonnene Ergebnisse gab der NATO-Partner jedoch nur preis, wenn ihm dies für die Bundesrepublik als notwendig erschien und seinen eigenen Interessen nicht zuwider lief[33].

Der Schwerpunkt oder auch das »Schwert« der Roten Armee war die Landstreitkraft. Die nukleare Bewaffnung hingegen hatte bis Mitte der 1960er Jahre in erster Linie die Funktion einer »Lebensversicherung«. Die Sowjetunion rechnete mit einem lange andauernden Krieg, bei dem die letzte Entscheidung durch die Masse an Soldaten und deren Kampfwillen herbeigeführt werden würde[34]. Dementsprechend legte Moskau besonderen Wert auf die permanente Modernisierung seiner Armee, deren wesentlichen Komponenten bei Waffen und Kampffahrzeugen allesamt standardisiert waren. Besondere Beachtung fand hierbei Geländegängigkeit, Flussüberschreitungsfähigkeit und Nachtkampftauglichkeit der Kampffahrzeuge[35].

Trotz diese Fokussierung auf den konventionellen Bereich entließen die sowjetischen Streitkräfte 1960 ca. 1,2 Millionen Soldaten, was u.a. auf ihre großen Fortschritte in der nuklearen Rüstung deutet[36]. Die Personalstärke blieb dann bis 1971 konstant bei ca. 4,5 Millionen Soldaten, von denen 2,5 Millionen Soldaten bei den Landstreitkräften dienten. Das entspricht der Stärke von weltweit 160 Divisionen[37], welche jedoch deutliche kleiner als die der NATO waren[38]. Die Zahl der sowjetischen Luftlandedivisionen, welchen auch der notwendige Transportraum zur Verfügung stand, wurde innerhalb der zweiten Hälfte der sechziger Jahre von zwei auf sieben deutlich erhöht[39]. Diese neue Bedrohung für das Landesinnere der Bundesrepublik führte 1968 in der Heeresstruktur 3 u.a. zu einer Zusammenlegung der Territorialverteidigung mit dem Feldheer[40]. Den überwiegenden Anteil der sowjetischen Divisionen (153) bildeten jedoch zu jeder Zeit die Panzer- und Mot.-Schützendivisionen. 1961 waren 20 sogenannte Gardedivisionen kampfbereit in der DDR stationiert (ca. 400 000 Soldaten). Diese acht Panzer- und zwölf mechanisierten Divisionen waren mit modernster

---

[31] Uhl/Wagner, BND, S. 184.
[32] Maddrell, Einfallstor, S. 186 und S. 227; Lindgren, Trust but verify; Thoß, NATO-Strategie, S. 318.
[33] Bedrohung, S. 331.
[34] Schmidt, Verteidigung oder Vergeltung, S. 62 f.
[35] Uhl, Krieg um Berlin?, S. 160 f.
[36] Schmidt, Verteidigung oder Vergeltung, S. 66.
[37] Gablik, Strategische Planungen, S. 355.
[38] NATO. Tatsachen und Dokumente, S. 80.
[39] Schmidt, Verteidigung oder Vergeltung, S. 82, sowie NATO. Tatsachen und Dokumente, S. 80. Bereits 1961 existierten neun bis zehn Luftlandedivisionen, obwohl nur Lufttransportraum für zwei dieser Verbände vorhanden war.
[40] Kollmer, »Klotzen, nicht kleckern!«, S. 474.

Konventionelle Kräfte des Warschauer Paktes in Ost- und Mitteleuropa		
Stärke in mech. Divisionen	1960	1971
Sowjetische Kräfte in:		
Westrussland	50-60	50-60
DDR	20	20
Polen	2	2
ČSSR	0	5
Ungarn	4	4
gesamt	86	91
Kräfte der Paktstaaten:		
DDR	4-6	4-6
Polen	13	13
ČSSR	13-14	13-14
Ungarn	4	4
Gesamte Kräfte des Warschauer Paktes	ca. 123	ca. 128

Quellen: Uhl, Krieg in Berlin, S. 112; NATO, Tatsachen und Dokumente, S. 80.

© MGFA
06370-03

Technik ausgerüstet – zwei Drittel der ca. 6000 Panzer waren T 54 – gut ausgebildet und innerhalb weniger Stunden einsatzbereit. Im westlichen Russland standen weitere 50 Divisionen für den Einsatz in Mitteleuropa bereit. Außerdem waren zwei sowjetische Divisionen in Polen stationiert und vier weitere in Ungarn[41].

Die Stärke der Streitkräfte der mit der Sowjetunion verbündeten Blockstaaten umfasste in den 1960er Jahren 13-14 tschechoslowakische, 13 polnische Divisionen, 4 ungarische sowie 4-6 Divisionen der Nationalen Volksarmee (NVA) der DDR. Die Kampfkraft dieser Verbände wurde jedoch als deutlich geringer als die der Sowjetarmee angesehen. Gründe hierfür waren u.a. die schlechtere Moral der Truppen sowie der geringere Ausrüstungsstand mit modernem Kriegsgerät. Es wurde demnach höchstens mit dem Einsatz von 20 Divisionen der Warschauer-Pakt-Staaten seitens der NATO gerechnet. Insgesamt ist festzuhalten, dass die UdSSR 1961 in den osteuropäischen Blockstaaten 26 Divisionen stationiert hatte und bei einem Angriff weitere 60 Divisionen aus dem westlichen Teil der Sowjetunion zuführen konnte. Dazu kamen noch ca. 37 Divisionen der verbündeten Blockstaaten[42].

---

[41]   Gablik, Strategische Planungen, S. 355; Schmidt, Verteidigung oder Vergeltung, S. 78 f.
[42]   Ljoschin, Die Streitkräfte der UdSSR.

Spätestens 1971 verfügte Moskau über eine dem westlichen Bündnis eben-
bürtige strategische Raketentruppe mit einer Stärke von ca. 350 000 Soldaten
und über 1000 interkontinentalen sowie 650 ballistischen Raketen mittlerer
Reichweite. Trotz wesentlicher Verbesserungen im atomaren Bereich und der
Tatsache, dass die Marine 1962 zu einer eigenen Teilstreitkraft erhoben wurde,
lag der Schwerpunkt der sowjetischen Streitkräfte auch 1971 weiterhin klar bei
den Landstreitkräften[43].

Deren Stärke wurde von verschiedenen Seiten unterschiedlich bewertet.
Allen Einschätzungen war die Feststellung gemein, dass sie, wie schon 1961, ca.
2,5 Millionen Soldaten unter Waffen hatte und in 160 Divisionen gegliedert
war[44]. Die Dislozierung der Truppen in Osteuropa hatte sich gegenüber 1961
jedoch geändert[45]. Ausschlaggebend hierfür war der Einmarsch der Staaten des
Warschauer Paktes in die ČSSR im Jahre 1968. Die sowjetischen Truppen blieben
größtenteils dort stationiert, um einen neuerlichen Aufstand zu verhindern. So
hatte die Sowjetunion die Möglichkeit, eine direkte Front entlang des Bayerischen
Waldes zu eröffnen. Problematisch für die sowjetischen Landstreitkräfte war
nun jedoch die viel stärkere Bindung an Besatzungsaufgaben. Die Bedrohung
für die Bundesrepublik bei Feindseligkeiten zwischen Aufständischen und sowjetischen Truppen Übergriffen auf das eigene Territorim ausgesetzt zu sein,
schien wesentlich größer als ein direkter Angriff der Sowjetunion[46].

Letzterer wäre mit einen Kernwaffeneinsatz gegen strategische Ziele der
NATO eröffnet worden. Der erwartete Schwerpunkt einer sowjetischen Operation zu Lande war die norddeutsche Tiefebene, wo sich die voll mechanisierten
Kräfte der Roten Armee am besten hätten entfalten können. Die Sichtweite lag
hier mitunter bei 1000 m und mehr, wodurch Kampfpanzer die Reichweite
ihrer Bordkanonen voll ausnutzen konnten. Desweiteren gab es in diesem Gebiet mit Ausnahme der Elbe keine größeren natürlichen Hindernisse, welche
Bewegungen der Truppen hemmen oder kanalisieren konnten. Dadurch wäre
die Auflockerung von größeren Truppenansammlungen zum Schutz vor nuklearer Vernichtung grundsätzlich möglich gewesen[47]. Ein weiteres potenzielles
Operationsfeld der sowjetischen Truppen war Berlin, vor allem in der ersten
Hälfte der 1960er Jahre[48]. Neben dem feindlichen Hauptstoß nördlich des Har-
zes über den Raum Hannover auf das Ruhrgebiet, wurden Nebenstöße Richtung Hamburg sowie aus der ČSSR durch den bayerischen und baden-würt-
tembergischen Raum in Richtung Karlsruhe und ein dritter Nebenstoß aus dem
thüringischen Raum Richtung Frankfurt a.M. erwartet. Bei einem erfolgreichen
Verlauf und der Zerstörung der Rheinbrücken wäre die Bundesrepublik binnen
weniger Tage in vier »Inseln« – Schleswig-Holstein, Norddeutschland bis zur

---

[43] NATO. Tatsachen und Dokumente, S. 80 f.
[44] Gablik, Strategische Planungen, S. 355.
[45] NATO. Tatsachen und Dokumente, S. 80 f., und Weißbuch 1970, S. 18 f.
[46] Spencer, Einschätzungen, S. 61 f.
[47] Schmidt, Verteidigung oder Vergeltung, S. 69.
[48] Uhl, Krieg um Berlin?, S. 170 und S. 233 f.

Linie Fulda–Frankfurt, Süddeutschland und Westdeutschland westlich des Rheins – zerteilt worden[49].

Seit der Berlinkrise waren sich beide Seiten darüber im Klaren, dass konventionelle Truppen lediglich als »Mittel im Nervenkrieg« taugten und jede »heiße« Auseinandersetzung um Europa mittels des Einsatzes von Atomwaffen geführt werden würde. Dieser Automatismus bezog nicht nur das Schlachtfeld Bundesrepublik, sondern auch die Hoheitsgebiete der angelsächsischen Bündnispartner mit ein. Dies widersprach den vitalen Interessen der USA und Großbritanniens und führte zu weiteren Bestrebungen, Konflikte unterhalb der atomaren Schwelle zu halten und sie auf Mitteleuropa und die sogenannte Dritte Welt zu beschränken[50].

Die Panzergrenadiere der Bundeswehr mussten vor dem Hintergrund dieses Bedrohungsszenarios zwangsläufig nach Gliederung, Ausbildung und Ausrüstung auf einen Einsatz im »totalen Atomkrieg« vorbereitet sein.

b) Die NATO-Strategie der »Flexible Response«

Spätestens mit dem Ungarn-Aufstand im Oktober 1956 wurde deutlich, dass das Konzept der »Massive Retaliation« für die Lösung regional begrenzter militärischer Auseinandersetzungen untauglich war. So kam es schon Ende der 1950er Jahre zu mehreren Vorstößen u.a. von General Lauris Norstad, John Foster Dulles sowie Henry Kissinger, die auf eine Flexibilisierung der NATO-Strategie drängten[51]. Während der Berlinkrise von 1958 bis 1962 waren die USA nicht bereit, einen Atomkrieg um die Zugangswege der früheren deutschen Hauptstadt zu führen. Es blieb bei eher symbolischen Aktionen der alliierten Streitkräfte[52].

Die Folge war zunächst eine inneramerikanische Revision der gültigen NATO-Doktrin durch die Kennedy-Administration. Das neue Konzept der »Flexible Response« provozierte und verdeutlichte einen Interessensgegensatz der USA und ihrer europäischen Bündnispartner. Während die Amerikaner eher daran interessiert waren, einen möglichen Krieg vom eigenen Territorium fernzuhalten, wollten die Europäer dem Prinzip der Abschreckung weiterhin Priorität einräumen[53]. Kennedy machte die wesentlichen Punkte der neuen Strategie bei seiner Sonderbotschaft zum US-Verteidigungshaushalt für 1962 deutlich. Er forderte eine glaubwürdigere nukleare Abschreckung durch die Entwicklung einer »Counter Force« und flexiblerer nichtnuklearer Optionen sowie eine Verstärkung der zentralen Kontrolle über die Kernwaffen[54]. Oberst i.G. Herbert Winterhager, deutscher Heeresattaché in Washington, fasste die

---

49 Thoß, NATO-Strategie, S. 605 f.
50 Krüger, Schlachtfeld Bundesrepublik?, S. 28 und S. 53.
51 Obwohl Norstad in der Öffentlichkeit als Protagonist der »Massive Retaliation« wahrgenommen wurde, siehe dazu Krüger, Nationaler Egoismus, S. 344; Thoß, Kollektive Verteidigung, S. 32.
52 Görtemaker, Geschichte der Bundesrepublik Deutschland, S. 362.
53 Schmitt, Frankreich und die Nukleardebatte, S. 20.
54 Stromseth, The origins, S. 29.

Ziele der strategischen Analytiker um den amerikanischen Präsidenten wie folgt zusammen: Die Zweitschlagfähigkeit der USA musste gewährleistet sein, um einen Enthauptungsschlag der Sowjetunion auszuschließen. Ferner sollten die taktischen Atomwaffen wieder vollkommen unter politische Kontrolle gebracht werden, um eine automatische Eskalation auszuschließen. Die Kernsprengköpfe und starke konventionelle Kräfte sollten allerdings in Europa verbleiben, um einem Überraschungsangriff des Warschauer Paktes entsprechend begegnen zu können[55].

Moskau konnte sich mit der neuen NATO-Strategie nun nicht mehr sicher sein, welche Mittel der Westen zum Stoppen einer Aggression nutzen würde. Allerdings waren auch die amerikanischen Alliierten noch weniger als zuvor an der Entscheidung eines Kernwaffeneinsatzes beteiligt. In der »Nuclear Guideline« von 1962 stand zu lesen, dass die USA ihre Verbündeten diesbezüglich nur »soweit möglich« zu konsultieren hatten. Ferner war dort Folgendes festgelegt:

> »a) Im Falle eines unverkennbaren sowjetischen Kernwaffenangriffs im NATO-Bereich würden die Streitkräfte des Bündnisses in einem den Umständen angepassten Umfang mit Kernwaffen antworten. Die Möglichkeit für eine Konsultation sind in diesem Zusammenhang äußerst begrenzt [...]
>
> b) Im Falle eines umfassenden Angriffes der SU mit konventionellen Streitkräften, der auf die Eröffnung allgemeiner Feindseligkeiten in einem Sektor des NATO-Bereiches schließen lässt, sollten die Streitkräfte des Bündnisses notwendigenfalls in einem den Umständen angepassten Umfang mit Kernwaffen antworten. Es wird angenommen, dass in diesem Fall Zeit zur Konsultation gegeben ist[56].«

Sollten die genannten Bedingungen nicht erfüllt, aber die Unversehrtheit der angegriffenen Streitkräfte und des Hoheitsgebietes bedroht sein und wäre mit den vorhandenen konventionellen Mitteln nicht erfolgreich zu verteidigen, hätte die Entscheidung über den Kernwaffeneinsatz der vorherigen Konsultation des Rates bedurft. Erst ab 1969 verständigte man sich auf grobe Kriterien für den Einsatz von Kernwaffen, die erst 1986 durch die NATO Planning Group (NPG) detailliert festgelegt wurden. Kritiker betrachteten die »Flexible Response« deshalb als ein »unkalkulierbares Spiel für Gegner und Verbündete«[57]. In den General Defense Plans (GDP) bis 1965 waren die Feuerfelder für taktische Atomwaffen fest eingeplant und konnten vom Korps aufwärts in der Operationsplanung, nach Freigabe durch SACEUR, genutzt werden[58].

Die neue Doktrin, welche die USA schon Anfang der 1960er Jahre umsetzten, führte innerhalb des Jahrzehnts zu starken Zerwürfnissen innerhalb der Allianz. Kern der daraus resultierenden Krise war, dass die Europäer, und hier insbesondere Frankreich, die Glaubwürdigkeit der Abschreckung durch die neuen Bedingungen des »nuklearen Patts« als nicht mehr gegeben ansahen.

---

[55] Thoß, NATO-Strategie, S. 552.
[56] Haftendorn, Kernwaffen, S. 39 f.
[57] Ebd., S. 31 und S. 97.
[58] Hammerich, Der Fall MORGENGRUSS, S. 304.

Die ordnungspolitischen Konzepte über die Entscheidungs- und Beteiligungs-
wege innerhalb der NATO waren umstritten, und die politischen und militärischen Absichten der Sowjetunion, wie auch die Möglichkeiten für eine Entspannung, wurden von den Akteuren der westlichen Allianz unterschiedlich eingeschätzt. In diesem Zusammenhang wurde auch die Lösung der »deutschen Frage«
unterschiedlich eingeschätzt[59]. Dies gipfelte am 1. Juli 1966 darin, dass sich Frankreich aus der integrierten NATO-Kommandostruktur zurückzog. Die Bundesrepublik stand bis 1963 der neuen Strategie ebenfalls ablehnend gegenüber, da sie
das Risiko für einen potenziellen Angreifer herabgesetzt sah, und – anders als die
Verbündeten – der Lösung der »deutschen Frage« außenpolitische Priorität beimaß. Erst die Regierung Erhard schwenkte auf den amerikanischen Kurs ein,
verbunden mit einer geplanten Beteiligung an der NATO-Atomstreitmacht (MLF)
und einer Bekräftigung der »Vorne-Verteidigung«. Letzterer sollte bei regional
und kräftemäßig begrenzten Konflikten zunächst eine konventionelle Verteidigung sowie ein zurückhaltender Einsatz taktischer Nuklearsprengköpfe erreicht
werden[60]. Zu einer Übernahme dieses amerikanischen Konzepts als offizielle
NATO-Strategie kam es jedoch erst 1967 mit dem Dokument MC 14/3, weil
Frankreich sich gegen die »Vorne-Verteidigung« gesperrt hatte[61].

Der wesentliche Unterschied zwischen der »Massive Retaliation« und der
»Flexible Response« bestand nach Helga Haftendorn in der Direktverteidigung,
die entgegen der alten Strategie in der Regel konventionell erfolgen sollte.
Zudem ging die NATO nicht mehr von einer automatischen, sondern einer
kontrollierten Eskalation ihrerseits aus[62]. Dabei plante man den Einsatz von
taktischen und auch strategischen Nuklearwaffen nur zurückhaltend, selektiv
und den Umständen entsprechend, über die allerdings innerhalb der angelsächsischen Führungsmächte entschieden wurde. Dabei strebte man neben der
»gefühlten Entspannung« vor allem ein angemessenes konventionelles Kräfte-
dispositiv der Verbündenten an, durch das die neue Strategie ihre Glaubwürdigkeit erlangte[63].

Aus verschiedenen Gründen wird allerdings die bisher weitgehend einver-
nehmliche Phaseneinteilung zwischen »Massive Retaliation« und »Flexible Response« kritisch hinterfragt. Dabei wird vor allem von Beatrice Heuser, aber
auch von John Duffield und Robert Wampler, aufgezeigt, dass die MC 14/2
keine atomare »Einbahnstraße« war und Konflikte unterhalb der Schwelle der
atomaren Eskalation durchaus eingeplant waren[64].

Ein weiterer Ansatz betrachtet die Strategie-Änderung gemäß ihrer Wirkung
auf einen möglichen Kriegsverlauf unter Einbeziehung der sowjetischen Mittel.
Hierbei wird davon ausgegangen, dass ein möglicher größerer sowjetischer

---

[59] Wohlstetter, Das prekäre Gleichgewicht.
[60] Weißbuch 1970, S. 27, und Haftendorn, Kernwaffen, S. 49 f.
[61] Dittgen, Deutsch-amerikanische Sicherheitsbeziehungen, S. 65.
[62] Haftendorn, Kernwaffen, S. 94.
[63] Ebd., S. 96.
[64] Duffield, The Evolution of NATO's Strategy; Haftendorn, Kernwaffen, S. 94, sowie Wampler, Ambiguous Legacy, S. 1002.

Angriff ab 1960 mit einem taktischen Atomschlag eröffnet worden wäre[65]. Dies hätte gemäß MC 14/2 eine Antwort oberhalb der Schwelle von taktischen Atomwaffen erfordert, wozu keine Bereitschaft mehr bestand. Für Deutschland blieben die Auswirkungen ohnehin »umgekehrt reziprok« (Dieter Krüger), da ein heißer Krieg mit Atomwaffen um Europa möglich gewesen wäre, ohne zwangsläufig zu einem atomaren Schlagabtausch mit strategischen Nuklearwaffen unter Einbeziehung der Territorien der Sowjetunion und der USA zu führen[66].

2. Gliederungsformen der Panzergrenadiere

a) Die Heeresstruktur 2

Die Grundlage der Heeresstruktur 2 bildete die »Division 59«, die entwickelt wurde, weil die Division der Heeresstruktur 1 Ende der 1950er Jahre als »unmodern« angesehen wurde[67]. Sie war der atomaren Bedrohung gegenüber »zu groß und zu unhandlich«, allein durch die Masse an Mensch und Material[68]. Für die Truppe war die Umgliederung eine weitere Herausforderung, da sie zu einem Zeitpunkt erfolgte, als die Strukturen noch nicht fest verankert waren. In der »Division 59« fanden folgende Neuerungen Niederschlag:
– Die Division büßte ihre Bedeutung als Träger des »Kampfes der verbundenen Waffen« ein.
– Die Brigade ersetzte die Division als erster Großverband, der befähigt war, das Gefecht der verbundenen Waffen zu führen. Dazu verfügte sie über alle notwendigen Truppengattungen, Führungs- und Versorgungsteile.
– Die Panzer- und die Panzergrenadierbrigade wurden als die zwei Brigadetypen gebildet.
– Durch die Herabsetzung der Personalstärken konnte die Zahl der Verbände weiter erhöht werden.
– Mit der Übernahme der Versorgungsführung durch den Kommandeur war die Brigade befähigt, mehrere Tage völlig selbstständig zu kämpfen.
– Die Divisionen konnten je nach Lage und Auftrag im »Baukastensystem« aus einer wechselnden Zahl von Brigaden zusammengesetzt werden.
– Die Brigaden, welche sich schon im Frieden in ihrer Kriegsgliederung befanden, waren schneller und flexibler zu führen. Ihr Kommandeur war direkt für Ausbildung und Erziehung der seiner Brigade unterstellten Verbände, des Offizier- und Unteroffizierkorps verantwortlich.

---

[65] Thoß, NATO-Strategie, S. 542.
[66] Krüger, Schlachtfeld Bundesrepublik?
[67] Ebd.
[68] Studie über die Umgliederung der bisherigen Divisionen und Schaffung einer Einheitsdivision, 2.12.1957, BA-MA, BH 1/1591; Riemann, Deutsche Panzergrenadiere, S. 128.

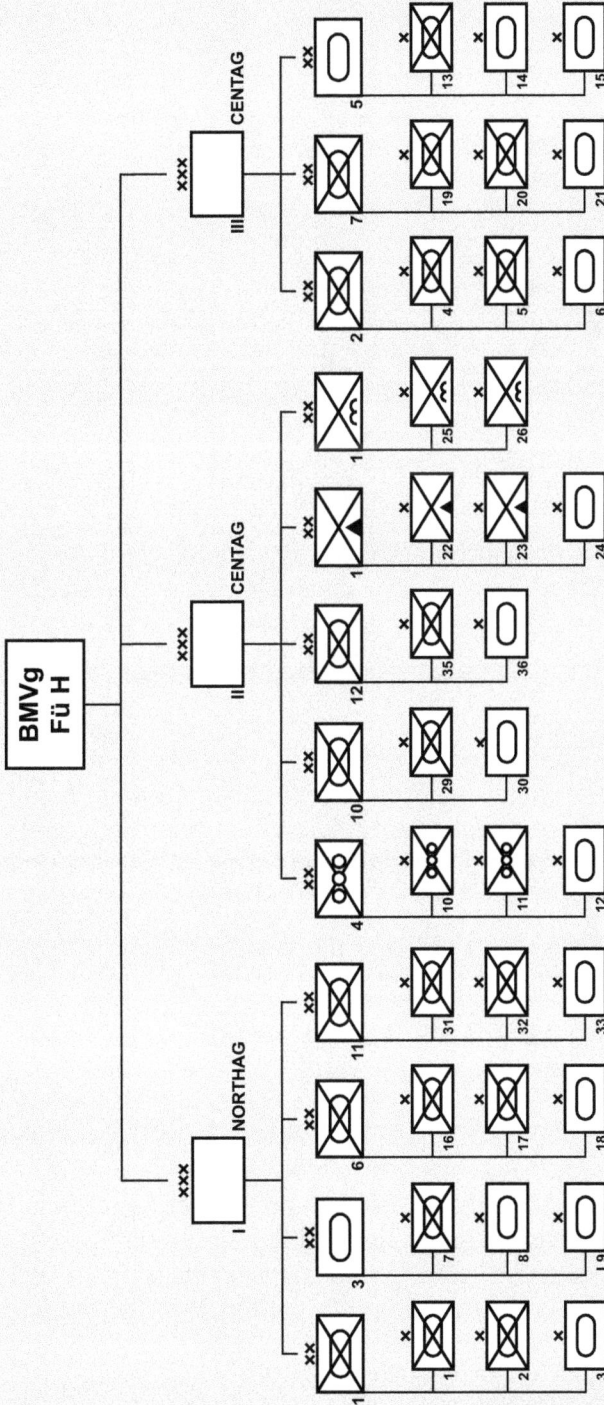

Gliederung des Feldheeres in der Heeresstruktur 2 um 1959

© MGFA
06371-04

Die Unterstellung der Divisionen wechselte mehrfach.

Korps- und Divisionstruppen sowie bodenständige Organisationen und Truppenamt wurden nicht dargestellt.

Quellen: Hammerich, Kommiss, S. 186 und S. 204; Richter, »Die Division 59«, S. 288.

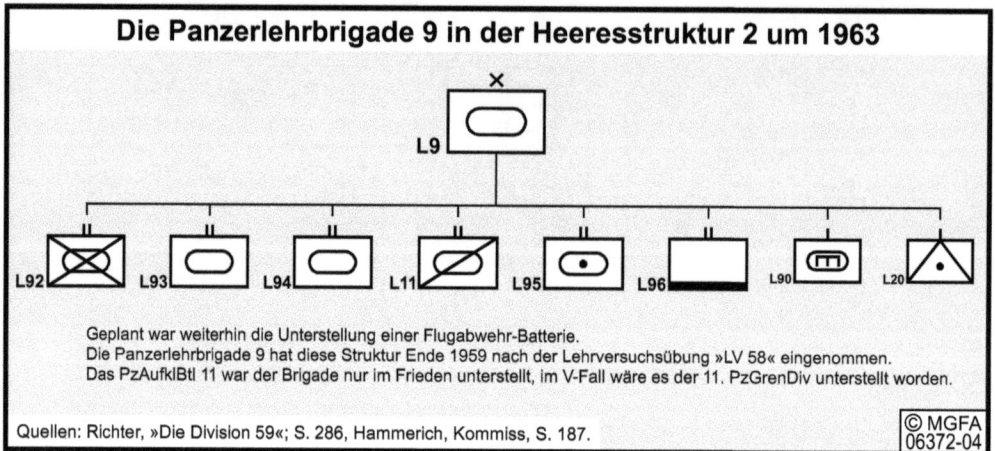

Die Panzerlehrbrigade 9 in der Heeresstruktur 2 um 1963

Geplant war weiterhin die Unterstellung einer Flugabwehr-Batterie.
Die Panzerlehrbrigade 9 hat diese Struktur Ende 1959 nach der Lehrversuchsübung »LV 58« eingenommen.
Das PzAufklBtl 11 war der Brigade nur im Frieden unterstellt, im V-Fall wäre es der 11. PzGrenDiv unterstellt worden.

Quellen: Richter, »Die Division 59«; S. 286, Hammerich, Kommiss, S. 187.

© MGFA
06372-04

– Die Brigade verfügte lediglich über konventionelle Waffen. Mehrzweckwaffen, die konventionelle und atomare Munition verschießen konnten, hatten erst die Divisionen und Korps. Aus dieser »Abstufung der Bewaffnung« war auch die »Abstufung der Abschreckung« abzulesen[69].

Das Heer sollte in der neuen Struktur ebenfalls zwölf Divisionen umfassen. Dabei wollte man die 3. und 5. als Panzerdivisionen erhalten. Die restlichen Verbände sollten, soweit schon aufgestellt, von Grenadier- zu Panzergrenadierdivisionen umbenannt und umgruppiert werden. Damit floss die schon genannte Zielprojektion auch in die Namensgebung ein. Aus den bisherigen Kampfgruppenstäben, Divisionseinheiten und zugeordneten Verbänden wurden bis Mitte der 1960er Jahre insgesamt 34 Brigaden aufgestellt. Davon waren 17 Panzergrenadier-, 13 Panzer-, 2 Gebirgs- und 2 Luftlandebrigaden[70].

Die nominelle Aufwertung, welche die Panzergrenadiere erfuhren, stand in keinem Verhältnis zu den tatsächlichen Gegebenheiten. Die große Mehrheit der Truppengattung verfügte auch in der Heeresstruktur 2 nicht über entsprechende Gefechtsfahrzeuge und musste sich mit den »Notlösungen« LKW Unimog und ab 1962 mit den Mannschaftstransportwagen M 113 abfinden. Trotzdem wird die Heeresstruktur 2 auch als »Panzergrenadierlösung« bezeichnet. Durch die Erstausstattung mit den Schützenpanzern HS 30 war jedoch paradoxerweise die Panzerbrigade der Verband, welcher diese »Lösung« am Beginn erfuhr[71]. In der Heeresstruktur 2 umfasste diese ca. 2800 Soldaten und war in zwei Panzer-, ein Panzergrenadier-, ein Panzerartillerie- und ein Versorgungsbataillon gegliedert. Das Mischungsverhältnis von Panzern und Panzergrenadieren wurde mit 2:1 von der »LV 58« übernommen. Weitere Einheiten waren eine Panzeraufklärungs-, eine Panzerpionier- und eine Stabskompanie mit ABC-Abwehrzug sowie eine Flugabwehrkompanie. Die Panzerlehrbrigade L9 stellte in der Gliederung

---

[69]   Schrader, Entwicklung der Gepanzerten Kampftruppen, S. 96.
[70]   Drost, Struktur und Gliederung.
[71]   Fü H III 3 an Truppenamt/Referat Infanterie Kampftruppen: Stand und Planung für Ausrüstung der Panzergrenadierbataillone (Schaubild), 21.3.1962. BA-MA, BH 2/113.

Die Panzergrenadierbrigade 1 in der Heeresstruktur 2

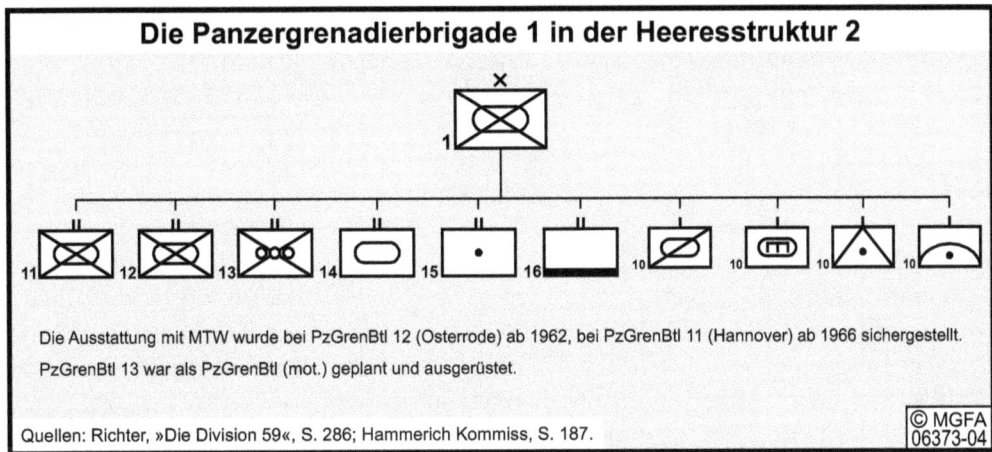

Die Ausstattung mit MTW wurde bei PzGrenBtl 12 (Osterrode) ab 1962, bei PzGrenBtl 11 (Hannover) ab 1966 sichergestellt. PzGrenBtl 13 war als PzGrenBtl (mot.) geplant und ausgerüstet.

Quellen: Richter, »Die Division 59«, S. 286; Hammerich Kommiss, S. 187.

© MGFA
06373-04

einen Sonderfall dar. In ihr war statt der Flugabwehrkompanie die Panzerjäger-lehrkompanie L20 und statt der Panzeraufklärungskompanie das Panzeraufklärungslehrbataillon eingegliedert[72].

Die Panzergrenadierbrigade bestand hingegen aus ca. 3800 Soldaten und war mit zwei Panzergrenadierbataillonen (SPz), einem Panzer-, einem Panzergrenadier- (mot.), einem Artillerie- und einem Versorgungsbataillon geplant. Als weitere Einheiten standen ihr eine Panzerjäger-, eine Flugabwehr-, eine Panzeraufklärungs- und eine Stabskompanie mit ABC-Abwehrzug sowie eine Panzerpionierkompanie zur Verfügung[73].

Die Brigade war bis 1989/90 fester Bestandteil der Bundeswehr und wurde erst in den folgenden Reformen stark modifiziert. Sie garantierte durch ihre organische Gliederung und geringeren Einsatz von Personal und Material eine bessere Führbarkeit. Weiterhin vermochten sie, zwei bis drei Tage autark[74] in jeder Gefechtsart zu kämpfen und sollte für den konventionellen wie auch atomaren Einsatz ausgerüstet werden[75]. Damit war die Brigadegliederung die Antwort auf das nukleare Gefechtsfeld und taktische Atomwaffen.

Die Heeresstruktur 2 hatte für ca. zwölf Jahre Bestand. Damit war sie die Bundeswehrstruktur mit der bisher längsten Geltungsdauer[76]. Obwohl als Panzergrenadier-Struktur ausgewiesen, verbarg sich hinter vielen der geplanten Bataillone vor allem motorisierte Infanterie. Die Umsetzung der Gliederung erfolgte für die bestehenden Verbände ab November 1958, die Aufstellung neuer Verbände begann ein halbes Jahr später nach der Heeresstruktur 2. Probleme bei der Kontinuität der Ausbildung und der unzureichenden inneren Festigung der Formationen führten zu einer »Aufstellungspause« von Oktober 1959 bis Juli 1960[77].

---

[72] Riemann, Deutsche Panzergrenadiere, S. 130.
[73] Richter, Die »Division 59«, S. 286.
[74] »Autark« bedeutet in diesem Zusammenhang, dass die Brigade ohne die Versorgung oder Unterstützung der Führungsebenen das Gefecht zwei bis drei Tage führen konnte.
[75] HDv 100/1, 25.8.1959, BA-MA, BHD 1, S. 1.
[76] Richter, Die »Division 59«, S. 277.
[77] Hammerich, Kommiss, S. 193 f.

Mit der Organisationsmappe III vom 11. November 1959 wurde die neue Heeresstruktur offiziell fixiert und drei Jahre später waren insgesamt 12 Divisionen mit 31 Brigaden aufgestellt. Das hieß allerdings nicht, dass diese auch einsatzbereit waren[78]. So wurden 1960 nur fünf Divisionen und zwölf Brigaden assigniert und »einsatzbereit« gemeldet. Die Hauptprobleme bestanden im Mangel an Personal und Ausrüstung. Die Mehrzahl der Divisionen war zu diesem Zeitpunkt auch im Urteil ihrer Kommandeure nur »bedingt einsatzbereit«[79].

Somit war die harte Reaktion von Franz Josef Strauß auf den nahezu gleich lautenden »Spiegel«-Artikel mehr durch politisches Kalkül als von Gefahrenabwehr motiviert. Ein Großteil der Kommandeure beurteilte die Heeresverbände nämlich in gleicher Weise wie das Politmagazin. Der Verteidigungsminister war darüber mit sehr hoher Wahrscheinlichkeit informiert[80]. In Form der jährlichen Wertungsstufen der NATO wurde dieser Zustand schonungslos offen gelegt. Im März 1962 erhielten lediglich drei Brigaden die Wertungsstufe II (geringfügige Mängel bei hohem Kampfwert). Acht Brigaden wurden mit III (Mängel bei mittlerem Kampfwert) und zehn mit IV (ernsthafte Mängel bei geringem Kampfwert) bewertet[81]. Aber schon 1965 erhielten 13 Brigaden die Wertungsstufe II, 18 die III, 1 die IV und 2 die Wertungsstufe V (noch nicht voll aufgestellt)[82]. 1969 gab es schon 18 Brigaden mit der Wertungsstufe II und 14 Brigaden mit der III[83]. Auf dieser Grundlage kann festgestellt werden, dass – unabhängig von den offiziellen Aufstellungsterminen – das Heer gegen Ende der Heeresstruktur 2 weitgehend einsatzbereit war.

b) Die Panzergrenadierbataillone der Heeresstruktur 2

In der STAN wurde die Gliederung, personelle Stärke und Ausrüstung der Panzergrenadierbataillone und -kompanien festgelegt. Für die Erarbeitung war das Truppenamt[84] unter Maßgabe des Führungsstabes des Heeres (Fü H) verantwortlich[85], der die STAN auch erließ. Die Waffengattung der Panzergrenadiere wurde mit den Panzerjägern, der Panzertruppe, den Panzeraufklärern und der Infanterie im Truppenamt unter der Bezeichnung »Kampftruppen« zusammengefasst, deren Führung einheitlich durch den »General der Kampftruppen« erfolgte. Der erste Inhaber dieses Dienstpostens wurde der vormalige Leiter der Kampftruppenschule II in Munster, Generalmajor Oskar Munzel, der nicht nur Erfahrungen als Kommandeur eines Panzerverbandes im Zweiten

---

[78] Fü H III, Organisation, Aufstellungsplanung des Heeres, 16.10.1962, S. 10, BA-MA, BH 1/2460.
[79] Rink, »Strukturen brausen um die Wette«, S. 455.
[80] Hammerich, Kommiss, S. 270.
[81] Ebd.
[82] Ebd, S. 274–276.
[83] Fü S IV 1: Militärischer Zustandsbericht der Bundeswehr 1969, 16.3.1970, BA-MA, BW 2/4869.
[84] Am 1.7.1971 wurde das Truppenamt in Heeresamt umbenannt.
[85] Truppenamt, Abt. Panzergrenadiere: Aufgaben, Gliederung, Ausrüstung und Einsatz der Panzergrenadierbataillone, Juli 1956, BA-MA, BWD 7/303.

Weltkrieg, sondern auch beim Aufbau der Bundeswehr mitbrachte[86]. Innerhalb der »Inspektion Kampftruppen« des Truppenamtes wurden die Panzergrena-diere in der »Gruppe S3 Infanterie« geführt, die in die Dezernate Ausbildung, Organisation und Panzerabwehr unterteilt war und deren Leitung Generalmajor Artur Weber ab 1959 als Inspizient der Infanterie übernahm [87].

Im Rahmen der Umstellung wurden auch die Nummerierungen der Ver-bände geändert[88]. Eine Dopplung von Zahlen verschiedener Formationen aus unterschiedlichen Truppengattungen wie in der Heeresstruktur 1 war nun nicht mehr möglich. Die Bataillonsnummern setzten sich im neuen System aus der Brigadenummer, einer Endnummer und ggf. einem Zusatz für Schul- oder Lehr-verbände zusammen. Als Beispiel sei hierzu das Panzergrenadierlehrbatail-lon L92 aus Munster genannt. »L9« verweist auf die Panzerlehrbrigade L9 und die »2« steht für deren 2. Bataillon, das stets ein Panzergrenadierbataillon war[89].

In der Heeresstruktur 2 waren anfänglich zwei Bataillonstypen vorgesehen. Zum einen das mit Schützenpanzern HS 30 (SPz) und zum anderen das mit LKW 1,5 t Unimog ausgestattete Panzergrenadierbataillon (mot.). 1959 wurden insgesamt 53 Panzergrenadierbataillone eingeplant, die für die Endplanung der Struktur auf 64 aufgestockt werden sollten[90]. In der ersten Phase waren 27 SPz- und 26 mot.-Bataillone geplant. In der Zielstruktur sollte es von Ersterem 46 und Letzterem 18 geben. Legt man eine Stärke von ca. 650 Soldaten pro Ver-band zugrunde, hätte der personelle Umfang der Truppengattung in der Ziel-struktur rund 41 600 Soldaten betragen, was jedem achten Heeressoldat ent-sprochen hätte[91]. Die Aufstellung verzögerte sich jedoch durch die nur schleppend anlaufende Beschaffung des Schützenpanzers HS 30 wegen des Leistungsbilanzdefizits mit den USA und durch die Konjunkturkrise[92]. Am 20. März 1962 teilte der Führungsstab des Heeres dem Truppenamt mit, dass gerade einmal 17 der geplanten 46 SPz-Bataillone aufgestellt und zu 100 Pro-zent ausgerüstet waren. Im Ergebnis der reduzierten Beschaffungszahlen für den HS 30 mussten ab 1962 neun Panzergrenadierbataillone mit dem Mann-

---

[86] Blumschein, Unserem Oskar Munzel, S. 56 f.

[87] Rogler, Panzertruppen, S. 24.

[88] Fü H III: Befehl über die Umbenennung im Heer zum 16.3.1959, BA-MA, BH 1/1809.

[89] Rink, »Strukturen brausen um die Wette«, S. 458.

[90] Fü H III: Festlegung der Endplanung PzGrenBtl (SPz) und PzGrenBtl (mot.) vom 28.1.1959, BA-MA, BH 1/928; vgl. Interview des Verfassers mit Stabsfeldwebel a.D. Hans-Joachim Drost vom 22.10.2008: »1959 existierten 52 Panzergrenadierbataillone. Davon waren sechs mit verschiedenen Schützenpanzern ausgerüstet. 46 Panzergrenadierbataillone waren le-diglich motorisiert. Bis 1962 hatte das Heer 56 Panzergrenadierbataillone aufgestellt, da-von 27 mit Schützenpanzern, 19 motorisiert und 7 mit MTW. Weiterhin existierten drei Ausbildungsbataillone. 1969 verfügte das Heer ebenfalls über 56 Panzergrenadierbatail-lone. Von diesen waren 27 mit Schützenpanzern, 15 mit MTW und 10 mit LKW ausgerüs-tet. Die Zahl der Ausbildungsbataillone hatte sich auf vier erhöht.«

[91] Thoß, Einführung, S. 11.

[92] Stipanitz, Die Entwicklung der Rüstungsprojekte, S. 20.

schaftstransportwagen M 113 aufgestellt werden[93]. Diesen für die Panzergrenadiertruppe »misslichen Umstand« arbeitete u.a. das Nachrichtenmagazin »Der Spiegel« in dem Artikel »Affäre HS 30« für die Öffentlichkeit auf[94].

Insgesamt wurden zwischen 1960 und 1971 elf verschiedene STAN für Panzergrenadierbataillone entwickelt. Davon bezogen sich sechs auf mit Schützenpanzern und drei auf mit MTW ausgestattete Verbände und je eine auf das gemischte und das motorisierte Bataillon. Sieben dieser STAN können der Heeresstruktur 2 zugeordnet werden[95]. Die Veränderungen der STAN wurden hauptsächlich aus zwei Gründen vorgenommen: Zum einen wenn neues Gerät wie z.B. die Jagdpanzer mit 90-mm-Kanone zugeführt wurden und zum anderen wegen der Änderungen der Heeresstrukturen 1959 und 1969. Im Folgenden werden die Gemeinsamkeiten und Unterschiede der einzelnen STAN für die unterschiedlichen Bataillonstypen detailierter untersucht.

c) Das Panzergrenadierbataillon (SPz)

Das Panzergrenadierbataillon (SPz) wurde in der Heeresstruktur 1 durch die STAN 321 2200 von 20. September 1955 und die STAN 392 2100 vom 15. März 1956 festgelegt. Die STAN 321 2100 für das Panzergrenadierbataillon (SPz) löste diese am 30. Mai 1960 nach einen Entwurf von 1958 ab[96]. Mit der neuen STAN waren einige wesentliche Veränderungen für die Gliederung verbunden. Die hinkünftig mit HS 30 ausgerüsteten Verbände wurden dabei jeweils mit einer Stabs- und Versorgungskompanie, drei Panzergrenadierkompanien und einer schweren Kompanie ausgeplant[97]. Das Bataillon verfügte im Frieden über 633 Soldaten, 17 Zivilisten, 105 Rad- und 84 Kettenfahrzeuge[98]. Im Verteidigungsfall wäre der Personalbestand auf 721 Soldaten angewachsen. Es sollte als »schnelle und bewegliche Infanterie [...] eng mit Panzerkräften« in allen Gefechtsarten kämpfen und auch den Kampf mit feindlichen Panzern aufnehmen können[99]. Die Panzergrenadiere (SPz) kämpften grundsätzlich vom Schützenpanzer und saßen nur ab, wenn sie dadurch ihren Auftrag besser erfüllen konnten[100].

---

[93] Fü H III 3 an Truppenamt/Referat Infanterie Kampftruppen: Stand und Planung für Ausrüstung der Panzergrenadierbataillone (Schaubild), 21.3.1962, BA-MA, BH 2/113; vgl. Kollmer, Rüstungsgüterbeschaffung, S. 179.

[94] Die Affäre HS 30. Die Unvollendete. In: »Der Spiegel«, (1967), 47, S. 60-82; Engelmann, Schützenpanzer.

[95] STAN 321 2200 vom 20.9.1955, STAN 321 2100 vom 15.3.1956, STAN 321 2100/321 2110 vom 20.11.1958, STAN 321 2100 vom 30.5.1960, STAN 321 2110 vom 4.7.1960, STAN 321 2100 vom 15.9.1966, STAN 321 2000 vom 15.7.1967, BA-MA, BWD 4/607 sowie STAN 321 2100 vom 1.7.1970, -/612 und STAN 321 2180 vom 1.7.1971, -/611.

[96] Ebd.

[97] Riemann, Deutsche Panzergrenadiere, S. 130; Richter, Die »Division 59«, S. 279.

[98] STAN 321 2100, 30.5.1960, BA-MA, BWD 4/607.

[99] HDv 100/1, 25.8.1959, Ziff. 84, BA-MA, BHD 1.

[100] HDv 231/1, 20.3.1962, S. 11.

STAN der Panzergrenadierbataillone zwischen 1958 und 1971

Bataillonstyp	Ausrüstung
PzGrenBtl (SP) B/A* (STAN 321 2100/2110) **20.11.1958** (Entwurf)	MTW M 39 — SPz kurz/Mrs — KPz M 41
PzGrenBtl (mot.)* (STAN 321 2110) **04.07.1960**	Lkw 1,5t gl — SPz kurz/Mrs — KPz M 41
PzGrenBtl (MTW)* (STAN 321 2010) **17.11.1962**	MTW M 59 — SPz kurz — Mrs 120 mm — KPz M 41
PzGrenBtl (SPz)* (STAN 321 2100) **30.05.1960**	SPz HS 30 — SPz kurz/Mrs — KPz M 41
PzGrenBtl (SPz) B1* (STAN 321 2000) **15.11.1966**	SPz HS 30 — PzMrs 120 mm/HS 30 — JgPz Kanone
PzGrenBtl (SPz) B2* (STAN 321 2001) **15.11.1966**	SPz HS 30 — PzMrs 120 mm/HS 30 — KPz M 41
PzGrenBtl (MTW) B2* (STAN 321 2011) **15.09.1966**	MTW M 113 — SPz kurz — Mrs 120 mm — KPz M 41
PzGrenBtl (gem.)* (STAN 320 2000) **15.07.1967**	MTW M 113 — Lkw 1,5t gl — SPz kurz — PzMrs 120 mm/HS 30 — JgPz Kanone
PzGrenBtl (MTW) B1* (STAN 321 2010) **01.07.1970**	MTW M 113 — PzMrs 120 mm/HS 30
PzGrenBtl (HS 30) B1* (STAN 321 2100) **01.07.1970**	SPz HS 30 — PzMrs 120 mm/HS 30
PzGrenBtl (HS 30) B3* (STAN 321 2160) **01.07.1970**	SPz HS 30 — PzMrs 120 mm/M 113
PzGrenBtl (Marder) B3* (STAN 321 2180) **01.07.1971**	SPz Marder — PzMrs 120 mm/M 113

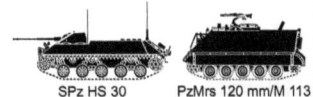

Quellen: BA-MA, *BWD 4/607, **/611 und ***/612.

© MGFA
06374-04

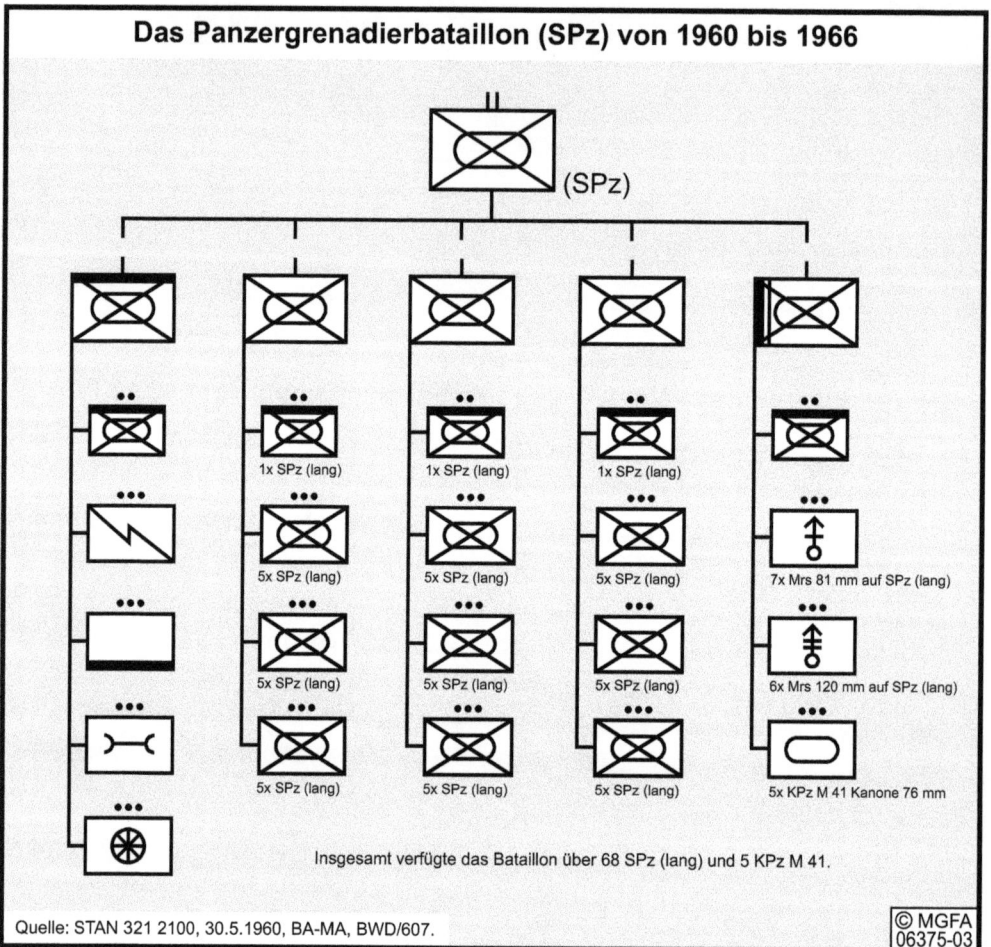

Das Panzergrenadierbataillon (SPz) von 1960 bis 1966

Insgesamt verfügte das Bataillon über 68 SPz (lang) und 5 KPz M 41.

Quelle: STAN 321 2100, 30.5.1960, BA-MA, BWD/607.

© MGFA
06375-03

Die Stabs- und Versorgungskompanie wurde aus den beiden in der Heeresstruktur 1 noch getrennten Einheiten gebildet. Diese Umgliederung vereinfachte den Führungsprozess im Bataillon, da alle wichtigen Führungsmittel einem Kompaniechef unterstanden. Die neue Struktur bedeutete weiterhin eine klare Trennung von Kampf- und Unterstützungskräften. Insgesamt waren für Letztere 202 Soldaten und 1 Ziviliangestellter eingeplant, die sich auf eine Kompanieführungsgruppe (13), einen Stabszug (33), einen Fernmeldezug (23), eine Versorgungsstaffel (125), die Truppenverwaltung (2) und die Bataillonsführungsgruppe (6) verteilten. Die Komponenten schwere Mörser (120 mm), Panzerjäger und Pioniere wurden hier nicht eingegliedert, die Pioniergruppe entfiel ersatzlos[101].

Die schwere Kompanie bestand aus einem Panzerjägerzug (22 Soldaten, 5 Kanonenjagdpanzer M 41) und einem schweren Mörserzug (39 Soldaten, 6 HS 30 als Mörserträger 120 mm). Desweiteren wurden die Werfergruppen aus den Kompanien in einen leichten Mörserzug (31 Soldaten, 6 HS 30 als Mörserträger

---

[101] STAN 321 3100 StVersKp/PzGrenBtl (SPz), 30.5.1960, BA-MA, BWD 4/607.

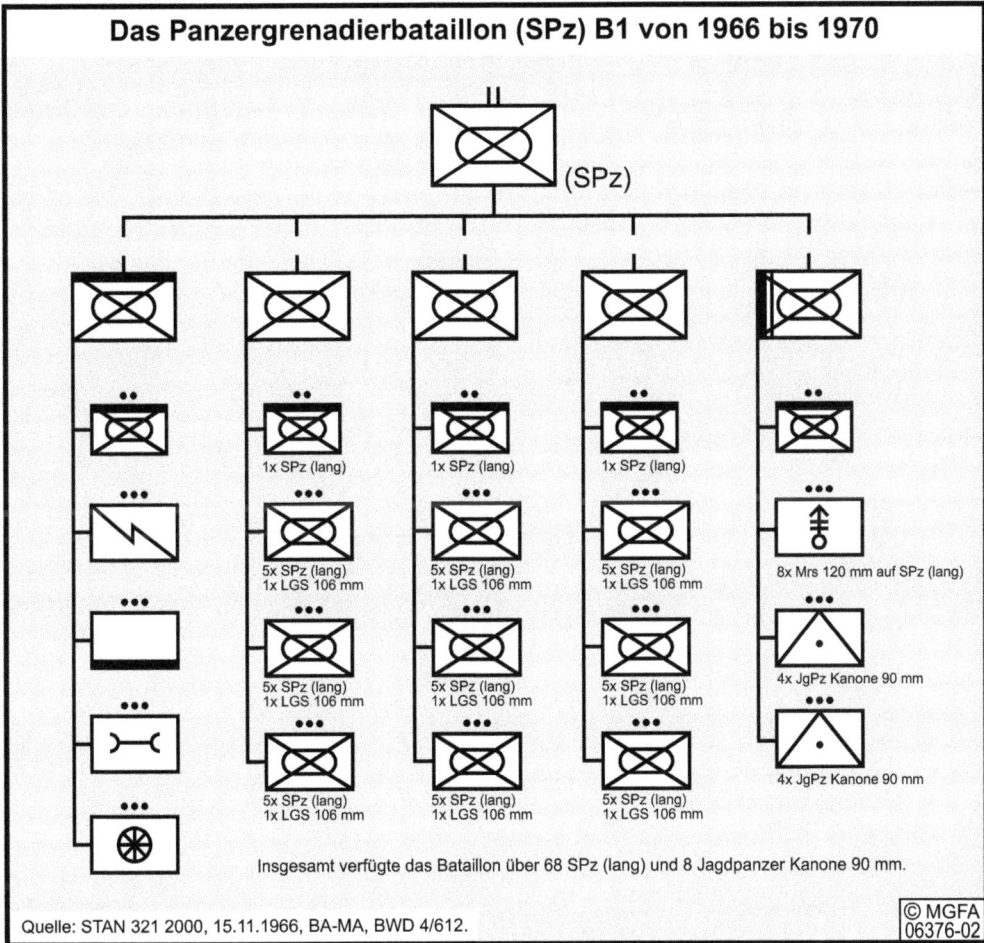

Das Panzergrenadierbataillon (SPz) B1 von 1966 bis 1970

(SPz)

1x SPz (lang)

1x SPz (lang)

1x SPz (lang)

5x SPz (lang)
1x LGS 106 mm

5x SPz (lang)
1x LGS 106 mm

5x SPz (lang)
1x LGS 106 mm

8x Mrs 120 mm auf SPz (lang)

5x SPz (lang)
1x LGS 106 mm

5x SPz (lang)
1x LGS 106 mm

5x SPz (lang)
1x LGS 106 mm

4x JgPz Kanone 90 mm

5x SPz (lang)
1x LGS 106 mm

5x SPz (lang)
1x LGS 106 mm

5x SPz (lang)
1x LGS 106 mm

4x JgPz Kanone 90 mm

Insgesamt verfügte das Bataillon über 68 SPz (lang) und 8 Jagdpanzer Kanone 90 mm.

Quelle: STAN 321 2000, 15.11.1966, BA-MA, BWD 4/612.

© MGFA
06376-02

81 mm) der schweren Kompanie überführt. Insgesamt bestand die schwere Kompanie aus 117 Soldaten und 2 Zivilisten sowie aus 21 Ketten- und 17 Radfahrzeugen[102].

Die drei Panzergrenadierkompanien waren wiederum in drei Züge und eine Kompanieführungsgruppe unterteilt, was der alten Dreiergliederung der Infanterie entsprach. Die Kompanie besaß eine Friedensstärke von 114 Soldaten und zwei Zivilangestellten, die im Verteidigungsfall auf 132 Soldaten anwachsen sollte. Der Panzergrenadierzug verfügte über fünf Gruppenfahrzeuge und 38 Soldaten, die sich auf einen Zugtrupp, drei Panzergrenadiergruppen zu je acht Soldaten und eine Scharfschützengruppe verteilte[103].

In der neuen Gliederung standen dem Kommandeur drei Panzergrenadierkompanien als Manöverelemente und die schwere Kompanie zur Schwerpunktbildung zur Verfügung. Die Kompaniechefs waren durch den Entzug der Werfergruppe entlastet und konnten sich auf die Führung der drei SPz-Züge

---

[102] STAN 321 5100 sPzGrenKp (SPz), 30.5.1960, ebd.
[103] STAN 321 4100 PzGrenKp (SPz) A, 30.5.1960, ebd.

konzentrieren. Auch die klare Trennung von Versorgungs- und Kampfkräften kann als Vorteil gegenüber der Heeresstruktur 1 gewertet werden. Problematisch war das Fehlen einer ABC-Abwehrkomponente, um nach einer eventuellen Kontamination einen Truppen-Entseuchungs-Platz (TEP) einrichten zu können.

Am 15. November 1966 wurde die Fassung von 1960 durch die STAN 321 2000 und 321 2001 abgelöst, deren Unterschied in der Ausstattung mit dem neuen Kanonenjagdpanzer (90-mm-Kanone) bestand. Das Panzergrenadierbataillon (SPz) B1 verfügte über die neuen Panzerjäger, wohingegen in der B2-Variante noch die alten leichten Kampfpanzer M 41 (76-mm-Kanone) diese Funktion erfüllten[104]. An den Aufgaben änderte sich nichts Grundsätzliches[105]. Die Grundstruktur des Panzergrenadierbataillons (SPz) von 1960 blieb mit einer Stabs- und Versorgungskompanie, drei Panzergrenadierkompanien und einer schweren Kompanie bestehen. Änderungen bestanden in Details, wobei hier nur die wichtigsten genannt werden sollen. Das Panzergrenadierbataillon (SPz) wurde in seiner Gesamtstärke auf 756 Soldaten (Kriegs-STAN) und 643 Soldaten und 18 Zivilisten (Friedens-STAN) erhöht. Auch die Zahl der Rad-Kfz erhöhte sich auf 133 und die der Kettenfahrzeuge leicht auf 88[106]. Die Stabs- und Versorgungskompanie erhielt einen TEP-Trupp mit vier ABC-Abwehrsoldaten. Dieser war mit einem geländegängigen (gl) 5-Tonner-LKW ausgestattet und in der Lage, den Truppenentseuchungsplatz für das Bataillon zu errichten[107]. Damit war ein wichtiger Schritt in Richtung Atomkriegstauglichkeit getan. Dies wurde auch in den Aufgaben des Bataillons bekräftigt: »Das Panzergrenadierbataillon SPz B1 [...] – überwindet kontaminiertes Gelände mithilfe seiner gepanzerten Fahrzeuge[108].« Dies zeigte auch ein Truppenversuch bei der Panzerlehrbrigade 9. Das Gesamturteil spricht von einem »ausgereiften und zweckmäßigen Gerät«[109].

In der schweren Panzergrenadierkompanie wurde der leichte Mörserzug mit 81-mm-Mörsern auf SPz (kurz)-Hotchkiss außer Dienst gestellt. Dafür vergrößerte sich der schwere Mörserzug, mit 120-mm-Mörsern auf SPz (lang) als Mörserträger, auf acht statt wie bisher sechs Mörser. Die fünf M 41 stellte man außer Dienst und ersetzte sie durch acht Kanonenjagdpanzer (90 mm) in zwei Panzerjägerzügen[110].

Die Panzergrenadierkompanien blieben in ihrer Gliederung erhalten. Sie erhielten jedoch pro Zug ein Leichtgeschütz 106 mm, welches auf den SPz HS 30 gebaut werden und gegen einen gepanzerten Feind auf bis zu 1000 m wirken konnte[111].

---

[104] STAN 321 2100 PzGrenBtl (SPz), 30.5.1960 und -2000 PzGrenBtl (SPz) B1, 15.11.1966, BA-MA, BWD 4/607.

[105] HDv 100/1, Ziff. 204, 25.10.1962, BA-MA, BHD 1.

[106] STAN 321 2000 PzGrenBtl (SPz) B1, 15.11.1966, BA-MA, BWD 4/607.

[107] STAN 321 3000 StVersKp/PzGrenBtl (SPz) B1, 15.11.1966, ebd.

[108] STAN 321 2000 PzGrenBtl (SPz) B1, 15.11.1966, ebd.

[109] Kdr. PzLBtl 93: Erfahrungsbericht für den Truppenversuch mit Dekontaminierungsaus-stattung TEP auf LKW 5 t gl, 8.11.1968, S. 21, BA-MA, BH 9-9/62.

[110] STAN 321 5000 sPzGrenKp (SPz) B1, 15.11.1966, ebd.

[111] STAN 321 4000 PzGrenKp (SPz) gem., 30.5.1960, ebd.

Durch die Ausstattung mit den Leichtgeschützen (106 mm) und besonders durch die neuen Kanonenjagdpanzer wurde die Panzerabwehrfähigkeit 1966 deutlich verbessert. Vor allem die für die Schwerpunktbildung wichtige schwere Kompanie ermöglichte eine deutliche Leistungssteigerung.

Das Panzergrenadierbataillon (SPz) wurde erst nach der Herbstübung »Großer Rösselsprung« von 1969 in der Heeresstruktur 3 erneut verändert[112].

d) Die Panzergrenadierbataillone (MTW) und (mot.)

Im Gegensatz zu ihren mit SPz ausgerüsteten Kameraden[113] kämpften die Panzergrenadierbataillone (MTW) und (mot.) »in der Regel abgesessen«[114]. Das Panzergrenadierbataillon (MTW) wurde auf Beschluss des Verteidigungsministeriums im Januar 1961 aus der Taufe gehoben. Durch die Beschaffung des amerikanischen M 113 erfolgte zu einem relativ moderaten Preis ein funktionaler Ersatz für den seinerzeit noch mangelhaften HS 30 sowie die Überbrückung bis zur Einführung der deutschen Eigenentwicklung des SPz Marder[115]. Zudem half der Kauf der Transportfahrzeuge, die Leistungsbilanz gegenüber den USA auszugleichen.

Insgesamt wurden neun Bataillone mit M 113[116]. Das Panzergrenadierbataillon (MTW) von 1966 war in eine Stabs- und Versorgungs- und eine schwere Panzergrenadierkompanie sowie drei Panzergrenadierkompanien gegliedert. Die Personalstärke im Frieden betrug 643 Soldaten und 18 Zivilisten, im Verteidigungsfall wäre das Bataillon auf 756 Soldaten angewachsen. Damit verfügte es um 134 Soldaten mehr als das Panzergrenadierbataillon (SPz) B1 von 1966. Dies entsprach etwa der Kopfstärke einer Kompanie. Das Bataillon verfügte über 136 Rad- und 86 Kettenfahrzeuge[117].

Die Stabs- und Versorgungskompanie beinhaltete u.a. einen Fernmeldezug, das Stabspersonal sowie eine Versorgungsstaffel mit Sanitätsgruppe, Instandsetzungs- und Transportzug sowie Verpflegungsgruppe. Sie bestand aus 176 Soldaten und 10 Zivilisten im Frieden sowie 221 Soldaten im Kriegsfall[118]. Die Kampfkompanien bestanden aus der Führungsgruppe und drei Zügen mit je vier MTW. Sie hatten eine Kopfstärke von 133 Soldaten im Frieden und 154 im Verteidigungsfall, die sich auf 45 Mann je Zug aufteilten. Die Scharfschützen wurden im Zugtrupp eingesetzt. Die Gruppen bestanden aus zwölf Soldaten,

[112] Riemann, Deutsche Panzergrenadiere, S. 131.
[113] STAN 321 2000 PzGrenBtl (SPz) B1, 15.11.1966, ebd.
[114] STAN 321 2110 für PzGrenBtl (mot.), 4.7.1960 und STAN 321 2011 PzGrenBtl (MTW) B2, 15.9.1966, BA-MA, BWD 4/607.
[115] Der Preis eines MTW M 113 betrug 180 000 DM, der eines HS 30 ca. 323 000 DM, siehe Kollmer, Rüstungsgüterbeschaffung, S. 242 f.
[116] Die PzGrenBtle 12, 51, 71, 101, 131, 163, 191, 282, und 322, siehe Fü H III 3 an Truppenamt/Referat Infanterie Kampftruppen: STAN und Planung für Ausrüstung der Panzergrenadierbataillone (Schaubild), 21.3.1962, BA-MA, BH 2/113.
[117] STAN 321 2011 PzGrenBtl (MTW) B2, 15.9.1966, BA-MA, BWD 4/607.
[118] STAN 321 3000 StVersKp/PzGrenBtl (MTW) B2, 15.9.1966, ebd.

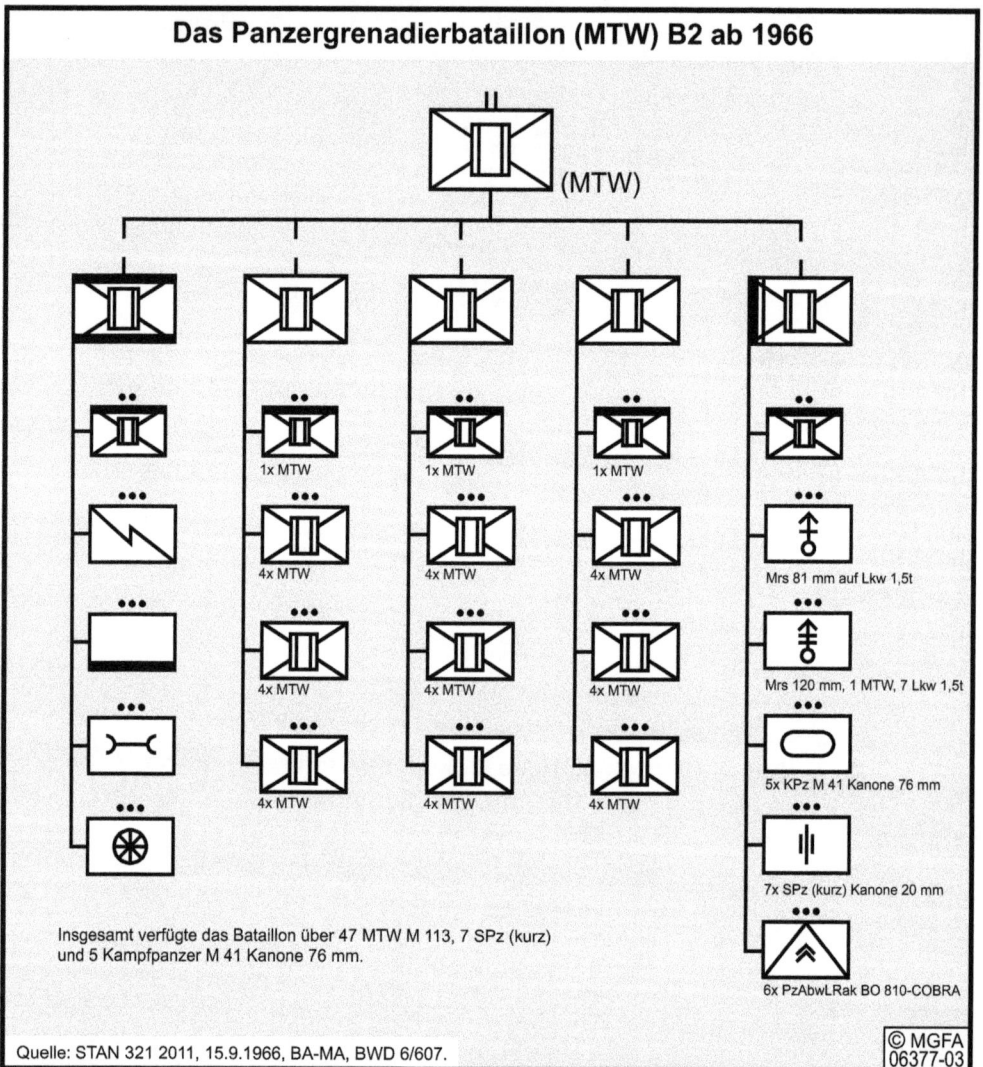

Das Panzergrenadierbataillon (MTW) B2 ab 1966

(MTW)

1x MTW   1x MTW   1x MTW

4x MTW   4x MTW   4x MTW   Mrs 81 mm auf Lkw 1,5t

4x MTW   4x MTW   4x MTW   Mrs 120 mm, 1 MTW, 7 Lkw 1,5t

4x MTW   4x MTW   4x MTW   5x KPz M 41 Kanone 76 mm

7x SPz (kurz) Kanone 20 mm

6x PzAbwLRak BO 810-COBRA

Insgesamt verfügte das Bataillon über 47 MTW M 113, 7 SPz (kurz)
und 5 Kampfpanzer M 41 Kanone 76 mm.

Quelle: STAN 321 2011, 15.9.1966, BA-MA, BWD 6/607.

© MGFA
06377-03

ausgerüstet mit Handwaffen, MG und Panzerfaust. Damit waren sie weitaus
stärker als ihre Kameraden mit SPz. Dort betrug die Stärke nur acht Soldaten[119],
was zu einer geringen Absitzdichte führte[120]. Die schwere Kompanie bestand
aus einer Kompanieführungs- und einer Munitionsgruppe, einem Panzermörser-
(81 mm auf 6 LKW 1,5 t), einem Schützenpanzer- (7 SPz Hotchkiss mit 20-mm-
BMK), einem schweren Panzermörser- (120 mm auf 4 MTW) und einem Panzer-
abwehrlenkraketenzug (6 PzAbwLRak BO 810 Cobra) sowie zwei Panzerjägerzügen (4 Kanonenjagdpanzer 90 mm). Der Personalumfang betrug im Frieden
182 Soldaten und 2 Zivilisten und im Verteidigungsfall 207 Soldaten[121]. Damit

---

[119] STAN 321 4011 PzGrenKp (MTW) B2/gem., 15.9.1966, ebd.
[120] Weller, Bundeswehr.
[121] STAN 321 5011 sPzGrenKp (MTW) B2, 15.9.1966, BA-MA, BWD 4/607.

Das Panzergrenadierbataillon (mot.) ab 1960

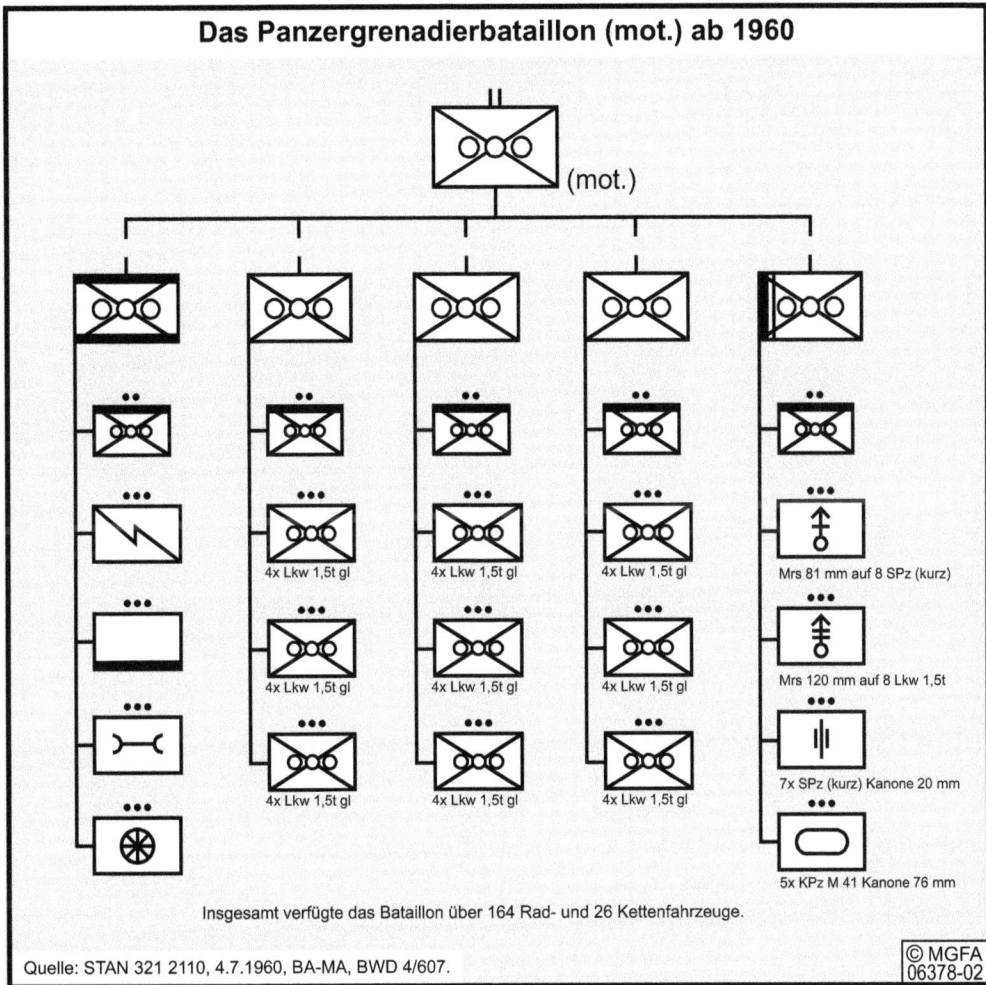

Insgesamt verfügte das Bataillon über 164 Rad- und 26 Kettenfahrzeuge.

Quelle: STAN 321 2110, 4.7.1960, BA-MA, BWD 4/607.

© MGFA 06378-02

besaß die schwere Kompanie einen vergleichsweise großen Personalumfang und war durch die Vielzahl an verschiedenen Waffensystemen schwer zu führen. Insgesamt sind bei dem Panzergrenadierbataillon (MTW), vor allem ab 1966, in der Gliederung die neuen Ziele deutlich zu erkennen: Die statische Ausrichtung auf den abgesessenen Kampf durch hohe Kopfstärken und auf die Panzerabwehr durch die schwere Kompanie.

Besonders Letzteres entsprach – wie auch bei PzGrenBtl (SPz) ab 1966 – der vom Generalinspekteur Ulrich de Maizière vorgegebenen Linie. Doch die Heeresführung befand sich Mitte der 1960er Jahre in einem Dilemma zwischen dem Aufbau des Heeres gemäß der Org. Mappe IV vom 10. Oktober 1964 und den wegen der Konjunkturkrise gekürzten Haushaltsmitteln[122].

Für das Panzergrenadierbataillon (mot.) in der Heeresstruktur 2 wurde die STAN 321 2110 am 4. Juli 1960 festgelegt, welche bis zur Umgliederung in die

---

[122] Hammerich, Kommiss, S. 196 und S. 272.

»Jägerstruktur« Anfang 1970 gültig blieb. Diese STAN löste die Vorgänger-fassungen 312 2300 vom 18. Juli 1955 und 391 2200 vom 18. Juni 1956 für das Grenadierbataillon ab. Als Entwurf für die neue Gliederung galt die Version 312 2100 vom 20. November 1958[123].

Der Verband war in eine Stabs- und Versorgungs- und eine schwere Kom-panie sowie drei Kampfkompanien gegliedert. Er hatte eine Stärke von 665 Soldaten und 17 Zivilisten, die im Verteidigungsfall auf 735 Soldaten anwach-sen sollte. Der Fuhrpark bestand aus 164 Rad- und 26 Kettenfahrzeugen, die vom Jagdpanzern (76-mm-Kanone), über Mörserträger bis zu Schützenpanzern (kurz) für den Krankentransport reichten[124].

Die Personalstärke der Stabs- und Versorgungskompanie umfasste insge-samt 152 Soldaten und 9 Zivilisten, die im Verteidigungsfall auf 171 Mann an-wachsen sollte. Sie war in eine Kompanieführungsgruppe, das Stabspersonal, einen Fernmeldezug und die Versorgungsstaffel mit einer Sanitäts- und Verpfle-gungsgruppe sowie einem Instandsetzungs- und Transportzug gegliedert[125]. Die Kampfkompanien umfassten drei Züge und eine Führungsgruppe mit 137 Soldaten im Krieg. Die Zugstärke betrug 40 Soldaten und war damit höher als im SPz (38), aber geringer als im MTW-Bataillon (45 Soldaten) und verteilte sich auf vier LKW 1,5 t gl, wobei die Gruppenstärke acht Soldaten betrug. Als schwere Waffen standen der Kompanie 12 Maschinengewehre und 20 Panzer-fäuste[126] zur Verfügung.

Die schwere Kompanie bestand aus einer Führungsgruppe, einem mittleren Mörser- (81 mm auf 8 SPz Hotchkiss), einem schweren Mörser- (120 mm auf 8 LKW 1,5 t gl), einem Panzerjäger- (5 M 41 76 mm) und einem Zug mit 7 SPz Hotchkiss mit 20-mm-BMK. Die Gesamtstärke der Kompanie betrug 154 Sol-daten in der Kriegsgliederung[127]. Mit dem Waffenmix der schweren Kompanie konnte das Bataillon den abgesessenen Kampf durch Steilfeuer und direktes Feuer unterstützen. Die Panzerjägerkomponente war mit den veralteten M 41 Kampfpanzern nur schwach ausgeprägt. Damit zeigt sich das Panzergrenadier-bataillon (mot.) als ein klassischer Infanterieverband, der nicht in der Lage war, den gemeinsamen Kampf mit mechanisierten Kräften zu führen.

Eine Sonderform stellte das gemischte Panzergrenadierbataillon (gem.) dar, welches in den STAN 321 2000 vom 15. Juli 1967 festgeschrieben wurde. Dieser Bataillonstyp wurde speziell für die Kampftruppenschule I in Hammelburg aufgestellt[128]. Es handelte sich um das Panzergrenadierlehrbataillon 351[129], in dem zu Ausbildungs- und Versuchszwecken Panzergrenadiere (mot.) und (MTW) ihren Platz finden sollten. Das Bataillon war in eine Stabsversorgungs-,

---

[123] BA-MA, BWD 4/607.
[124] Ebd.
[125] STAN 321 3110 StVersKp/PzGrenBtl (mot.), 4.7.1960, ebd.
[126] STAN 321 4100 PzGrenKp (mot.), 4.7.1960, ebd.
[127] STAN 321 5110 sPzGrenKp (mot.), 4.7.1960, ebd.
[128] FüH III 3 an Truppenamt/Referat Infanterie Kampftruppen: Stand und Planung für Aus-rüstung der Panzergrenadierbataillone (Schaubild), 21.3.1962, BA-MA, BH 2/113.
[129] Chronik der Infanterieschule, S. 30.

eine schwere Panzergrenadier- (B) und eine Grenadierkompanie sowie zwei Panzergrenadierkompanien (MTW B3) gegliedert. Die Stärke umfasste 749 Soldaten und 19 Zivilisten, die im Ernstfall auf 870 Soldaten angewachsen wäre. Der Fuhrpark bestand aus 161 Rad- und 89 Kettenfahrzeugen[130]. Lediglich die Grenadierkompanie war nach dem mot.- gegliedert[131], die restlichen Teileinheiten orientierten sich an der MTW-STAN[132]. Die mit M 113 und LKW 1,5 t gl Unimog ausgerüsteten Verbände hatten auch nach Gliederung und Ausstattung einen infanteristischen Schwerpunkt. Konsequenterweise wurden sie in der Heeresstruktur 3 zu Jägerbataillonen umbenannt oder auf Schützenpanzer umgerüstet.

e) Gliederungsformen der Motorisierten Schützen der NVA von 1956 bis 1970

Die NVA dient hier als Beispiel für die Strukturen des Warschauer Paktes, denn auch sie wurde seit ihrer Gründung konsequent nach sowjetischen Vorstellungen und Vorbildern gegliedert und ausgerüstet[133]. Selbstverständlich gab es Unterschiede im Detail, wie z.B. das selbstständige Panzerbataillon der sowjetischen Mot.-Schützendivision, welches in der NVA nicht existierte[134]. Grundlage der Streitkräftestrukturen des Ostblocks war die »Strategie des allgemeinen Raketenkernwaffenkrieges«, die zwischen Mitte und Ende der 1950er Jahre entwickelt und Anfang der 1960er Jahre zur offiziellen Militärdoktrin der UdSSR erhoben wurde. Der Einsatz von Kernwaffen auf beiden Seiten war fester Bestandteil des sowjetischen Kriegsbildes[135].

Die Mot.-Schützen der NVA sind quasi ein Spiegelbild der Panzergrenadiere. Wie in der Bundeswehr waren sie in Bataillonen mit drei Kampfkompanien gegliedert[136]. Darüber hinaus gab es Mot.-Schützenregimenter und -divisionen, die jedoch weitere Truppengattungen enthielten. Das Regiment bestand aus drei Mot. Schützenbataillonen und einem Panzerbataillon. Im Rahmen der Division war die Mischung noch vielfältiger[137]. 1956 wurden für die NVA nach sowjetischem Vorbild zwei Typen von Divisionen festgelegt, die Mot.-Schützen- und die Panzerdivision. Die Mot.-Schützen waren Bestandteil beider Verbände. Anfänglich waren sie hierbei mit dem Radfahrzeug SPW 152 in verschiedenen Ausführungen ausgerüstet. Ab Mitte der 1960er Jahre wurden die Mot.-Schützen der Panzerdivisionen auf das Kettenfahrzeug SPW 50 PK und die der Mot.-Schützendivision auf das Radfahrzeug SPW 60 PA umgerüstet. Somit ergab

---

[130] STAN 321 2000 PzGrenBtl (gem.), 15.7.1967, BA-MA, BWD 4/607.
[131] STAN 321 4100 PzGrenKp (mot.), 4.7.1960, und STAN 327 4100 Grenadierkompanie, 15.7.1967, ebd.
[132] STAN 321 3000 StVersKp/PzGrenBtl (MTW) B2, 15.9.1966, und STAN 321 3012 StVersKp/ PzGrenBtl (MTW) B3/gem., 15.7.1967, ebd.
[133] Im Dienste der Partei, S. 482.
[134] Kopenhagen, Die Mot-Schützen, S. 220.
[135] Uhl, Krieg um Berlin?, S. 54 und S. 159 f.
[136] Garbuz/Loza/Sazokov, Das mot. Schützenbataillon, S. 15.
[137] Heinze, Mot. Schützengruppen, S. 42.

Die Panzerdivision der NVA von 1956 bis 1970

In der Übersicht sind Kraftfahrzeugschule, Panzer-, Kfz- und Artilleriewerkstatt sowie Divisionslager nicht aufgenommen.

Quelle: Kopenhagen, Die Mot-Schützen, S. 204.

© MGFA
06379-04

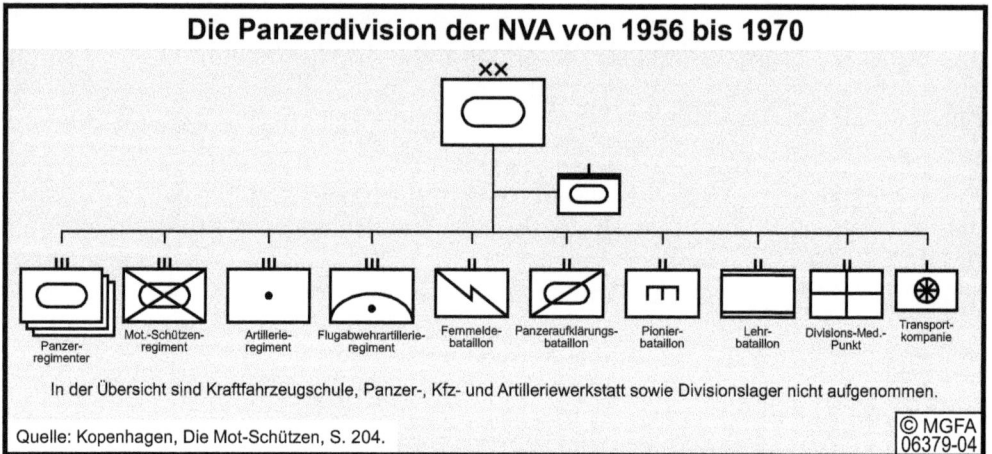

sich, wie auch in der Bundeswehr, eine Teilung der gepanzerten Infanterie. Die Mot.-Schützen verfügten dabei im Gegensatz zu den Panzergrenadieren (mot.) über gepanzerte Gefechtsfahrzeuge[138]. Die Grundgliederung der zwei Divisionstypen wurde erst Anfang der 1970er Jahre wieder verändert. Der wesentliche Unterschied zwischen den beiden bestand im Verhältnis der Panzer zu den Mot.-Schützenregimentern[139]. In der Mot.-Schützendivision der 1960er Jahre waren ein Panzerregiment und drei Mot.-Schützenregimenter vorgesehen, die logistisch eigenständig waren. Wobei das dritte Mot.-Schützenregiment lediglich bei einer Mobilisierung aufgestellt worden wäre. Diese bestanden wiederum aus drei Mot.-Schützenbataillonen, mit jeweils drei Kampfkompanien. Somit ergab sich ein Verhältnis von 3:1 zwischen Panzern zu Mot.-Schützen[140].

In den zwei Panzerdivisionen war das Zahlenverhältnis genau umgekehrt. In der NVA wurde der Kampf der verbundenen Waffen auf Divisionsebene geführt[141]. Damit folgte sie sowohl den sowjetischen als auch den deutschen Erfahrungen des Zweiten Weltkrieges, wohingegen sich die Bundeswehr mit der Kampfgruppen- und der Brigadegliederung vor allem an amerikanischen Vorbildern orientierte. Als Kampfunterstützungsmittel standen der NVA-Panzerdivision ein Artillerie- und ein Flugabwehrartillerieregiment, ein Panzeraufklärungs-, ein Fernmelde-, ein Pionierbataillon sowie eine Transportkompanie und weitere Nachschub- und Versorgungstruppen zur Verfügung[142]. Im Vergleich zu den Divisionen der NATO waren die Divisionen des Warschauer Paktes deutlich kleiner. Insgesamt existierten ab Mitte der 1960er Jahre zwei Panzer- und vier Mot.-Schützendivisionen in der NVA[143]. Die Probleme bei der Aufstellung der Verbände lagen, wie auch bei der Bundeswehr, vor allem im

---

[138] Erhart, Gefechtsfahrzeuge, S. 6 f.
[139] Kopenhagen, Die Mot-Schützen, S. 204.
[140] Andronikow/Mostowenko, Die roten Panzer, S. 207.
[141] Heinze, Mot. Schützengruppen, S. 44.
[142] Kopenhagen, Die Mot-Schützen, S. 204.
[143] Im Dienste der Partei, S. 469 f.

Mangel von Freiwilligen und einsatztauglichem Gerät[144]. Ersteres konnte mit der Einführung einer 18-monatigen allgemeinen Wehrpflicht ab dem 24. Januar 1962 behoben werden[145].

Die drei Mot.-Schützenbataillone der Regimenter verfügten bis Mitte der 1960er Jahre u.a. über drei Kampfkompanien mit sieben SPW 152, die jeweils zwei Schützengruppen, also insgesamt zwölf Soldaten aufnehmen konnten[146]. Die Kompanie bestand aus drei Zügen mit je zwei Fahrzeugen und drei Gruppen pro Zug. Ein SPW 152 war für die Führungsgruppe vorgesehen[147]. Das Gefecht wurde trotz des teilgepanzerten Fahrzeugs vornehmlich abgesessen geführt. Aufgesessen sollten die Soldaten lediglich an das Gefecht herangeführt werden oder einen ausweichenden Gegner verfolgen[148]. Mit dem schwimmfähigen SPW 50 P für die Mot.-Schützengruppe (SPz), das in den Jahren 1962 bis 1965 eingeführt wurde, änderte sich die Ausrichtung der Mot.-Schützen in den Panzerdivisionen. Durch die Besatzungsstärke von 20 Soldaten und der auch oben geschlossenen Panzerung bei dem Modell 50 PK, waren die Schützen nunmehr in der Lage, die Panzer im Gefecht aufgesessen kämpfend zu begleiten. Die Grundgliederung der Kompanie wurde jedoch beibehalten. Der SPW 50 PK blieb mit insgesamt 284 Fahrzeugen allerdings nur ein Zwischenspiel[149]. Die Mot.-Schützengruppen (Kfz) rüstete man ebenfalls ab Mitte der 1960er Jahre auf den mit Acht-Rad-Fahrwerk ausgestatteten SPW 60 um.

Die Mot.-Schützen der 1960er Jahre waren den Panzergrenadieren der Bundeswehr ebenbürtig. Qualitative Unterschiede ergaben sich in der Ausrüstungsrealität, weniger in der Gliederung. Die Atomkriegstauglichkeit war wegen fehlender ABC-Schutzmaßnahmen auf beiden Seiten des »Eisernen Vorhangs« nicht gegeben. Eine weitere grundlegende Veränderung in der Gliederung und Ausrüstung der Mot.-Schützen ergab sich ab 1971 mit der Einführung des Schützenpanzers BMP-1 und der neuen Divisionsstruktur[150].

3. Die Führungs- und Kampfweise der Panzergrenadiere

a) Die Bundeswehr zwischen Tradition, Demokratie und Atomzeitalter

Auf die Bundeswehr wirkten in den 1960er Jahren vier wesentliche Spannungsfelder ein, die neben der Führungs- und Kampfweise auch die Personalführung,

---

[144] Kopenhagen, Die Mot-Schützen, S. 205 und S. 208.
[145] Im Dienste der Partei, S. 442 f.
[146] Schützenpanzer, S. 4.
[147] Kopenhagen, Die Mot-Schützen, S. 208.
[148] Handbuch für Mot.-Schützen, S. 308 f.
[149] Schützenpanzer, S. 4; Kopenhagen, Die Mot-Schützen, S. 24, 212 und S. 229.
[150] Kopenhagen, Die Mot-Schützen, S. 212 f.

Struktur, Operationsplanung, Ausbildung, Infrastruktur, Ausrüstung sowie die Beziehung zur Zivilgesellschaft betrafen: Erstens der Geschichtsbezug zu den Streitkräften des »Dritten Reiches«, zweitens die Internationalisierung des militärischen Handelns durch die Alliierten, drittens die normative Kraft des Faktums Kernwaffe[151] und viertens die Demokratisierung des Militärs[152].

Teile der ehemaligen Militärelite der Wehrmacht bestimmten bis mindestens Ende der 1960er Jahre das Innere Gefüge der Bundeswehr und vor allem ihren Aufbau. Stellvertretend dafür stehen die Namen Friedrich Foertsch, Adolf Heusinger und Hans Speidel. Nach einer Praxislücke von fast zehn Jahren hatten sie vor allem die Erfahrungen des Kampfes gegen die Sowjetunion von 1941 bis 1945 im Gedächtnis. Eine Akzeptanz der atomaren Wirklichkeit wurde zwar offen postuliert, aber als die eigentliche Stärke des deutschen Beitrags sah man die Erfahrungen in den beweglich geführten, Raum greifenden Operationen von gepanzerten Großverbänden gegen einen an Masse konventionell deutlich überlegenen Gegner an.

Im Gegensatz dazu sah SHAPE bis Mitte der 1960er Jahre die neue Aufgabe herkömmlicher Streitkräfte darin, »die eigenen, weit vorn gelagerten Atomwaffen vor feindlichem Zugriff und vorzeitiger Zerstörung zu schützen,
– den Gegner zur Konzentration seiner Angriffsverbände zu zwingen sowie
– solche Truppenmassierungen als eindeutige Atomziele zu identifizieren und sie bis zu ihrer atomaren Bekämpfung örtlich festzuhalten«[153].
Im Verlauf des Bundeswehraufbaus blieb der Einsatz von taktischen Atomwaffen zwar Planungsgrundlage, wurde aber mit den Erfahrungen des Bewegungskrieges angereichert[154]. Die Bundeswehr war über den gesamten Zeitraum ihres Bestehens in Konzeption und Anlage eine Bündnisarmee. Auf sich allein gestellt, wäre sie nicht in der Lage gewesen, ihr Territorium wirksam gegen einen Angriff des Warschauer Paktes zu verteidigen und war somit eindeutig defensiv ausgerichtet.

Somit kennzeichnen das Verteidigungskonzept der Bundesregierungen ab 1963 vier Zielstellungen: Vorne-Verteidigung, international gemischte Präsenz, Integration der militärischen Führung in die NATO und Zurückhaltung beim Einsatz von nuklearen Waffen[155].

Die Vorne-Verteidigung schien unverzichtbar, da in einem 100-km-Streifen hinter der innerdeutschen Grenze auf seiten der Bundesrepublik 17,3 Millionen Menschen lebten, in einem 200-km-Streifen waren es sogar 41,8 Millionen. Dementsprechend konnte sich die Verteidigungsplanung nicht auf einer »beweglichen Kampfführung bis in die Tiefe des Raumes« abstützen, sondern musste den Gegner schon soweit wie möglich direkt im Zonenrandgebiet zum Stehen bringen[156]. Aus dieser Feststellung ergab sich eine grundlegende Diffe-

---

[151] Schlaffer, Anmerkungen, S. 501.
[152] Bald, Die Bundeswehr, S. 15.
[153] Thoß, NATO-Strategie, S. 127.
[154] Buchholz, Strategische und militärpolitische Diskussionen, S. 275-288.
[155] Thoß, Einführung, S. 13.
[156] Weißbuch 1970, S. 40.

renz zum Russlandfeldzug, als raumgreifende Operationen über mehrere hundert Kilometer hinweg stattfanden.

Die international gemischte Präsenz maximierte zudem das Risiko für alle Konfliktparteien, da im Verteidigungsfall in sofort alliierte Truppen mit einer atomaren Einsatzoption in die Kampfhandlungen eingebunden gewesen wären[157]. Die Integration der militärischen Führung bedeutete gemeinsame Operationsplanungen und Manöver sowie entsprechende Vereinbarungen mit den NATO-Verbündeten für den Fall eines Angriffs. Letztendlich waren Nuklearwaffen über die kompletten 1960er Jahre für die NATO unverzichtbar, da die Bedrohungsperzeption immer von konventionell überlegenen Kräften des Warschauer Paktes bei gleichzeitigem atomaren Patt ausging[158]. Sie sollten jedoch nur als Ultima Ratio genutzt werden und selbst dann nur selektiv und restriktiv. Dieser Standpunkt wurde von den Bundesregierungen seit 1963 durchgehend vertreten.

Als Trägermittel für taktische Nuklearwaffen standen dem bundesdeutschen Heer die M 109 Panzerhaubitze und die Boden-Boden-Raketen Honest John sowie Sergeant zur Verfügung. Die Luftwaffe nutzte die Luftabwehrrakete Nike-Herkules und unterhielt drei Gruppen Pershing 1, während die Marine über keine atomaren Trägersysteme verfügte. Die Atomsprengköpfe waren dabei jederzeit unter amerikanischer Kontrolle und konnten nur durch den US-Präsidenten freigegeben werden[159].

Die Bundeswehr war 1970 nicht in der Lage, über das Maß von taktischen Gegenangriffen hinaus eine Raum greifende Offensive durchzuführen. Weiterhin standen die deutschen Korps in der Verteidigung zwischen anderen NATO-Verbänden und waren NATO-Befehlshabern unterstellt, womit eine eigenständige Operationsführung ausgeschlossen war[160].

Die Strategie der »Flexible Response« erhöhte die Bedeutung des Heeres jedoch weiter[161], da es »in der Lage sein [musste], die Grenzen der Bundesrepublik kämpfend zu verteidigen und das übrige Bundesgebiet gegen einen luftgelandeten oder durchgebrochenen Gegner zu schützen. Der Verzicht auf alle strategischen Waffen und die Anpassung seiner Struktur an die Erfordernisse unseres Geländes [zeigten] den Defensivcharakter des Heeres«[162]. Die Leistungsfähigkeit der Bundeswehr während der 1960er Jahre lässt sich an vier Parametern festmachen: Personallage, materielle Ausrüstung, Ausbildungsstand, Moral der Truppe.

Die Personalstärke hatte sich seit 1959 fast verdoppelt. Dennoch wurden dabei die Zielmarken laut Bundeshaushaltsplan des Öfteren unterschritten. Bei den Heeresoffizieren waren 1960 bspw. 1936 Dienstposten nicht besetzt[163]. Neun Jahre

---

[157] Thoß, Einführung, S. 14.
[158] Hammerich, Kommiss, S. 117.
[159] Ebd., S. 30 und S. 37.
[160] Ebd.
[161] Steinhoff/Pommerin, Strategiewechsel, S. 167.
[162] Weißbuch 1970, S. 39.
[163] FüS IV 1: Zustandsbericht Nr. 1/60 der Bundeswehr, 11.4.1960, S. 5 f., BA-MA, BW 2/2454.

später fehlten nur noch 69 Mann, was durch die »Reduzierung der Zur-Ruhe-Setzungen« kompensiert werden konnte[164].

Der Mangel an geeignetem Personal zog sich seit der Aufstellungsphase wie ein Roter Faden durch die Geschichte der Bundeswehr. So belief sich der personelle Fehlbestand im Jahr 1970 bei Offizieren auf 2600 und bei Unteroffizieren auf 26 000. 1963 war die Einstellung von »Kriegsgedienten« abgeschlossen, während gleichzeitig eine größere Anzahl von Zeitsoldaten nach Abschluss ihrer Dienstzeit die Bundeswehr verließ. Durch die fast durchgehend boomende Konjunktur der 1950er und 1960er Jahre, die noch wachen Kriegserfahrungen und die atomare Bedrohung war die Bereitschaft zur Dienstverpflichtung entsprechend. In der Konkurrenz zur Wirtschaft konnte die Bundeswehr im Hinblick auf Wehrsold, Wohnraum und berufsqualifizierende Ausbildung nicht mithalten. Insgesamt konnte man nicht genügend Soldaten auf Zeit (SaZ 2 bis SaZ 15) für den Dienst an der Waffe[165] anwerben, womit eine quantitative und qualitative Lücke entstand. Vor allem im Heer fehlten Ausbilder[166]. Zudem hatte die Bundeswehr ein massives Problem mit der Wehrgerechtigkeit. 28 bis 30 Prozent der gemusterten Wehrpflichtigen wurden nicht einberufen, Frauen gar nicht erst gemustert[167].

Der Personalmangel führte im Jahr 1969 unter Verteidigungsminister Schröder zu einem Sofortprogramm: Eröffnung der Laufbahn des militärfachlichen Dienstes, Gesetz zur Eingliederung von Mannschaften und Unteroffizieren SaZ 12-15 in den Öffentlichen Dienst, Verbesserung der Besoldung von Unteroffizieren, Altersgrenze für Strahlflugzeugführer[168]. Insgesamt blieb die Personallage jedoch weiterhin angespannt.

Die materielle Ausrüstung der Bundeswehr bestand bis Mitte der 1960er Jahre zu großen Teilen aus amerikanischen Rüstungsgütern oder aus Lizenzbauten und war in allen Teilstreitkräften mit einer Vielzahl von Mängeln behaftet. Der Schützenpanzer HS 30 war das prominenteste Beispiel für die Unzulänglichkeiten der ersten Ausrüstungsgeneration militärischen Großgeräts[169].

Weitere Beispiele unzureichender Einsatzbereitschaft waren der Starfighter F-104 G oder korrosionsanfällige U-Boote. Diese Mängel waren verantwortlich für Todesfälle und verursachten eine Kette von politischen und gesellschaftlichen Skandalen.

---

[164] Fü S IV 1: Militärischer Zustandsbericht der Bundeswehr 1969, 16.5.1970, S. 6, BA-MA, BW 2/4869.

[165] Berichte des Wehrbeauftragten des Deutschen Bundestages von 1960, PADB, Drucksache 1796; von 1961, 2666; von 1962, IV/371; von 1963, -/1188; von 1964, -/2305; von 1965, -3524; von 1966, V/820; von 1967, -/1825; von 1968, -/2948; von 1969, -/3912 und von 1970, VI/435; vgl. Weißbuch 1970, S. 88.

[166] Hammerich, Kommiss, S. 75.

[167] Weißbuch 1970, S. 49 f. und S. 85 f.

[168] Ebd., S. 93.

[169] Kollmer, Rüstungsgüterbeschaffung, S. 279; vgl. Weißbuch 1970, S. 44 und S. 141.

Die Personalstärke der Bundeswehr von 1959 bis 1970

Jahr	Personalstärke
1970	471 113
1969	457 093
1968	435 067
1967	452 391
1966	458 940
1965	440 807
1964	433 315
1963	412 910
1962	395 052
1961	285 185
1959	248 800

Quellen: Zustandsberichte der Bundeswehr von 1960, S. 15, BA-MA, BW 2/2454; von 1962, S. 55, -/2460; von 1963, S. 31, -/3111; von 1964, S. 4, -/3112; von 1965, ebd.; von 1966, S. 5, -/3115; von 1967, S. 9, -/20119; von 1969, S. 6, -/4869 sowie Weißbuch 1970 und 1971/72.

© MGFA
06380-04

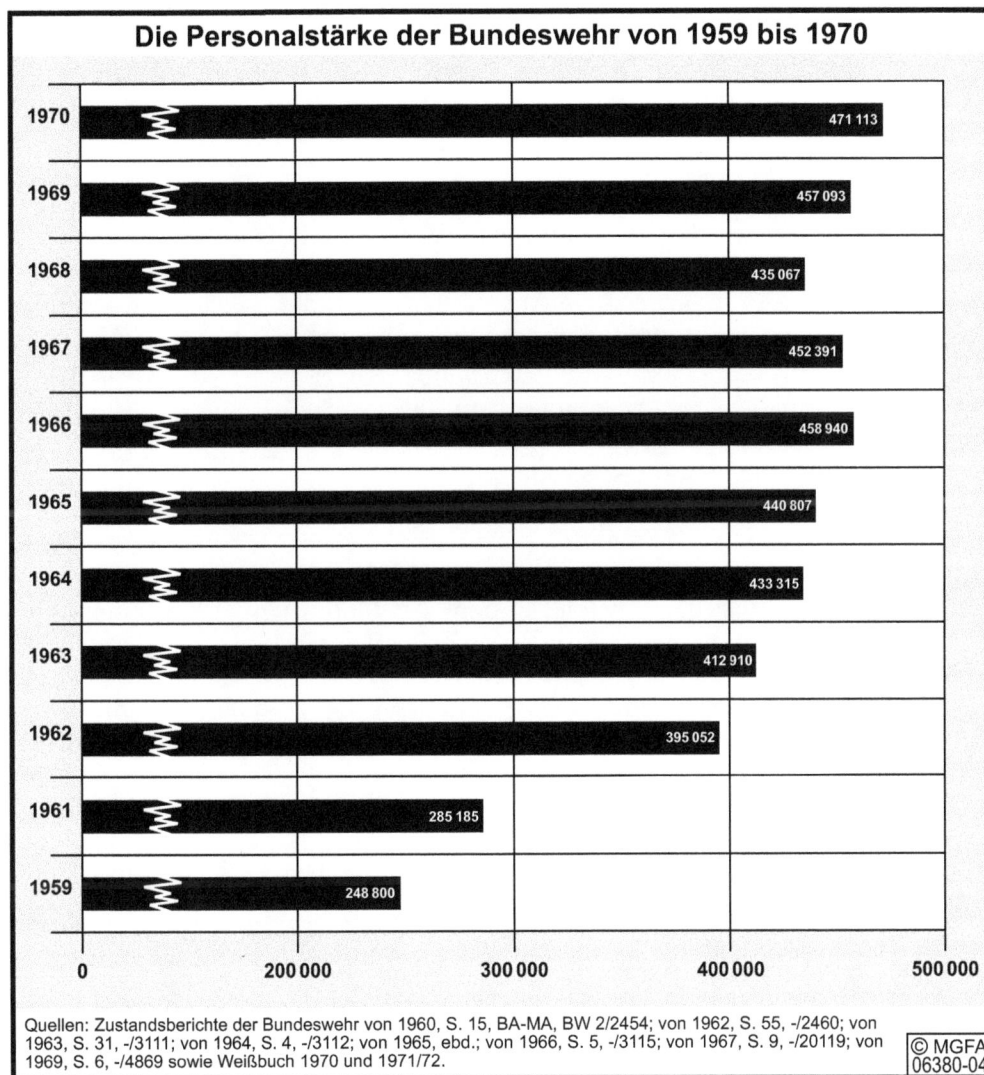

Im Heer war Mitte der 1960er Jahre mit der Modernisierung der wesentlichen Waffensysteme begonnen worden. So sollten die Waffensysteme Marder und Leopard eingeführt und ein Großteil des veralteten Geräts stillgelegt werden, wozu es aus dem Verteidigungsministerium u.a. hieß:

»Dem Zusammenwirken von Kampf- und Schützenpanzern misst das Heer besondere Bedeutung zu. Dem Kampfpanzer Leopard wird daher der neu entwickelte Schützenpanzer Marder zugeordnet. Hierfür ist die Beschaffung von 1926 Schützenpanzern Marder (Preis: rund 0,75 Millionen DM) bis 1974 eingeleitet«[170].

Der Ausbildungsstand der Bundeswehr war von folgenden Faktoren abhängig: Sicherheit im Umgang mit dem Wehrgerät, Einsatzerfahrung der Ausbilder,

---

[170] Planungsstückpreis ohne Ersatzausstattung, Weißbuch 1970, S. 142.

Ausbildungsorganisation und hinreichende Qualifikation der Auszubildenden. Da die Ausbildungsmittel in großen Teilen, wie oben angeführt, neu und oftmals mangelhaft erprobt waren, fehlte eine grundlegende Voraussetzung für einen guten Ausbildungsstand. Da viele Vorgesetzte noch am Zweiten Weltkrieg teilgenommen hatten, konnten insbesondere Ostkriegserfahrungen genutzt und weitergegeben werden. Broschüren wie »Kriegsnah Ausbilden« machen diesen Bezug deutlich[171]. Dies wandelte sich in einigen Bereichen jedoch auch zum Nachteil und verstellte den Blick für die aktuellen Realitäten eines atomaren Kriegsbildes. Obwohl die Anzahl der Ausbilder, wie bereits erwähnt, nie ausreichte, war der Aufbau der Ausbildungsorganisation mit Schulen und Lehrtruppen Mitte der 1960er Jahre nahezu abgeschlossen. Zuvor hatte die Aufstellung von Verbänden des Feldheeres Priorität[172].

Die Moral der Truppe ist in den 1960er Jahre analog zur Zivilgesellschaft von atomarer Bedrohung, Friedensbewegung, Generationenkonflikt und nicht zuletzt von wirtschaftlicher Prosperität geprägt. Am 1. Juli 1969 thematisierte Bundespräsident Gustav Heinemann diesen mehrfachen Antagonismus in einer Rede:

> »Nicht der Krieg ist der Ernstfall, in dem der Mann sich zu bewähren habe, wie meine Generation in der kaiserlichen Zeit auf den Schulbänken lernte, sondern der Frieden ist der Ernstfall, in dem wir alle uns zu bewähren haben«[173].

Gleichwohl wurden Tapferkeit und Disziplin von den Soldaten aber nicht weniger abverlangt als in vergangenen Zeiten. Als deren hauptsächliche Sorgen identifiziert der Wehrbeauftragte Matthias Hoogen 1969 die Fürsorge und Betreuung durch die Vorgesetzten, die Versorgung und Unterbringung, Familienwohnungen, Mängel bei der Ausbildung (»Gammeldienst«) sowie das hohe Maß der Bürokratisierung[174]. Eine besonders positive Wirkung, sowohl auf die Soldaten als auch auf die Bevölkerung, entfalteten Katastropheneinsätze der Bundeswehr: »Panzergrenadiere beteiligten sich mit Schützenpanzern an der Schneeräumung – an Beispielen der Hilfsbereitschaft fehlt es nicht«[175].

Bei alledem sollte das Leitbild des »Staatsbürgers in Uniform« zu jeder Zeit und Gelegenheit verinnerlicht werden, da es das Bindeglied zu Staat und Gesellschaft war. Die Soldaten mussten – trotz der Strategie der »Flexible Response« – weiterhin für einen Einsatz im »totalen Krieg« motiviert werden. Dabei durften die Grundrechte nur soweit Eingeschränkungen erfahren, wie es für die Ausübung des Dienstes unbedingt notwendig erschien. Neben die Pflichten (Soldatengesetz) traten die verfassungsrechtlich verbürgten Rechte, vor allem das Recht auf Achtung der Menschenwürde. Die Realität der »Inneren Führung« wurde vor allem von der Weltkriegsgenerationen oft als weltfremde Utopie angesehen. Das zeigen Skandale, Tagebücher aber auch die »Schnez-

---

[171] Kriegsnah ausbilden.
[172] Hammerich, Kommiss, S. 328.
[173] Kleßmann, Zwei Staaten, S. 548-550.
[174] Bericht des Wehrbeauftragten des Deutschen Bundestages, 19.2.1969, S. 5 f., Drucksache V/3912.
[175] Weißbuch 1970, S. 118.

Anzahl des Großgerätes im Heer (Stand 31.12.1969)

Anzahl		Beschreibung
1462		Kampfpanzer M 48
1838		Kampfpanzer Leopard
770		Kanonen-Jagdpanzer
316		Raketen-Jagdpanzer
1768		Schützenpanzer HS 30
1608		Schützenpanzer Hotchkiss
3139		Mannschaftstransportwagen M 113
496		Flugabwehrpanzer M 42
77		203-mm-Haubitze auf Selbstfahrlafette
149		175-mm-Kanone auf Selbstfahrlafette
347		155-mm-Panzerhaubitze M 109 G
272		105-mm-Haubitze
360		120-mm-Mörser
19		Lenkraketenwerfer Sergeant
86		Raketenwerfer Honest John
81		Leichtes Verbindungsflugzeug Do-27
231		Leichter Transporthubschrauber UH-1D
		Leichter Transporthubschrauber H-34
		Leichter Transporthubschrauber Vertol
226		Verbindungshubschrauber Alouette II

Quelle: Weißbuch 1970, S. 140.

© MGFA
06381-04

Studie«[176]. In der Studie des Inspekteurs des Heeres, Albert Schnez, heißt es z.B. unter dem Punkt »Erziehung und Ausbildung«, dass eine »Korrektur einer Fehlentwicklung, die die Pflichten gegenüber den Rechten vernachlässigt« angestrebt wird[177]. Mit dieser Aussage zielte der Verfasser gegen die Grundlagen der »Inneren Führung«, welche vorsahen, die einschränkungsfähigen Grundrechte wie z.B. Freizügigkeit, Versammlungsfreiheit, gemeinschaftliches Petitionsrecht und freie Meinungsäußerung tatsächlich nur soweit einzuschränken, wie es für die Erfüllung des militärischen Auftrages notwendig schien[178]. Schnez sprach eine große Gruppe unter den Soldaten an, die der »Inneren Führung« skeptisch gegenüber standen. Eine Haltung, die regelmäßig in die Praxis des Truppenalltags floss, wie die Berichte des Wehrbeauftragen des Deutschen Bundestages zeigen[179] und in Vorfällen mündete wie bspw. in der Ausbildungskompanie 6/9, in deren Folge der Fallschirmjäger Gerd T. am 25. Juli 1963 verstarb[180].

Die sozialliberale Koalition mit dem neuen Verteidigungsminister und ehemaligen Oberleutnant der Wehrmacht Helmut Schmidt erkannte die Probleme, welche die Einsatzfähigkeit der Bundeswehr einschränkten und zielte mit Reformen auf ihre Beseitigung ab. Die Auseinandersetzung zwischen Reformern und Traditionalisten blieb unterdessen bestehen.

b) Die Kampfweise mit taktischen Atomwaffen von 1960 bis 1966

In der Aufstellungsphase der Heeresstruktur 1 war die Panzergrenadiertruppe – wie gegen Ende des Zweiten Weltkrieges – als Spezialtruppe angelegt. In der Lehr- und Versuchsübung von 1958 wurde jedoch eine neue Heeresstruktur erprobt, in welcher die Panzergrenadiere als »Einheitsinfanterie« gesehen wurde. Dabei stand am Vorabend der Berlin- und der Kubakrise die nukleare Komponente zunehmend im Mittelpunkt der Überlegungen. Atomare Feuerfelder waren in den GDP (General Defense Plans) der NATO fest eingeplant und in der Heeresdienstvorschrift für die Truppenführung (TF) 59 wurde vom »Vernichtungsfeuer [...] aller verfügbaren Waffen« gesprochen[181].

Bei einer Planübung an der Führungsakademie im Zusammenhang mit der Versuchsgliederung 1958 wurde u.a. festgestellt, dass der Genehmigungsprozess für den Einsatz von Atomwaffen zu lange dauerte, sodass bei deren Auslösung feindliche Kräfte das Gelände bereits verlassen hätten. Zudem wären ei-

---

[176] Wallraff, Mein Tagebuch, S. 22.

[177] Inspekteur des Heeres: Konzeption des Heeres, Abschnitt F, S. 58, 30.5.1969, BA-MA, BH 2/847.

[178] Maizière, Soldatische Führung, S. 16.

[179] Berichte des Wehrbeauftragten des Deutschen Bundestages von 1960, PADB, Drucksache 1796; von 1961, 2666; von 1962, IV/371; von 1963, -/1188; von 1964, -/2305; von 1965, -3524; von 1966, V/820; von 1967, -/1825; von 1968, -/2948; von 1969, -/3912 und von 1970, VI/435.

[180] Schlaffer, Der Wehrbeauftragte, S. 164.

[181] HDv 100/1, 23.3.1956, S. 63, sowie HDv 100/1, August 1960, S. 199, BA-MA, BHD 1.

gene Verbände durch den Einsatz von taktischen Atomsprengkörpern vernichtet worden, da die Zeit paradoxerweise nicht ausreichte, um die Kampftruppe zu informieren. Der Kommandeur der Führungsakademie Generalmajor Heinz Gaedcke zog für die Kampfweise mit atomaren Mitteln das Fazit, dass sich »ein solcher Krieg [...] selbst auffrisst.« Gleichzeitig sah er »noch keinen brauchbaren Ausweg« aus diesem Dilemma[182].

Dennoch blieben für das Heer ab 1960 die »Atomwaffen das wichtigste Kampfmittel in der Hand der militärischen Führung«[183]. Der Inspekteur der Kampftruppen, Oskar Munzel, schlussfolgerte, dass alle »mit dem Panzer zusammenwirkenden Waffen [...] gepanzert und in gleicher Weise geländegängig und ausdauernd sein« müssten. Zudem müsse die Gemeinschaft dieser gepanzerten Waffen möglichst eng sein und bereits im Frieden vorbereitet werden. Das Ziel der Zusammenführung von Grenadieren und Panzergrenadieren in der Heeresstruktur 2 war, sie sämtlich mit Schützenpanzern auszustatten und damit hinsichtlich Schutz und Beweglichkeit den Forderungen einer flexiblen Operationsführung und der atomaren Bedrohung anzupassen[184].

Ein gutes Beispiel für die Schere zwischen Anspruch und Wirklichkeit zeigt die Auswertung der Übung »Hold Fast« vom 20. bis 24. September 1960, in welcher die Verteidigung Schleswig-Holsteins und Jütlands geübt wurde. Oskar Munzel stellte fest, dass »reichlich viel mit Atomschlägen operiert« wurde, obwohl die Ausrüstung hierfür fehlte und die ABC-Ausbildung am Standort nicht ernst genommen wurde. Die angemessene Berücksichtigung der nuklearen Waffen durch die Schiedsrichter hätte »untragbare Verluste« aufgezeigt[185]. Zu einer ähnlichen Auswertung kam er für das Manöver »Winter Shield II« vom 2. bis 8. Februar 1961, das die zwei Achillesfersen des Heeres am Anfang der 1960er Jahre offenbarte: bewegliche Kampfführung und Atomkriegsfähigkeit. Es wurde hauptsächlich entlang von Straßen operiert (siehe auch »Hold Fast« 09/60) und die Wirkung atomarer Schläge, obschon immer wieder eingespielt, entfaltete nicht ihre psychologische Komponente. Das »Atomspiel« wurde von den Soldaten nicht ernst genommen, da die Übungen die verheerenden Verluste nicht entsprechend abbildeten[186].

Die klassische Zusammenarbeit zwischen Panzern und Panzergrenadieren funktionierte hingegen gut. Munzel schreibt hierzu:

> »Beim Angriff gegen den Ort Kohlberg war die Zusammenarbeit sogar erfreulich. Grenadiere gelangten rasch unter Panzerschutz in den Ort, stießen mit nachfolgenden Panzern durch, verharrten dann, während die Panzer

---

[182] FüAK, Kdr. Heeresakademie an BMVg Fü B III: Schlussbesprechung für das Planspiel 27./28.3.1958 im Zusammenhang mit der Versuchsgliederung, BA-MA, Bw 2/1943; vgl. Amtschef Truppenamt an Insp. Heer: NATO-Manöver »Winter Shield II«, 20.3.1961, S. 5, BA-MA, BH 1/599.

[183] HDv 100/2, 11.4.1961, S. 15, BA-MA, BHD 1 »D«.

[184] Munzel, Das neuzeitliche Heer, S. 3.

[185] General der Kampftruppen: Erfahrungsbericht über die NATO-Übung »HOLD FAST« vom 20.-24.9.1960, S. 5, BA-MA, BH 2/3406.

[186] Amtschef Truppenamt an Insp. Heer: NATO-Manöver »Winter Shield II«, 20.3.1961, S. 5, BA-MA, BH 1/599.

sich mit Feindpanzern herumschossen. Auch im Wald sowie bei der Überwindung einer Lichtung war die Zusammenarbeit in Ordnung[187].«

Im Oktober 1962 – zeitgleich mit der Kubakrise – wurde die »TF 62« herausgegeben und die Übung »Fallex 62«, deren Auswertung auch im »Spiegel« thematisiert wurde, fand statt[188]. In der »TF 62«, wie auch in der »TF 60«, wurde klar von einem Atomwaffeneinsatz beider Seiten ausgegangen[189] und der Einsatz der Panzergrenadiere wie folgt charakterisiert:

»Panzergrenadiere (SPz) sind die schnelle und bewegliche Infanterie. Ihre gepanzerten Fahrzeuge befähigen sie, eng mit Panzerkräften zusammenzuwirken und den Kampf beweglich zu führen. Aufgesessen kämpfend sind sie gegen die Wirkung von Atomsprengkörpern besser geschützt als zu Fuß kämpfende Truppen. Soweit Lage und Gelände es erfordern, kämpfen sie abgesessen [...] Panzergrenadiere (mot.) kämpfen zu Fuß. Sie müssen mit dem Gelände so verwachsen sein, dass es für sie zu einem Hilfsmittel im Kampf wird. Wo immer es möglich ist, machen sie sich ihre Fahrzeuge zunutze. Panzergrenadiere (mot.) eignen sich besonders zum Kampf um und in Stellungen, in Wäldern und Ortschaften, um Gewässer sowie bei Nacht. Verstrahltes Gelände schränkt ihre Verwendbarkeit in hohen Maße ein«[190].

Mit der Auswertung der Übung »Fallex 62« und der Kubakrise kam das Verteidigungsministerium zu dem Schluss, dass die Bundeswehr »nicht in der Lage [war], länger als wenige Tage zu kämpfen«[191]. Die Liste der drastischen Mängel war lang und betraf insbesondere die schnelle Einsatzbereitschaft, funktionsfähige Führung, Ausrüstung der Truppe mit Waffen und Gerät, gesicherte Versorgung, Mindestansprüche an die Operationsfreiheit und Schutzmöglichkeiten für Truppe und Führung[192].

Diese umfassenden Feststellungen lassen sich exemplarisch für die Panzergrenadiere an den Gefechtsarten Angriff und Abwehr (Verteidigung) unter atomaren Bedingungen überprüfen. Die Verzögerung ist hierbei zu vernachlässigen, da sie Elemente beider Gefechtsarten verbindet[193].

Ein Angriff sollte durch getrennt voneinander vorgehende Gruppen durchgeführt werden, die aus Panzern und Panzergrenadieren bestanden[194]und dessen Ziel die Vernichtung des Feindes und das Erzwingen der Entscheidung war[195]. Hierbei wurde die atomare Feuerunterstützung als der wichtigste Teil der Kampfkraft gesehen. Der Angriff sollte »auf kürzestem Weg und schnell« geführt werden, um die atomare Gegenwirkung zu unterlaufen und den Gegner zu überraschen. Aus diesem Grund war der frontale Angriff mit atomarer Feuervorbereitung die

---

187 Ebd., S. 9.
188 [Ahlers], Bedingt Abwehrbereit.
189 HDv 100/1, 25.10.1962, S. 3, BA-MA, BHD 1 sowie HDv 100/2, 11.4.1961, S. 5, BHD 1 »D«.
190 HDv 100/1, 25.10.1962, S. 91 f., BA-MA, BHD 1.
191 Fü S III 6: Zusammenfassung der Erkenntnisse und Folgerungen aus der Übung »Fallex 62« und der Kubakrise, 20.5.1963, S. 3, BA-MA, BW 2/2617.
192 Ebd., S. 5.
193 STAN 321 2100 PzGrenBtl (SPz), 30.5.1960, BA-MA, BWD 4/607 sowie HDv 100/1, 25.10.1962, Nr. 394, S. 168 und S. 237 f., BA-MA, BHD 1.
194 HDv 100/1, 25.10.1962, S. 3, BA-MA, BHD 1.
195 Ebd., Nr. 352, S. 149.

anzustrebende Variante[196]. Dessen Verlauf bestand aus drei Abschnitten: Annäherung aus einem Bereitstellungsraum, Einbruch in die gegnerischen Stellungen und Kampf durch die Tiefe des rückwärtigen Raumes. Der Unterschied zum konventionellen Gefecht bestand in der Einführung einer »Atomsicherheitslinie«, welche bis zum erfolgten atomaren Schlag nicht überschritten werden durfte und zusätzlich zur klassischen »Ablauflinie« eingeführt wurde[197].

Wie bereits erwähnt, waren die Panzergrenadiere (mot.) im Gegensatz zu ihren mit Schützenpanzern ausgestatteten Kameraden – zumindest gemäß Vorschrift und STAN[198] – für diese Angriffsart nicht geeignet[199]. In der Realität bestanden jedoch erhebliche Mängel in der Ausbildung und Ausrüstung der Panzergrenadiere (SPz)[200]: Es fehlte die Ausrüstung für Truppen-Entseuchungs-Punkte (TEP)[201], der Schützenpanzer HS 30 verfügte über keine funktionierende ABC-Belüftungsanlage, sodass die Soldaten in jedem Fall verstrahlt worden wären[202] und die psychologischen Einflüsse einer vollkommen zerstörten Heimat auf den Einsatzwert der Bataillone lassen sich zudem kaum ermessen. Aus diesen Gründen scheint die Auftragserfüllung zweifelhaft.

Im Gegensatz dazu sollte die Abwehr den gegnerischen Angriff auffangen und zum Stehen bringen, wobei ebenfalls eine Mischung aus atomarem Schlag und Angriff mechanisierter Kräfte zur Vernichtung des Feindes geplant war[203]. Die Abwehr wäre dabei nicht statisch, sondern mittels beweglichem Kampf geführt worden. Gepanzerte Reserven wurden für den Gegenstoß in Reserve gehalten und das Gefecht war in erster Linie als Kampf gegen Panzer in verschiedenen Phasen geplant[204].

Ein Vergleich mit dem Manöver »Fall Morgengruß« der 2. Panzergrenadierdivision im Jahr 1963 zeigt, wie nah man an den geplanten Einsatzrealitäten des Kalten Krieges lag[205] und Hans Kissel beschreibt in einem Aufsatz, wie ein beweglich geführtes Abwehrgefecht einer Panzerbrigade 1964 hätte erfolgen können:

»Eine PzGrenDiv hat sich in oft harten, aber im Wesentlichen planmäßig verlaufenen Verzögerungskämpfen über einen Bach zurückgekämpft, hinter dem sie sich – mit der Front nach Norden – zur Abwehr umgliedert und einrichtet. Als der Feind am folgenden Tag erneut und mit Schwerpunkt bei der am weitesten westlich eingesetzten PzGrenBrig angreift, zeigt es sich, dass die beiden im linken und mittleren Teil des Gefechtsstreifens dieser Brigade kämpfenden PzGrenBtl (SPz) ›den fortgesetzten feindlichen Angriffen nicht mehr gewachsen sein würden‹. Die Brigade erhält darauf den Befehl ›zur

---

[196] Ebd., Nr. 360 f., S. 152.
[197] Ebd., Nr. 396, S. 169.
[198] STAN 321 2100 PzGrenBtl (SPz), 30.5.1960, BA-MA, BWD 4/607.
[199] Ebd., S. 92.
[200] Amtschef Truppenamt an Insp. Heer: NATO-Manöver »Winter Shield II«, 20.3.1961, S. 5, BA-MA, BH-1/599.
[201] STAN 321 2100 PzGrenBtl (SPz), 30.5.1960, BA-MA, BWD 4/607.
[202] Plate, Fahrzeuge, S. 284.
[203] HDv 100/1, 25.10.1962, Nr. 454, S. 193, BA-MA, BHD 1.
[204] Ebd., S. 196.
[205] Hammerich, Der Fall »MORGENGRUSS«, S. 297-312.

beweglich geführten Verteidigung überzugehen‹. Der inzwischen auf dem Brigadegefechtsstand eingetroffene DivKommandeur ordnet ergänzend an, ›stärkere feindliche Kräfte in den Gefechtsstreifen der Brigade zu lenken, die feindlichen Kräfte im zusammengefassten Feuer der Artillerie (atomares Feuerfeld) zu zerschlagen‹ und ›nach Vernichtung der restlichen Feindteile im Gegenangriff den bisherigen Abwehrraum zurück zu gewinnen‹. Das auf dem Ostflügel der Brigade eingesetzte PzGrenBtl (mot.) soll – gestützt auf das dortige Höhengelände – ›seine Stellung halten, den feindlichen Angriff in südwestliche Richtung abdrängen und den Zusammenhang der Abwehr mit der rechten Nachbarbrigade sicherstellen‹[206].«

An diesem Beispiel wird deutlich, dass der Kampf in der Abwehr um einen Raum geführt wurde[207], wozu die Panzergrenadiere (mot.) nur eingeschränkt in der Lage waren. Die Abteilung Panzergrenadiere im Truppenamt forderte deshalb bereits 1958 die strenge Trennung zwischen gepanzerten und ungepanzerten Panzergrenadieren[208]. In oben aufgeführtem Beispiel wurden die Panzergrenadiere (mot.) statisch im Sinne eines Sperrverbandes eingesetzt und kamen somit nicht in die Verlegenheit, an dem beweglich geführten Gefecht der gepanzerten Verbände teilnehmen zu müssen. Ihren Auftrag konnten sie nur mithilfe ihrer schweren Kompanie erfüllen, der dabei folgende Formen des Wirkungsschießens zur Verfügung standen:

– Feuerüberfall ohne Einschießen als überraschend abgegebenes Wirkungsschießen mit höchster Feuergeschwindigkeit.
– Feuerschlag als schlagartig beginnendes Feuer von 20 Sekunden Dauer mit höchster Feuergeschwindigkeit. Wichtig war hierbei, dass alle Geschosse gleichzeitig beim Feind einschlugen.
– Sperrfeuer, welches zwischen 100 und 150 Metern vor der eigenen Truppe liegen sollte[209].

Weiterhin konnten die Panzergrenadiere (mot.) durch die fünf M 41 einen Panzerangriff mit direktem Feuer begegnen. Ihren vollen Einsatzwert konnten sie in gebirgigem oder bewaldetem Mittelgebirgsgelände entfalten[210]. Da ihre Untauglichkeit für den Kampf mit atomaren Mitteln hinlänglich bekannt war, wurde daher vermutlich in oben angeführtem Beispiel bewusst auf den gegnerischen Atomschlag verzichtet. Der frontale Angriff von Panzergrenadieren (SPz) und Kampfpanzern nach dem Auslösen eines atomaren Feuerfeldes wird hingegen deutlich beschrieben. Da die Panzergrenadiere (SPz) auch in der statischen Abwehr vorzugsweise angriffsartig eingesetzt werden sollten, kann auch hier gefolgert werden, dass sie in der Abwehr nur bedingt in der Lage waren, ihren Auftrag zu erfüllen.

---

[206] Kissel, Deutsche Infanterie heute; zu »Verzögerung«, »Atomares Feuerfeld« sowie »Gegenangriff«, siehe HDv 100/1, 25.10.1962, BA-MA, BHD 1.
[207] HDv 100/1, 25.10.1962, Nr. 454, S. 196, BA-MA, BHD 1.
[208] Stellungnahme zu den Panzergrenadierverbänden im Einheitsverband, 3.4.1958, BA-MA, BH 1/648.
[209] Schlicht, Die schweren Waffen.
[210] STAN 321 2110 PzGrenBtl (mot.), 4.7.1960, BA-MA, BWD 4/607.

Abwehrgefecht einer Panzergrenadierbrigade in den 1960er Jahren

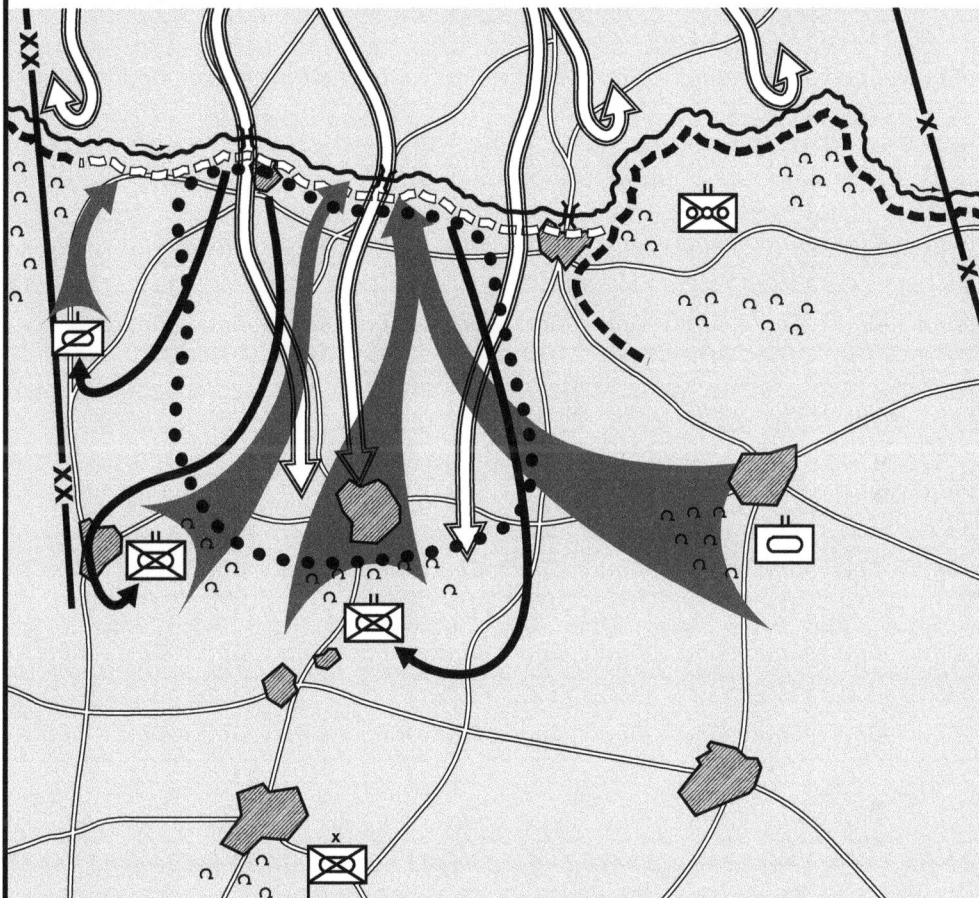

Panzeraufklärungs-kompanie	Panzergrenadier-bataillon (SPz)	Panzergrenadier-bataillon (mot.)	Panzerbataillon

▪▪▪▪▪
◻◻◻◻◻   Vorderer Rand des Abwehrraumes (VRA)

Planmäßige rückwärtige Bewegungen der PzGrenBtle (SPz), die ursprünglich am VRA eingesetzt, auf Befehl der Brigade zurückgenommen werden.

Erwartete Stoßrichtungen des Feindes, die dem Kampfplan der Brigade entsprechend durch eigene Abwehrmaßnahmen »kanalisiert« werden sollen.

Stoßrichtungen für den beabsichtigten, planmäßigen Gegenangriff der Brigade, an dem sich alle gepanzerten Teile beteiligen sollen.

● ● ● ● ●   Feuerfeld, in das der Feind hineingeleitet und in dem ihm in massiertem Feuer aller Waffen schwere Schläge versetzt werden sollen, um ihn anschließend im planmäßigen Gegenangriff aller beweglichen Teile der Brigade zu vernichten.

Quelle: Kissel, Deutsche Infanterie heute.

© MGFA
06415-04

In der Manöverrealität wurde neben dem Atomkrieg auch die Nutzung der »Dritten Dimension« zum Transport von Panzergrenadieren geübt. Als ein Beispiel für den Truppentransport zu Luft sei hier das Manöver »Nebelkrähe« der 5. Panzerdivision genannt, das vom 1. bis 9. März 1963 stattfand. Das Verhalten der Truppe bei eigenem und feindlichem Atom-Einsatz sowie die Anwendung der »TF 62« in der Praxis sollten geübt werden, weshalb am vorletzten Tag ein feindlicher nuklearer Schlag als Eröffnung des gegnerischen Angriffs eingespielt wurde, dem der Einsatz eigener Kernwaffen zur Unterstützung des Gegenstoßes folgte. Hierbei wurde der Transport im Hubschrauber zum Vorderen Rand der Verteidigung (VRV) geübt, wobei die Panzergrenadiere allerdings direkt im gegnerischen Bereich landeten und somit verstrahlt worden wären[211]. Was den Panzergrenadieren der Jahre 1960 bis 1966 vor allem fehlte, waren funktionierende und atomkriegstaugliche Schützenpanzer[212], weswegen 1963 die Mannschaftstransportwagen MTW M 113 eingeführt wurden, für die das Truppenamt keine eigene Ausbildungsvorschrift erstellte. Mit dem Verweis auf die Vorschrift für den Panzergrenadierzug (mot.) HDv 213/1[213] schöpfte man die Möglichkeiten dieser Einheiten jedoch nicht vollends aus.

Der MTW war nur leicht gegen Infanteriemunition und Splitterwirkung[214] gepanzert, verfügte über ein lafettiertes MG, aber keine Bordkanone. Somit konnte der klassische aufgesessene Kampf der Panzergrenadiere nicht zur Anwendung kommen. Andererseits war der MTW schwimmfähig und konnte im Gefecht gegen einen feindliche Infanterie sehr wohl als Unterstützung der abgesessenen Teile fungieren. Besonders beachtenswert ist, dass der MTW M 113 G über eine ABC-Belüftungsanlage verfügte. Damit waren er in Fragen der Atomkriegstauglichkeit den seinerzeitigen Schützenpanzern überlegen[215]. Obwohl die Begleitung der Panzer in der Querfeldeinfahrt möglich gewesen wäre, sollte der Kampf der Panzergrenadiere (MTW) zu jeder Zeit abgesessen geführt werden[216]. Durch ihre schwere Kompanie im Kampf um Stellungen waren sie zudem besonders panzerabwehrstark[217].

Da die Zielvorgabe der Heeresstruktur 2 nur noch Panzergrenadiere (SPz) vorsah, war eine Verbesserung des »bedingt abwehrbereiten« Zustandes bis Ende der 1960er Jahre abzusehen. Weiterhin befand sich mit dem Marder ein Schützenpanzer in der Entwicklung, der einen großen Teil der Defizite ausgleichen sollte: voll geländegängig, gepanzert und gegen Strahlung, Luftdruck und Splitter geschützt[218]. Hiermit sollten die Panzergrenadiere hinsichtlich Stoßkraft

---

[211] Klein, »Nebelkrähe«. Divisionskommandeur und Leitender der Übung war der spätere Inspekteur des Heeres, Generalmajor Albert Schnez.
[212] Siehe Kap. IV.4.
[213] Fü H IV 4: Ergänzung zur HDv 213/1. Besonderheiten des Panzergrenadierzuges (MTW), 14.6.1963, BA-MA, BHD 1/103.
[214] Spatz, Die PzGrenKp (MTW).
[215] Plate, Fahrzeuge, S. 290.
[216] STAN 321 2011 PzGenBtl (MTW) B2, 15.9.1966, BA-MA, BWD 4/607.
[217] Kissel, Panzerabwehr, S. 194; vgl. STAN 321 2011 PzGenBtl (MTW) B2, 15.9.1966, BA-MA, BWD 4/607.
[218] Bader, Der neue Schützenpanzer, S. 84 f.; vgl. Kap. V.3.

und Beweglichkeit – im Gegensatz zum HS 30[219] – besonders für den Atomkrieg geeignet sein.

Als Fazit der ersten Hälfte der 1960er Jahre kann die Situation der Panzergrenadiere als janusköpfig beschrieben werden. Auf der einen Seite funktionierte die klassische Zusammenarbeit zwischen Panzern und Panzergrenadieren (SPz), andererseits war die Fähigkeit, unter den Bedingungen eines Atomkrieges zu kämpfen, nur begrenzt vorhanden[220].

c) Die Umsetzung der »Flexible Response« von 1966 bis 1970

Mit dem Wechsel zur Strategie der »Flexible Response« gegen Mitte der 1960er Jahre sollte es wieder zu einer stärkeren Betonung der konventionellen Komponente kommen. Das Heer befand sich zu dieser Zeit in einer Konsolidierungsphase[221], und mit der nationalen Führungsrichtlinie schränkte der damalige Inspekteur des Heeres, Generalleutnant Ulrich de Maizière, den Einsatz von atomaren Sprengkörpern ein. Ein restriktiver und verantwortungsbewusster Umgang mit Nuklearwaffen sollte die neue Devise sein[222]. Ob der Strategiewechsel Auswirkungen auf die Truppengattung der Panzergrenadiere hatte, soll im Folgenden untersucht werden.

Ende 1966, noch vor der neuen »TF 67«, wurden zwei neue STAN für das Panzergrenadierbataillon (SPz) und das Panzergrenadierbataillon (MTW) erlassen. In der STAN von 1960 stand hinsichtlich der Aufgaben des Panzergrenadierbataillons (SPz) zu lesen: »Es kann feindliche Atomschläge überstehen und eigene ausnutzen[223].« Dieser Passus war nunmehr verschwunden. Stattdessen sollte das Panzergrenadierbataillon (SPz) lediglich in der Lage sein, »kontaminiertes Gelände mithilfe seiner gepanzerten Fahrzeuge« zu überwinden[224]. Dieser schrittweise Bedeutungsverlust der atomaren Komponente war allerdings keine allseits akzeptierte Dynamik. Dies wird bei der Planung und Durchführung des Manövers »Fallex 66« deutlich. Der Übungsleiter, Brigadegeneral Albert Schindler, erklärte zusammen mit Ministerialrat Beyer, der eingeplante, übungsweise Einsatz von nuklearen Gefechtsfeldwaffen sei kein »politisch oder moralisch vertretbares Mittel der Abschreckung«. Ihr Versuch, die Vorgaben in ihrem Sinne zu beeinflussen, scheiterte jedoch an Verteidigungsminister Kai-Uwe von Hassel und Generalinspekteur Heinz Trettner[225]. Nach der Übung

---

[219] Noltz, Die Panzergrenadierbrigade, S. 624.
[220] Meinke, Die Abwehr.
[221] L., Verstärkung der Panzerabwehr.
[222] Hammerich, Der Fall »MORGENGRUSS«, S. 311; vgl. Fü H, Führungsrichtlinien für den Einsatz von Atomwaffen, 18.7.1966, BA-MA, BH 2/160.
[223] STAN 321 2100 PzGrenBtl (SPz), 30.5.1960, BA-MA, BWD 4/607.
[224] STAN 321 2000 PzGrenBtl (SPz) B3, 15.11.1966, ebd.
[225] BMVg, W II 5: Aktennotiz zu den Vorberichten über »Fallex 66«, 10.3.1967, S. 2, BA-MA, BW 2/2613.

wurde festgestellt, dass die »Schlagkraft und Einsatzbereitschaft des Heeres [...] gemessen an den [...] wachsenden Aufgaben *nicht* ausreichend« war[226].

Die Planungen gaben dem konventionellen Gefecht immer mehr den Vorzug, was sich anhand der Korpsübung »Schwarzer Löwe« vom 15. bis 20. September 1968 exemplarisch zeigen lässt. Hier hatte der Befehlshaber des II. Korps, Generalleutnant Karl Wilhelm Thilo den ausdrücklichen Auftrag vom Inspekteur des Heeres, das bewegliche, nicht-atomare Gefecht mit den Komponenten »Kampf um Gewässer« und »Luftbeweglichkeit der Grenadiere«[227] im Rahmen des Verbandes zu üben. Beim Kampf um Gewässer zeigten sich ähnliche Probleme wie schon beim Übergang über die Maas 1940[228]. Da die Schützenpanzer nicht schwimmfähig waren und der M 113 nur bei einer Fließgeschwindigkeit bis 1,5 m/sek übersetzten konnte, waren die ersten Kräfte bei der Sicherung des Brückenkopfs auf ihre Handwaffen zur Panzerabwehr angewiesen, die nicht ausreichten, um einen Gegenstoß gepanzerter Kräfte abzuwehren. Die sowjetischen mechanisierten Kräfte verfügten zur selben Zeit über einen bei einer Fließgeschwindigkeit von bis zu 15 m/sek manövrierbaren, mit Strahltriebwerk ausgestatteten Schützenpanzer[229]. Im Erfahrungsbericht des Manövers bezeichnete Generalleutnant Thilo die Gliederung der Heeresstruktur »als zu schwerfällig« und schlug für die Panzergrenadierbrigade zwei organisch gemischte Panzer- und Panzergrenadierbataillone vor, um die Panzerabwehrfähigkeit zu gewährleisten[230]. Dies hätte eine weitere Verstärkung nach der bereits erfolgten Ausrüstung der schweren Panzergrenadierkompanien mit je acht neuen Kanonenjagdpanzern vom Spätsommer 1965 bis 1967 nötig gemacht[231]. Insgesamt wurden in diesem Zeitraum 375 Kanonenjagdpanzer von Rheinstahl-Hanomag und Henschel ausgeliefert[232]. Generalleutnant Thilo sah die Panzerbrigade als die alleinige »gepanzerte Faust« der Division, die den aufgestauten Gegner flankierend oder umfassend schlagen sollte. Bei »Schwarzer Löwe« boten sich seinen Augen hinsichtlich der Entfaltung der gepanzerten Kräfte jedoch »mangelhafte Bilder« dar[233]. In der Auswertung der Übung wurden folgende Erkenntnisse zusammengefasst:

---

[226] Fü H II 1: Erfahrungsbericht zu »Fallex 66«, 12.12.1966, Bl. 2, BA-MA, BH 2/925 (Hervorhebung im Original).

[227] II. Korps: Erfahrungsbericht zum Manöver »Schwarzer Löwe« vom 15. bis 20.9.1968, S. 7 sowie Militärische Schlussbesprechung des Kommandierenden Generals, 21.9.1968, S. 5, BA-MA, BH 7-2/346.

[228] Frieser, Blitzkrieg-Legende, S. 287.

[229] II. Korps: Militärische Schlussbesprechung des Kommandierenden Generals, 21.9.1968, S. 6, BA-MA, BH 7-2/346.

[230] II. Korps: Erfahrungsbericht zum Manöver »Schwarzer Löwe« vom 15. bis 20.9.1968, S. 8, ebd.

[231] Verzögerungen im Schützenpanzerprogramm.

[232] Plate, Fahrzeuge, S. 351.

[233] II. Korps: Erfahrungsbericht zum Manöver »Schwarzer Löwe« vom 15. bis 20.9.1968, S. 8, BA-MA, BH 7-2/346.

- Die Panzergrenadierbrigaden sollten einheitlich mit MTW oder SPz ausgestattet sein.
- Eine Panzergrenadierkompanie sollte organisch in ein Panzerbataillon eingegliedert werden.
- Panzergrenadiere (mot.) sollten nur in für Panzer ungünstigem Gelände oder luftverlastet eingesetzt werden.
- Gepanzerte Kampftruppen sollten sich im Gefecht auch ohne Nutzung von Wegen und Straßen entfalten können.
- Die Kampfbataillone sollten enger mit dem Nachbarn, d.h. den Pionieren, der Artillerie, der Luftwaffe und den Panzeraufklärern zusammen arbeiten[234].

Die atomare Komponente spielte nur hinsichtlich der Truppen-Dislozierung in einer abstrakten, nuklearen Bedrohung eine Rolle, was durchaus dem strategisch-politischen Wandel entsprach. Auch der Sechs-Tage-Krieg zeigte, dass Panzer als Mittel der Kriegführung weiterhin erfolgreich zum Einsatz kamen. Ihr Gefechtswert im Ost-West-Konflikt war allerdings fragwürdig, denn ein sowjetischer Angriff wäre durch einen massiven Nuklearschlag eröffnet worden und auch die NATO-GDP beinhalteten bis ca. 1966 weiterhin die Option nuklearer Feuerfelder[235].

Im Warschauer Pakt war das taktische Konzept weitgehend einheitlich. Die kriegerische Auseinandersetzung mit dem Westen sollte in der ersten Phase durch einen Angriff mit Atomwaffen auf vorher festgelegte Ziele eröffnet werden. In der zweiten Phase war der Einsatz von Luftlandetruppen gegen das feindliche Hinterland und dem gleichzeitigen Einsatz großer Panzerverbände geplant. Das Tagesziel einer sowjetischen Division befand sich in einer Tiefe von 100 km[236]. Lediglich die Stärkung der sowjetischen Luftbeweglichkeit war in der zweiten Hälfte der 1960er Jahre das eigentlich Neue. Dieser Entwicklung versuchte die Bundeswehr u.a. mit der »Luftbeweglichmachung« von Panzergrenadieren entgegen zu treten. Allerdings wurde die Idee einer »Luftkavallerie« zugunsten des Aufbaus gepanzerter Kräfte vernachlässigt. Die zwei grundsätzlichen Konzepte der »gepanzerten Truppen«[237] und der »leichten Infanterie im Atomzeitalter« prallten hier direkt aufeinander[238]. Mit dem Jägerkonzept sollte sich Letzteres in der Heeresstruktur 3 durchsetzen. Damit wurde dem asymetrischen Ansatz in panzerungünstigen Geländeabschnitten der Vorrang gegeben. Das günstigere Kosten-Nutzen-Verhältnis leichter Infanterieverbände gegenüber mechanisierten Panzergrenadieren unterstützte die »Jägerfraktion«.

Für die Kampfweise der Panzergrenadiere auf der Ebene des Bataillons hatte dies zunächst kaum Auswirkungen. Die wesentliche Änderung bestand zwischen 1965 und 1967 in der Verstärkung der schweren Kompanie. Der Bataillonskommandeur hatte nunmehr neue Kanonen-Jagdpanzer und wirkungsvollere 120-mm-Mörsern zur Verfügung.

---

234 Ebd., S. 65.
235 Hammerich, Kommiss, S. 150; vgl. NATO Strategy Documents, S. 358.
236 Im Dienste der Partei, S. 482.
237 Munzel, Die deutschen gepanzerten Truppen, S. 25.
238 Lemm, Die Infanterie in modernen Heeren.

Die Mörser stellten die schnell verfügbare »kleine« Artillerie des Panzergrenadierbataillons dar, deren Reichweite dabei mit max. 6 km deutlich kürzer und deren Geschossflugbahn deutlich steiler als bei der Artillerie war. Die Panzergrenadiere (mot.) verfügten ab 1960 über den auf den Schützenpanzer (kurz) montierten 81-mm-Mörser, der als erster vollgepanzerter Mörser der Bundeswehr bezeichnet werden kann. Die Panzergrenadiere (SPz) verfügten Anfang des Jahrzehnts über den 81-mm-Mörser auf dem umgebauten SPz (lang) HS 30, wo der Aufwand dem Nutzen für den Kampf nur ungenügend entsprach. Der Umbau des SPz (lang) HS 30 belief sich nahezu auf den hundertfachen Wert des Mörsers. Auch aus diesem Grund wurden diese Teileinheiten 1965/66 aufgelöst. 1962 wurde der Panzermörser HS 30 mit 120-mm-Kaliber eingeführt, eine weitere Form ist der 120-mm-Mörser auf dem M 113. Diesen setzten auch die israelischen Streitkräfte im Sechs-Tage-Krieg 1967 erfolgreich ein. Seine Kampfentfernung betrug ca. 6 km[239]. Bei der Kampfweise der Panzergrenadiere wirkte der Mörser als beobachtete Steilfeuerkomponente (»kleine« Artillerie), die dem Bataillonskommandeur eine zusätzliche Möglichkeit der Schwerpunktbildung durch Feuer gab. Damit konnten Ziele auch hinter Deckungen bekämpft werden. Der zusätzliche Nutzen – neben der allgemeinen Wirkung als »kleine« Artillerie – ist im Kampf in bebautem Gelände zu finden, wo er in der Lage ist, den Kampf von Straßenzug zu Straßenzug zu unterstützen.

d) Die Motivation und das Selbstverständnis der Panzergrenadiere

Vor allem im Kriegsszenario eines weitgehend entgrenzten Atomkrieges benötigten die Panzergrenadiere einen festen Willen in einem klaren Wertesystem. Beides konnte von der Institution Bundeswehr nur bedingt beeinflusst werden, da sich familiäre und gesellschaftliche Sozialisation dem Einfluss der Bundeswehrführung entzogen und durch die tendenzielle Abkehr der Gesellschaft von »Pflicht und Akzeptanzwerten« hin zu den »Selbstentfaltungswerten« sogar in die entgegengesetzte Richtung wirkten[240]. »Innere Führung« und Tradition hatten aus Sicht der Bundeswehr deshalb ein besonderes Gewicht[241]. Sie sollten den methodischen Grundkorpus für den Aufbau einer hoch motivierten Armee im wehrhaften, demokratischen Rechtsstaat sicherstellen, also fortschrittlich identitätsstiftend wirken. Mit der »Inneren Führung« entwarf Wolf Graf von Baudissin[242] das Bild eines Soldaten, der gleichzeitig freier Mensch, Staatsbürger und Kämpfer sein sollte[243]. Damit einhergehend war vor allem die Gewährung der Grundrechte für Soldaten verbunden[244], die ihre Schranken nur in den Notwen-

---

[239] Hanke, Vom Boller zum Panzermörser.
[240] Schildt, Vor der Revolte, S. 9.
[241] Zander, Probleme und Aspekte, S. 69.
[242] Wolf Graf von Baudissin, S. 101.
[243] Nägler, Muster des Soldaten; vgl. Wolf Graf von Baudissin, S. 139 f.
[244] Art. 1-19 Grundgesetz.

digkeiten des militärischen Dienstes finden sollte. Die »Innere Führung« be-
zweckte eine »Dominanz der Freiheit gegenüber der Ordnung«[245]. Dieses Konzept des »Staatsbürgers in Uniform« stellte einen bewussten Bruch mit der
Menschenführung preußisch-deutscher Armeen dar[246]. Gleichzeitig sind durchaus Parallelen zur Politisierung des Soldaten im Nationalsozialismus vorhanden, z.B. in der Notwendigkeit, den Soldaten zu einem »totalen Krieg« zu moti-
vieren, welcher nach individueller Nutzenkalkulation zu einer Verweigerung
des Dienstes hätte führen müssen[247]. Das bedeutete, dass der Soldat mehr als
»nur« ein Kriegshandwerker sein musste. Der Panzergrenadier sollte den Sinn
seines Handelns erfassen und verinnerlichen. Als Instrument dafür diente eine
»moderne Menschenführung«[248] und die »politische Bildung«, welche sich einerseits aus den »aktuellen Truppeninformationen« und andererseits aus einem
umfangreichen Curriculum »staatsbürgerlichen Unterrichts« zusammensetz-
te[249]. Die »Militärischen Zustandsberichte der Bundeswehr« von 1960 und 1969
stellten im Bereich der »staatsbürgerlichen Erziehung« übereinstimmend Mängel fest, da die Offiziere den praktischen Dienst der politischen Bildung vorzo-
gen[250]. Inwieweit das Konzept der »Inneren Führung« bei den Panzergrenadieren angenommen oder von den »Traditionalisten« verhindert wurde, lässt
sich nur induktiv klären. Einige markante Hinweise geben die Berichte der
Wehrbeauftragten des Deutschen Bundestages.

So hob Helmuth von Grolman im Bericht von 1959 ausdrücklich den Kommandeur eines Panzergrenadierbataillons hervor, »der den Grundsätzen über
die innere Führung besondere Beachtung schenkte und sich offensichtlich der
Erziehung seiner Untergebenen auf diesem Gebiete sehr eingehend widmete«[251].
Anässlich eines Truppenbesuchs bei einem Panzergrenadierbataillon im Herbst
1960 stellte der Wehrbeauftragte fest, dass »die Soldaten neben sachlicher
Strenge der Vorgesetzten und hohen dienstlichen Anforderungen Gerechtig-
keit, Fürsorge und ein Eingehen auf ihre Probleme fanden«[252].

Ein anderes Bild zeichnete jedoch ein Vorfall aus dem Jahr 1962: Ein Panzergrenadier beschwerte sich, sein Vorgesetzter habe ihn während einer Gefechtsübung aus dem »Zelt gezogen«, »ein paar Ohrfeigen« gegeben und mit den

---

[245] Baur, Das ungeliebte Erbe, S. 183.
[246] Bericht des Wehrbeauftragten des Deutschen Bundestages, 8.4.1960, PADB, Drucksache
1796, S. 7.
[247] Schlaffer, Anmerkungen, S. 501.
[248] Die Umsetzung der »modernen Menschenführung« wurde durch die Einführung des
»Erlasses für Erzieherische Maßnahmen« und das Üben von praktischen Beispielen in der
Truppe forciert, siehe Fü S IV 1: Militärischer Zustandsbericht der Bundeswehr 1966,
15.8.1967, BA-MA, BW 2/3115, S. 9.
[249] Maizière, Soldatische Führung, S. 15 f.
[250] Fü S IV 1: Zustandsbericht Nr. 1/60 der Bundeswehr, 11.4.1960, BA-MA, BW 2/2454, S. 9,
sowie Militärischer Zustandsbericht der Bundeswehr 1969, 16.5.1970, -/4869, S. 11.
[251] Bericht des Wehrbeauftragten des Deutschen Bundestages, 8.4.1960, PADB, Drucksache
1796, S. 14.
[252] Bericht des Wehrbeauftragten des Deutschen Bundestages, 14.4.1961, PADB, Drucksache
2666, S. 6.

Worten »großes Schwein« beschimpft, da er zur Wache eingeteilt war und nicht rechtzeitig geweckt wurde[253].

In diesem Fall wurde das einschränkbare Grundrecht auf »Menschenwürde« und das für Soldaten eingeschränkte Grundrecht »auf Leben und körperliche Unversehrtheit« ohne dienstliche Notwendigkeit verletzt[254]. Mit den Worten »großes Schwein« sprach der Vorgesetzte dem Untergebenen die Eigenschaften eines Menschen ab und degradierte ihn zu einem Objekt.

In einem Beispiel aus dem Jahr 1969 beschwerte sich ein anderer Panzergrenadier, dass in seinem Bataillon kranke Soldaten am Tag der »Krankmeldung« keinen Nachtausgang erhielten, da der Kommandeur den Krankenstand in seinem Verband herabsetzen wollte[255]. Auch hier wurde bei einem einschränkbaren Grundrecht der Grundsatz der Verhältnismäßigkeit[256] verletzt. Weitere Beispiele für Verstöße gegen die Grundsätze der »Inneren Führung« finden sich in den Disziplinarakten des Panzergrenadierbataillons 73 aus Hamburg-Neugraben. Ein angetrunkener Stabsunteroffizier beschimpfte und bedrohte einen Leutnant im Dienst, woraufhin ihn dieser verprügelte. Dabei erlitt der Unteroffizier »einen Nasenbeinbruch, Bluterguss unter dem linken Auge und Schwellungen im Gesicht«[257]. Solche und ähnliche Verstöße gegen die Grundsätze der »Inneren Führung« stellen nur eine Auswahl einer großen Zahl von Eingaben dar. Ihnen wurde mit Hilfe des Disziplinarrechts und des Wehrstrafrechts sowie erzieherischen Maßnahmen begegnet. So wurde der Hamburger Leutnant für sein Dienstvergehen zu einer Gehaltskürzung »um ein Zehntel seiner jeweiligen Dienstbezüge auf die Dauer eines Jahres«[258] verurteilt.

»Moderne Menschenführung«, also »kooperativer Führungsstil«, Führen als Vorbild entsprachen genauso der Alltagsrealität wie »alte Schleifermethoden«. Die innere Ordnung der Panzergrenadiertruppe als Teil der Bundeswehr wurde von den Verantwortlichen trotz der Mängel bei der Umsetzung der »Inneren Führung« in den 1960er Jahren »zufriedenstellend«[259] bzw. »befriedigend«[260] bewertet. Die »Innere Führung« steigerte einer Umfrage aus dem Jahr 1965 zufolge den Einsatzwert der Truppe[261]. Welche Auswirkungen die Verlagerung

---

[253] Bericht des Wehrbeauftragten des Deutschen Bundestages, 11.4.1963, PADB, Drucksache IV/1183, S. 24.

[254] Art. 1 und Art. 2, Abs. II Grundgesetz.

[255] Bericht des Wehrbeauftragten des Deutschen Bundestages, 26.2.1970, PADB, Drucksache VI/435, S. 44.

[256] Der »Grundsatz der Verhältnismäßigkeit« ist gegeben, wenn ein Eingriff des Staates in die Grundrechte geeignet, erforderlich und angemessen ist, um den Zweck des Eingriffes zu erfüllen.

[257] PzGrenBtl (SPz) 73 u.a. an PzGrenBrig 7: Meldung eines besonderen Vorkommnis zur Misshandlung Untergebener und zu Körperverletzung, 14.8.1962, BA-MA, BH 11/8222.

[258] Truppendienstgericht C, 1. Kammer: Urteil gegen Leutnant Beermann, 29.6.1963, BA-MA, BH 11/82.

[259] Fü S IV 1: Militärischer Zustandsbericht der Bundeswehr 1969, 16.5.1970, BA-MA, BW 2/4869, S. 11.

[260] Fü S IV 1: Militärischer Zustandsbericht der Bundeswehr 1966, 15.8.1967, -/3115, S. 7.

[261] Generalinspekteur zu einer Befragung zur inneren Situation der Bundeswehr, 1.7.1965, S. 5, BA-MA, N 626/261. Die Stichprobe umfasste 4478 Soldaten.

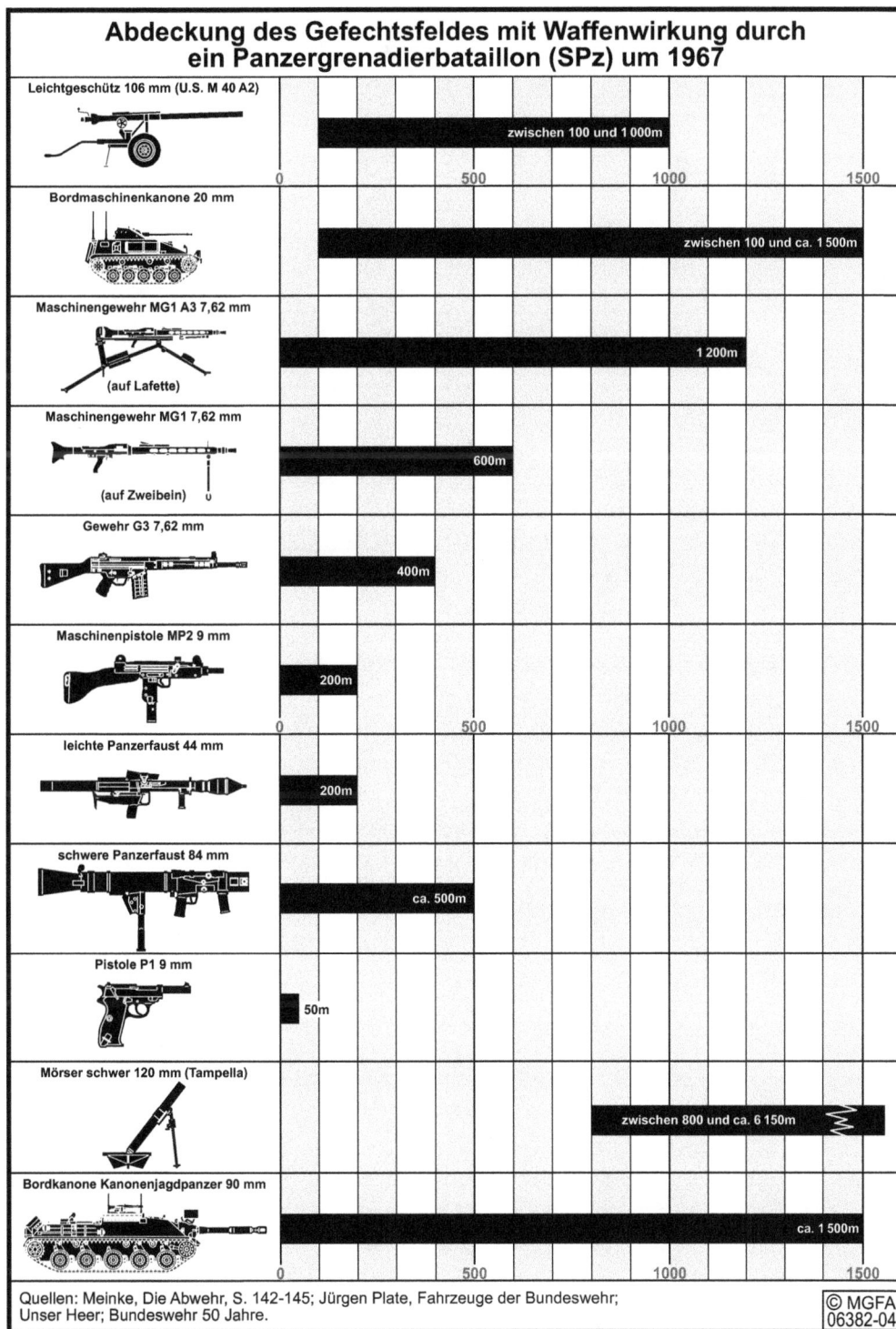

Abdeckung des Gefechtsfeldes mit Waffenwirkung durch ein Panzergrenadierbataillon (SPz) um 1967

Leichtgeschütz 106 mm (U.S. M 40 A2)
zwischen 100 und 1 000m
0   500   1000   1500

Bordmaschinenkanone 20 mm
zwischen 100 und ca. 1 500m

Maschinengewehr MG1 A3 7,62 mm (auf Lafette)
1 200m

Maschinengewehr MG1 7,62 mm (auf Zweibein)
600m

Gewehr G3 7,62 mm
400m

Maschinenpistole MP2 9 mm
200m
0   500   1000   1500

leichte Panzerfaust 44 mm
200m

schwere Panzerfaust 84 mm
ca. 500m

Pistole P1 9 mm
50m

Mörser schwer 120 mm (Tampella)
zwischen 800 und ca. 6 150m

Bordkanone Kanonenjagdpanzer 90 mm
ca. 1 500m
0   500   1000   1500

Quellen: Meinke, Die Abwehr, S. 142-145; Jürgen Plate, Fahrzeuge der Bundeswehr; Unser Heer; Bundeswehr 50 Jahre.

© MGFA 06382-04

von Standorten der Panzergrenadierbataillone in ländliche Räume und die daraus resultierenden Bindungsverluste zur Zivilgesellschaft auf die »Innere Führung« hatten, muss in dieser Arbeit offen bleiben.

e) Hybriden zwischen Infanterie und Panzertruppe

Tradition kann als selektive »Überlieferung von Werten und Normen« gesehen werden[262], die auf die Gegenwart bezogen und in die Zukunft gerichtet ist[263]. Daraus erwächst ihre Bedeutung bei der Formung von Identität anhand von Vorbildern. Für die Bundeswehr gab es bis 1964 keinen gültigen Traditionserlass. Die Arbeit an einem Kompromiss hatte acht Jahre benötigt, da die jüngere deutsche Geschichte aufgrund ihres Gesamtkontextes – Nationalsozialismus sowie zwei verlorene Weltkriege – nicht als »traditionswürdig« gelten konnte[264]. Zudem waren viele Offiziere in der Wehrmacht sozialisiert worden[265] und sahen ihre Vorbilder in Ritualen, Personen und Taten repräsentiert, die in engem Zusammenhang mit dem »Dritten Reich« standen. Die Versöhnung der nicht vollkommen ausgewechselten Militärelite mit dem Wertekanon der neuen Bundesrepublik sollte mit dem Traditionserlass 1965 gewährleistet werden. Eine deutliche Abgrenzung zu einem Bild der Wehrmacht, »das durch soldatische Ehrbegriffe und den Gedanken der Pflichterfüllung« geprägt war, fand jedoch nicht statt[266]. Dies erfolgte erst mit dem Traditionserlass von 1982. Als Traditionslinien wählte die Bundeswehrführung die preußischen Militärreformer, den militärischen Widerstand der Verschwörer des 20. Juli 1944 und die Bundeswehr selbst[267]. Die Tradition der Panzergrenadiere im handwerklichen, engeren Sinne konnte aber nur aus der Wehrmacht herrühren, da die Truppengattung zuvor nicht existiert hatte. Bis 1965 erfolgte die Auswahl von traditionsstiftenden Vorbildern weitgehend frei in der Truppe und oft wurde das reine Militärhandwerk[268] oder die Truppengattung als Ganzes gewählt. Dies äußerte sich z.B. in dem Absingen des Liedes der Panzergrenadiere der Wehrmacht[269], das in keinem der Bundeswehr-Liederbücher abgedruckt war[270]. Die handwerkliche Ebene als Fundament der Werteüberlieferungen wurde bis Mitte der 1960er Jahre nicht hinterfragt. »Wofür« die Panzergrenadiere ihr »Hand-

---

[262] Potempa, Bundeswehr und Tradition, S. 12; vgl. Baur, Das ungeliebte Erbe, S. 183.

[263] Zimmermann, Vom Umgang mit der Vergangenheit, S 119.

[264] Zander, Probleme und Aspekte, S. 103 f.

[265] Bspw. waren die Kommandeure des PzGrenBtl 352 Eberhard Hahn (1960-1963), Georg Lieb (1963-1966) und Adolf Schlicht (1966-1970) »kriegsgediente Offiziere mit hohen Tapferkeitsauszeichnungen«, siehe 25 Jahre Panzergrenadierbataillon 352, S. 18.

[266] Zimmermann, Vom Umgang mit der Vergangenheit, S. 121.

[267] Potempa, Bundeswehr und Tradition, S. 14.

[268] Zimmermann, Vom Umgang mit der Vergangenheit, S. 123.

[269] Eine Strophe des Marsches lautet: »Panzergrenadiere, / vorwärts, zum Siege voran! / Panzergrenadiere, / vorwärts, wir greifen an! / Wie einst in Polen und in Flandern / und im heißen Wüstensand, / wird jeder Feind gestellt, / bis die letzte Festung fällt, / und im Sturm drauf und dran überrannt. / Von Panzergrenadieren, / Panzergrenadieren überrannt.«

[270] Liederbuch der Bundeswehr (1958) und Liederbuch der Bundeswehr (1976).

werk« nutzten, blieb hinter ihren besonderen Fähigkeiten im Gefecht zurück, die als Wert an sich transportiert wurden. Nicht nur hier fand eine Trennung zwischen dem »verbrecherischen Nationalsozialismus« und der »sauberen Kriegführung der Wehrmacht« statt[271]. Die Versuche, den Panzergrenadieren eine eigene Identität — losgelöst vom Zweiten Weltkrieg — zu geben, finden ebenfalls im Liedgut ihren Ausdruck. Beispielhaft hierfür steht das Lied »Wir sind die Grenadiere der Bundeswehr«[272], das im Truppenalltag kaum Eingang fand[273]:

»Wir sind die Grenadiere der deutschen Bundeswehr
Wir führen unsere Waffen für Freiheit und für Ehr [...]
Und will der Feind es wagen und zwingt uns zum Gefecht,
dann werden wir uns schlagen für Freiheit und für Recht [...][274].«

Die ablehnende Haltung hinsichtlich des Liedes dürfte weniger eine Akzeptanzverweigerung der Werte der Bundesrepublik gewesen sein, als vielmehr der gespaltenen Alltagsrealität in der Truppe entsprungen sein. Auf der einen Seite standen die Panzergrenadiere (mot.) und (MTW), die dem klassisch infanteristischen Handwerk nachgingen. Auf der anderen Seite fanden sich die Panzergrenadiere (SPz), die eine enge Verbindung zur Panzertruppe pflegten. Diese Truppenrealität reflektierte ein gespaltenes Selbstbild und damit auch ein unklares Traditionsverständnis. Die Panzergrenadiere (mot.) und (MTW) suchten ihre Vorbilder eher in den Traditionslinien der Infanterie, die Panzergrenadiere (SPz) eher bei der Panzertruppe[275]. Auch durch das Barrettabzeichen verdeutlichte sich dieser Status als Hybriden: In einem Kranz aus Eichenlaub stehen die Symbole der Panzertruppe und der Infanterie gemeinsam.

4. Die Ausrüstung der Panzergrenadiere in den 1960er Jahren

a) Die Ausrüstung für den auf- und abgesessenen Kampf

Der Begriff »Ausrüstung« beinhaltet eine Vielzahl von Gegenständen: den Moleskin-Kampfanzug, das Barett, die Schutzausrüstung gegen atomare, biologische und chemische Angriffe, die Waffen, die Kampffahrzeuge, die Stiefel und das Essgeschirr. Als Maßstab für die Auswahl der zu betrachtenden Objekte im Rahmen der Leitfrage, ob die Panzergrenadiere in der Lage waren, einen Angriff des Warschauer Paktes abzuwehren, wurden folgende Aspekte herangezogen:

---

271 Zimmermann, Vom Umgang mit der Vergangenheit, S. 119.
272 Der Text entstammt der Feder von Clemens Fischer, die Vertonung ist von Dieter Klaes.
273 Interview mit Herrn Stabsfeldwebel a.D. Hans-Joachim Drost, ehemalige Gruppe WE Dez. PzGren, am 21.10.2008.
274 Liederbuch der Bundeswehr (1976), S. 12 f.
275 Interview mit Herrn Walter Lischitzki, Geschäftsführer des Fördervereins Panzermuseum Munster (Örtze) am 22.10.2008.

- Waren die Panzergrenadiere für ihren Auftrag, die territoriale Integrität der Bundesrepublik Deutschland zu verteidigen, angemessen ausgerüstet?
- Von welchen Interessen ließen sich die Akteure bei der Rüstungsbeschaffung leiten?
- Wie waren die direkten Gegenspieler des Warschauer Paktes, die Motorisierten Schützen der NVA, ausgerüstet?
- Wo lagen die jeweiligen technischen, taktischen sowie wirtschaftlichen Vor- und Nachteile der potenziellen Gegner?
- Wie vollzog sich die Entwicklung der Ausrüstung unter den Gesichtspunkten der Standardisierung und Spezialisierung?

Anhand von ausgewählten Ausrüstungsgegenständen, also Handwaffen für den abgesessenen und Schützenpanzern für den aufgesessenen Kampf – beide Arten gaben der Truppengattung das besondere »Gepräge«[276] – soll der jeweilige Sachstand zu den o.g. Fragen geklärt werden. Die technischen Details dienen dabei als Bindeglied zwischen ihren vielfältigen Ursachen und den ihnen immanenten machtpolitischen Folgen[277]. Eines dieser Details ist die Abdeckung des Gefechtsfeldes mit Feuer, da Lücken in der Waffenwirkung, Beweglichkeit und Kampfentfernung regelmäßig zu Forderungen des Militärs nach neuem Gerät führten.

Die Interessensgegensätze im und um das Militär wurden über den Beschaffungsprozess für Rüstungsgüter ausgetragen, der mit der allgemeinen wirtschaftlichen Entwicklung zusammenhing[278]. Somit berührte die Ausrüstung der größten Truppengattung in den Kampftruppen eigentlich alle Politikfelder, da die Opportunitätskosten hoch waren und die militärisch-taktischen Forderungen bei der Beschaffung oft nur im Hintergrund standen[279]. Als Akteursgruppen in besagtem Prozess sind die Bundeswehr, die Rüstungswirtschaft, die Bundesregierung, das Parlament sowie ausländische Regierungen und Wirtschaftsgruppierungen zu nennen. Aufseiten der Bundeswehr waren das Bundesamt für Wehrtechnik und Beschaffung (BWB), das Referat Technik im BMVg und das Truppenamt federführend[280]. Der eigentliche Nutzer, die Panzergrenadiertruppe, war duch den Spezialstab-ATV an der Kampftruppenschule II in Munster beteiligt[281]. Parlament und Bundesregierung waren durch den Sechserausschuss[282] sowie den Verteidigungs- und Haushaltsausschuss vertreten[283]. In den Anfangsjahren der Bundesrepublik waren vor allem ausländische Rüs-

---

[276] HDv 231/1, 20.3.1962, S. 11.
[277] Kollmer, »Nun siegt mal schön!«, S. 398.
[278] Stipanitz, Die Entwicklung der Rüstungsprojekte HS 30, S. 20 und S. 92.
[279] Kollmer, »Nun siegt mal schön!«, S. 400.
[280] Truppenamt, Insp. der Kampftruppen, Nachforderungen für Schützenpanzer Marder, 20.11.1969, Az. 90-23-00, AGWPzTrpS, Ordner 98, Vorgang 14.
[281] Kampftruppenschule II, Spezialstab-ATV: Abschlußbericht über Truppenversuch mit Schwimmeinrichtung für SPz Marder, 1971, S. 54 f., BA-MA, BH 9-9/1106.
[282] Der »Sechserauschuss« wurde mit je drei Angehörigen des BMVg und des BMWi paritätisch besetzt. Er wurde auch als das »Herzstück der Organisation Beschaffung i.w.S.« bezeichnet, Kollmer, Rüstungsgüterbeschaffung, S. 60.
[283] Fü H III 2 an Abt. Haushalt: Beratung des Entwurfs des Haushaltsplans für das Rechnungsjahr 1968 in den Parlamentsausschüssen, 13.10.1967, BA-MA, BH 1/2017.

tungskonzerne wie die Firma Fabrique Nationale d'Armes de Guerre (FN) aus Belgien für die Bundeswehr tätig[284]. Deutsche Rüstungskonzerne partizipierten zunächst nur wenig am Aufbau der Bundeswehr, was zum einen an Rüstungsbeschränkungen und zum anderen an der Hochkunjunktur lag; die Kapazitäten waren dank ziviler Nachfrage weitgehend ausgelastet[285]. Dies änderte sich zwischen 1960 und 1966: Daimler Benz, KuKa, Diehl, Rheinmetall, Renk, Hanomag, Ruhrstahl, Henschel oder Siemens, erkannten im Rüstungssektor erneut profitable Geschäftsfelder[286] und nahmen sich der Panzergrenadiere an. So konnten frei gewordene industrielle Kapazitäten durch Rüstungsaufträge ausgeglichen werden. Diese zweite Phase bundesdeutscher Wiederaufrüstung prägten vor allem nationale Projekte, wie bspw. die Entwicklung des Schützenpanzers (neu)[287]. Die Panzergrenadiere wurden grundlegend umgerüstet – u.a. mit dem Gewehr G3, dem Kanonenjagdpanzer und dem Schützenpanzer Marder[288].

Die Ausrüstung des potenziellen Gegners veränderte sich im Laufe der 1960er Jahre ebenfalls wesentlich. Neuerungen waren hier der oben offene, gepanzerte Transportpanzer (Rad) SPW 152, das Kettenfahrzeug SPW 50 PK sowie der hoch standardisierte, moderne Schützenpanzer BMP-1[289]. Ein Vergleich zwischen den Möglichkeiten der jeweiligen Entwicklungen in Ost und West, zeigen Vor- und Nachteile, die weit über den rein taktischen Wert der Fahrzeuge hinaus gehen. So konnte der Ostblock mit seiner Planwirtschaft die Standardisierung von Schützenpanzern und Handwaffen besser vorantreiben als die Bundesrepublik und die NATO.

b) Die Verteidigungsausgaben

In der deutschen Öffentlichkeit wird allgemein der »Einzelplan 14« des Bundeshaushaltes, auch Verteidigungshaushalt oder -etat genannt, genutzt, um die Höhe der Verteidigungsausgaben zum jeweiligen Zeitpunkt zu ermessen. In der wissenschaftlichen Betrachtung werden immer wieder konzeptionelle Schwierigkeiten bei der Bestimmung dieser Ausgaben verzeichnet[290]. Eine Definition nach NATO-Kriterien würde dem »Einzelplan 14« weitere Kostenstellen wie die Aufwendungen für Stationierungskräfte (»Einzelplan 35«), die Kosten für Ruhegehälter von Militärangehörigen (»Einzelplan 33«) und das Budget des Bundesgrenzschutzes (»Einzelplan 06«) hinzufügen. Eine weitere Berechnungsmethode zählt die Berlinausgaben der Bundesrepublik (»Einzelplan 60«, Kapitel 5) ebenfalls zu den Verteidigungsausgaben und wurde von der Bundes-

---

284 Albresch/Wilhelm, Moderne Handwaffen, S. 18.
285 Bspw. die Konzerne Siemens und Daimler Benz.
286 Stipanitz, Die Entwicklung der Rüstungsprojekte HS 30, S. 47 f.
287 Kollmer, »Nun siegt mal schön!«, S. 408.
288 Die Ausrüstung mit dem SPz Marder erfolgte Anfang der 1970er Jahre.
289 Schützenpanzer, S. 4 f.
290 Bielfeldt, Rüstungsausgaben, S. 41 und S. 59.

Verteidigungsausgaben nach »Einzelplan 14« im Vergleich			
Jahr	Verteidigungsausgaben in Mrd. DM*	Anteil am BSP in %	Anteil an den Bundesausgaben in %	BSP in Mrd. DM**
1956	3,4	1,7	12,2	200,5
1957	5,3	2,5	16,9	218,5
1958	7,5	3,2	22,2	234,3
1959	8,5	3,4	23,0	254,9
1960	9,9	3,3	24,6	284,7
1961	11,7	3,5	27,0	332,6
1962	15,5	4,3	31,1	360,1
1963	18,1	4,7	33,0	384,0
1964	17,5	4,2	30,1	420,9
1965	17,8	3,9	27,7	460,4
1966	18,0	3,7	27,0	490,7
1967	19,7	4,0	26,4	495,5
1968	17,3	3,1	22,8	540,0
1969	19,1	3,2	23,2	603,4
1970	19,4	2,9	22,1	682,8
1971	21,4	2,9	21,8	756,1

Quelle: Bontrup/Zdrowomyslaw, Die deutsche Rüstungsindustrie, S. 41, und Bevölkerung und Wirtschaft, S. 260   * nach »Einzelplan 14«   **1956–1960 ohne Saarland

regierung genutzt, um dem Ausland gegenüber die Verteidigungsausgaben als besonders hoch darstellen zu können[291].

Die weiteren Ausführungen beziehen sich im Wesentlichen auf den »Einzelplan 14« der Bundeshaushaltrechnung, die sich aus folgenden Einzelposten zusammensetzen:

- Ziviles und militärisches Personal, (1957–1967 ca. 22,9 Prozent),
- Materialbeschaffung und -erhaltung sowie Erneuerung von Rüstungsgütern, Forschung, Entwicklung und Erprobung (1957–1967 ca. 43,8 Prozent)
- Infrastrukturbauten (1957–1967 ca. 16,4 Prozent)
- Unterhaltung, Ersatz und Ergänzung z.B. von Geräten und Gegenständen in Diensträumen u.ä. (1957–1967 ca. 16,9 Prozent)[292].

Eine weitere Aufteilung der Kosten kann nach den einzelnen Teilstreitkräften vorgenommen werden, wobei der Schwerpunkt ganz klar bei der Landstreitmacht liegt. Von den gesamten Verteidigungsausgaben wurden zwischen 1959 und 1969 mindestens 34,4 Prozent (1966) bis maximal 39,7 Prozent (1962) für das Heer veranschlagt. Hierbei beliefen sich die höchsten nominellen Ausgaben auf 7354,3 Millionen DM im Jahre 1967.

---

[291] Bontrup/Zdrowomyslaw, Die deutsche Rüstungsindustrie, S. 36; vgl. Bielfeldt, Rüstungsausgaben, S. 55.
[292] Classen, Rüstungsausgaben, S. 12; Bielfeldt, Rüstungsausgaben, S. 71.

»Einzelplan 14« nach Kosten für die Teilstreitkräfte in Millionen DM

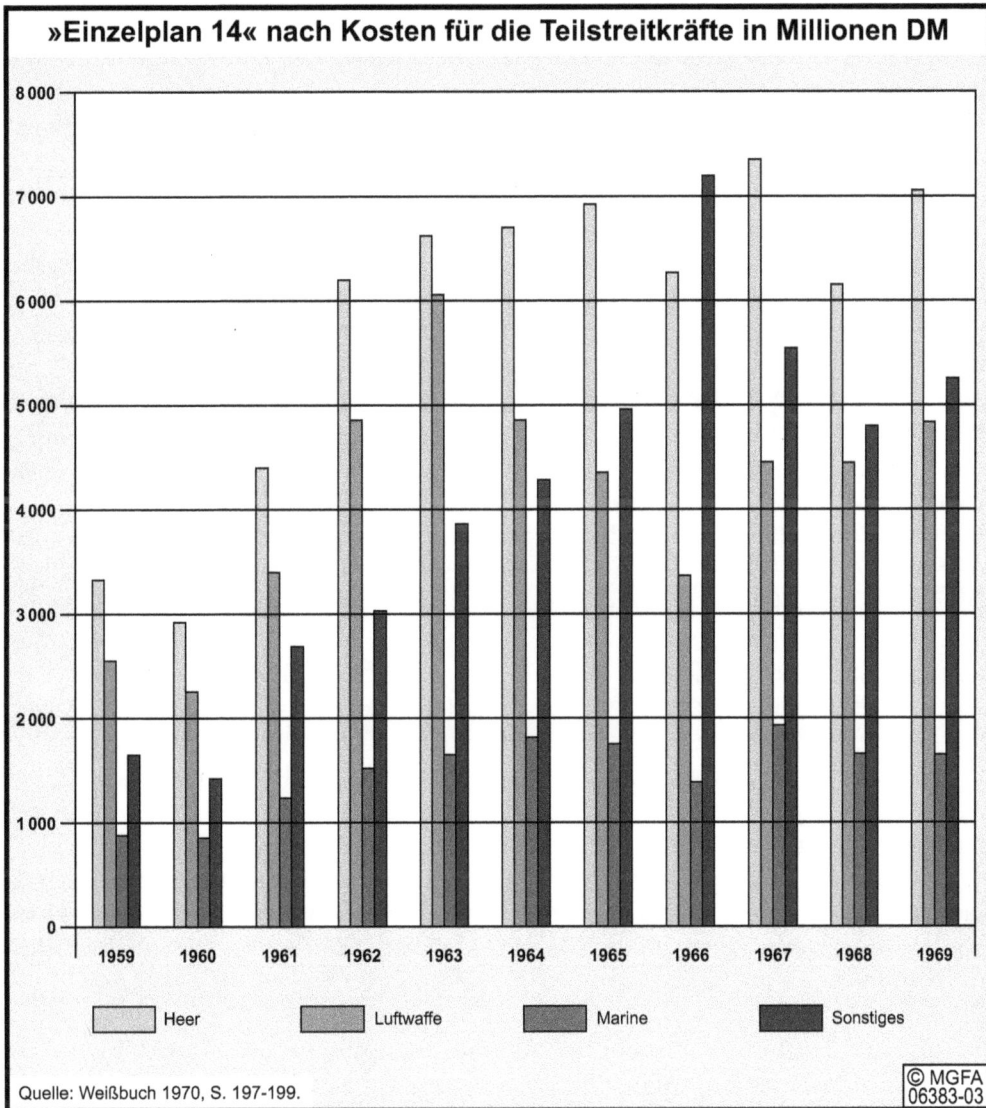

Heer   Luftwaffe   Marine   Sonstiges

Quelle: Weißbuch 1970, S. 197-199.

© MGFA
06383-03

Im betrachteten Zeitraum lassen sich zwei Entwicklungsphasen unterscheiden: Im Zeitraum von 1955 bis 1963 stiegen die Anteile der Verteidigungsausgaben am Bundeshaushalt schnell an und erreichten 1963 mit 33 Prozent ihren Höhepunkt. In der zweiten Phase ab 1964 sanken die Ausgaben prozentual und betrugen 1971 etwas mehr als ein Fünftel des Bundeshaushaltes[293]. Absolut stiegen die Ausgaben der Hardthöhe von 1960 bis 1967 um mehr als das Doppelte und sanken 1968/69 nur moderat ab. Den dramatischen Anstieg der deutschen Verteidigungsausgaben nach 1961 erklärt Werner Abelshauser – neben den allgemeinen Nachholeffekten bei der Aufstellung der Bundeswehr – mit einer Mischung aus finanziellen und militärstrategischen Interessen der US-Administration.

---

[293] Neue Rüstung, S. 17; vgl. Bielefeldt, Rüstungsausgaben, S. 47 f.

Die Kennedy-Regierung war bemüht, Deutschland und Frankreich von der Entwicklung eigener Atomwaffen abzuhalten. Zugleich war sie an einem Lastenausgleich (Burden-Sharing) innerhalb der NATO und dem Ausgleich ihres Leistungsbilanzdefizits interessiert. Zudem sollte die Bundesrepublik dazu bewegt werden, ihre Verteidigungsausgaben zu erhöhen, um die aufzustellenden zwölf Divisionen angemessen auszurüsten. Dafür wollte die US-Administration der Bundesrepublik u.a. Trägersysteme für atomare Waffen verkaufen[294].

Als »günstige« Rahmenbedingung für die Durchsetzung dieser Interessen kann der Mauerbau am 13. August 1961 betrachtet werden, auf den die USA mit einer Truppenverstärkung von 45 000 Soldaten reagierte. Im Gegenzug erhöhte die Bundesregierung die Verteidigungsausgaben um mehr als 3 Mrd. auf 15,6 Mrd. DM. Der Großteil des Devisenausgleichsabkommens (»Offset Agreement«) wurde zum Kauf von amerikanischen Waffensystemen genutzt u.a. für die Raketensysteme Pershing, Nike und Sergeant, aber auch die Starfighter vom Typ F-104 G oder Mannschaftstransportwagen M 113 standen auf dem »Einkaufszettel«. Für die Panzergrenadiere war vordergründig die Ausrüstung mit den MTW von Bedeutung, jedoch stehen die neuen Raketen und Flugzeuge, die als nukleare Trägersysteme beschafft wurden, stellvertretend für die Rahmenbedingungen des atomaren Kriegsbildes. Das Volumen des ersten Abkommens umfasste 1,425 Mrd. Dollar[295]. Von 1961 bis 1971 wurden aus dem Verteidigungshaushalt 19 Mrd. DM für amerikanische Rüstungsgüter ausgegeben. Diese Zahlungen und weitere 8 Mrd. DM wurden als Devisenausgleichgenutzt[296].

1966 scheiterte Ludwig Erhard an den Verbindlichkeiten der »Offset Agreements«. Die Bundesrepublik war mit 900 000 US-Dollar in Zahlungsrückstand geraten, während die Steuereinnahmen durch die Wirtschaftskrise merklich zurückgingen[297]. Den großen Anteil der Verteidigungsausgaben am Gesamthaushalt erklärte der Staatssekretär im Bundesministerium für Finanzen, Hans Georg Emde, damit, dass in »den Jahren 1955 bis 1965 [...] die Haushaltspolitik des Bundes in erster Linie der inneren und äußeren Sicherheit des Staates« gedient habe[298].

Ab 1955 wurden die erweiterten Verteidigungsausgaben mit 11,7 Mrd. DM in den Bundeshaushalt eingestellt, wovon nur 6,1 Mrd. DM ausgegeben wurden. Den Löwenanteil verursachten die Stationierungskosten der verbündeten Streitkräfte und nur 95 Mill. DM wurden für die Bundeswehr verwendet, was der zu langsamen Aufstellung der deutschen Streitkräfte geschuldet war. Die zwischen 1955 und 1958 nicht abgerufenen Mittel wurden erst als Sonderrücklagen bei der Bundesbank hinterlegt (»Juliustrum«), dann jedoch als allgemeine Deckungsmittel zweckentfremdet[299]. Dadurch konnte der Bund in den 1950er Jahren seine Kreditaufnahme kurzfristig reduzieren. Das Resultat waren kumu-

---

[294] Siehe Kap. IV.1.b.
[295] Abelshauser, Deutsche Wirtschaftsgeschichte, S. 183.
[296] Weißbuch 1970, S. 30.
[297] Abelshauser, Deutsche Wirtschaftsgeschichte, S. 183.
[298] Adami, Die Haushaltspolitik, S. 5.
[299] Kollmer, Rüstungsgüterbeschaffung, S. 43 f.; vgl. Adami, Die Haushaltspolitik, S. 17-19.

lierte Verteidigungsausgaben aufgrund der Rüstungsanstrengungen Anfang der 1960er Jahre, die durch eine höhere Kreditaufnahme finanziert werden mussten[300]. Gemessen am Bruttosozialprodukt (BSP) hatte sich deren Anteil zwischen 1958 und 1961 von 3,2 auf 3,5 Prozent moderat erhöht. Die rasche Ausgabensteigerung in den Jahren 1962/63 ließ den Anteil am BSP auf 4,3 und 4,7 Prozent ansteigen. Durch Ausgabenkürzungen bei den Stationierungskosten fiel er dann aber auf 4,1 Prozent im Jahr 1965 zurück. Im Vergleich zu den Verbündeten waren die Anteile am Gesamthaushalt jedoch gering. Der Höhepunkt wurde 1962/63 mit den Rüstungsprojekten Starfighter Typ F-104 G und Fiat G 91 erreicht[301]. Auch die Personalkosten nahmen einen immer größeren Teil ein und erreichten 1965 mit 5 Mrd. DM mehr als ein Drittel des Verteidigungshaushaltes, während die Investitionen seit 1962 leicht rückläufig waren[302].

Carola Bielfeldt kommt zu dem Schluss, dass es keine einfache Kausalität zwischen einer Bedrohung durch den Warschauer Pakt (Ursache) und den Verteidigungsausgaben der Bundesrepublik und der NATO (Wirkung) gab. Vielmehr spielten eine Reihe politischer und ökonomischer Faktoren, welche nicht nur von außen hervorgerufen wurden, eine Rolle. Darüber hinaus ist die »gegnerische Bedrohung« nicht leicht zu erfassen. Den gezielten Einsatz von Rüstungsausgaben als antizyklisches fiskalpolitisches Mittel sah Bielfeldt bei den beiden Konjunkturprogrammen 1966 und 1977, die u.a. auch 70 Mill. DM für die Beschaffung von Fahrzeugen vorsahen[303]. Faktoren, wie Sicherung der Arbeitsplätze, Außenhandelsdefizit, Industriepolitik oder Konjunktur waren für steigende oder fallende Verteidigungsausgaben mit entscheidend[304]. Der Anteil der Rüstungsausgaben am Bruttoinlandsprodukt sank in ganz Europa zwischen 1960 und 1970, während das BSP real um 180 und in den USA um 125 Prozent anstieg. Hieran gemessen am BSP liegen die Verteidigungsausgaben der Bundesrepublik im internationalen Vergleich im Mittelfeld[305].

5. Die Handwaffen der Panzergrenadiere

Zu den seinerzeitigen Handwaffen der Panzergrenadiere zählten das Sturmgewehr, die Pistole, die Maschinenpistole, die Panzerfaust, die Signalpistole und das Maschinengewehr[306], wohingegen Minen und Handgranaten den Kampfmitteln zugerechnet werden[307]. Am Beispiel der Handwaffen lassen sich

---

[300] Adami, Die Haushaltspolitik, S. 53.
[301] Bielfeldt, Rüstungsausgaben, S. 31 und S. 132; Adami, Die Haushaltspolitik, S. 63.
[302] Adami, Die Haushaltspolitik, S. 63.
[303] Bielfeldt, Rüstungsausgaben, S. 31, 132 und S. 158.
[304] Ebd., S. 31.
[305] Weißbuch 1971/1972, S. 167-171.
[306] Unser Heer, S. 3-6.
[307] Handbuch Ausrüstung Bundeswehr, S. 57-65.

exemplarisch Kontinuitäten, aber auch Brüche bei der Ausstattungsentwicklung für das »komplexe System« Panzergrenadier zeigen.

Handwaffen versetzen den Einzelnen in die Lage, Macht zu projizieren, der Tötungsakt mit eingeschlossen. Sie waren die eigentlichen Massenvernichtungswaffen des 20. Jahrhunderts. industrielle Produktion und ihre Automatisierung gaben dem Krieg ein anderes Gesicht, da der Gegner vor allem durch Gewehre auf Distanz getötet werden konnte. Die Traumatisierung durch den Nahkampf geriet vom Normalfall zur Ausnahme und wich der Hilflosigkeit gegenüber unterschiedsloser und entpersonalisierter Waffenwirkung[308]. Durch die Automatisierung konnten Gegner in kurzer Zeit und großer Zahl getötet werden. Diese Entwicklung begann bereits vor dem Ersten Weltkrieg, u.a. mit dem Maschinengewehr 01 oder dem Maschinengewehr Maxim[309]. Zu Beginn des 20. Jahrhunderts war das Maschinengewehr noch zu schwer, um es als tragbare, leicht bedienbare Handwaffe zu bezeichnen. Im Zweiten Weltkrieg wurde das leichte MG schon von einem Soldaten getragen, ein zweiter führte die Munition mit[310]. Mit dem G3 sollte die Entwicklung, welche in der Wehrmacht mit dem Sturmgewehr 44 seinen Ursprung genommen hatte, fortgesetzt werden.

Das Konzept »Einheitswaffe Sturmgewehr« setzte der Ostblock mit der Kalaschnikow-Reihe konsequent um. Möglich wurde dies durch die Kurz-Patrone 7,62 x 39 mm. Die Einführung einer Kurzpatrone war bei der Bundeswehr nicht möglich, da sie sich an die Munitionssorten mit dem NATO-Kaliber 7,62 x 51 mm und 9 x 19 mm halten musste und lediglich zwei Waffen beschaffen durfte: Dies waren die Maschinenpistole MP2 (Uzi) und das Gewehr G3[311].

a) Die »Einheitswaffe« Sturmgewehr

Die Grundidee des Sturmgewehrs war, jeden Soldaten mit einer leichten, vollautomatischen Allzweckwaffe auszustatten[312]. Als solches hatte sich das Sturmgewehr 44 im Zweiten Weltkrieg bewährt, auch wenn die umfassende Ausrüstung des deutschen Heeres nicht mehr umgesetzt werden konnte. Die Waffe konnte halb- und vollautomatisch schießen und ersetzte damit Gewehr, Maschinenpistole und teilweise sogar das Maschinengewehr[313]. Weiterhin eignete sie sich für die Massenfertigung, da sie aus Blechprägeteilen hergestellt wurde. Aus diesem Grund bot sich vordergründig eine Ausrüstung der Bundeswehr mit dem Sturmgewehr 44 an[314]. Kalkulationen und Angebote hierzu wurden von der Firma Heckler & Koch (HK) erstellt, die ab 1949 Nähmaschinen und

---

[308] Warburg, Das Militär, S. 229.
[309] Lisewski, Deutsche Maschinengewehre, S. 3 f.; vgl. Swenson, Das Gewehr, S. 68.
[310] Buchner, Die deutschen Infanteriewaffen, S. 32.
[311] Unser Heer, S. 33.
[312] Senich, Deutsche Sturmgewehre, S. 6.
[313] Albresch/Wilhelm, Moderne Handwaffen, S. 17.
[314] »Das Gewehr G3 ist eine Weiterentwicklung des Sturmgewehres 44«. Zit. nach: HDv 215/2, 20.6.1961, S. 3, BA-MA, BHD 1/108.

Fahrradteile produzierte. Aus Kostengründen schlug HK jedoch ein neues Modell vor, wovon erste Vorserien mit dem Namen »V-Gewehr« hergestellt wurden. Die mit der Obendorfer Waffenschmiede verbundene CETME-Gruppe (Centro De Estudios Técnicos De Materiales Especiales) entwickelte das V-Gewehr dann für das spanische Militär weiter[315].

Ein wichtiges Kriterium für die Erstausstattung mit Gewehren war die schnelle Verfügbarkeit, vor allem für amerikanische Produkte ein Marktvorteil, zudem mit diesen Waffenkäufen Stationierungskosten und der Außenhandelsüberschuss gesenkt werden konnten[316]. Somit erhielten auch die Panzergrenadiere in der Gründungsphase der Bundeswehr verschiedene Modelle, die sich schon im Weltkrieg auf alliierter Seite bewährt hatten. Dies waren das 1936 in die U.S. Army eingeführte Selbstladegewehr M1 Garand und der kleine halbautomatische Karabiner M1 bzw. die vollautomatische Version M2. Als Maschinenpistole wurde das Modell M1 A1 und als Pistole das Modell M1911 A1 eingeführt. Als leichtes Maschinengewehr kam die Browning Automatic Rifle (BAR) zum Einsatz. Aus britischen Arsenalen kam das Repetiergewehr No. 4 MK1. Diese Handwaffen blieben bis in die frühen 1960er Jahre in der Truppe[317]. Weiterhin übernahmen die Panzergrenadiere umfangreiche Bestände des Bundesgrenzschutzes (BGS). In den Anfangsjahren war die Ausstattung der Panzergrenadiere also vielfältig, und sie waren von einem Einheitsgewehr weit entfernt[318].

Unter den oben genannten Waffen befand sich aber kein Gewehr, welches die Eigenschaften eines Sturmgewehrs hatte. Jedoch blieb es nach wie vor das Ziel, die Bundeswehr mit einem solchen Gewehr auszustatten. Neben dem V-Gewehr (CETME-Gewehr) stand das belgische Fusil Automatic, später nach seinem Hersteller der Fabrique Nationale d'Armes de Guerre (FN), bezeichnet, zur Auswahl[319]. Das CETME-Gewehr wurde vom Panzergrenadier-Lehrbataillon erfolgreich erprobt, eine schnelle Einführung war aber durch den zum damaligen Zeitpunkt noch fehlenden Produktionsvorlauf nicht möglich, weshalb der Ankauf vom BGS und der Bundeswehr zunächst verworfen wurde[320]. Das FN-Gewehr wiederum war erprobt und schnell verfügbar, weshalb der BGS 4800 dieser Waffen bis 1956 anschaffte[321]. Im Frühjahr 1957 gewann FN auch die Ausschreibung hinsichtlich der Bundeswehrausstattung, und es wurden 100 000 Stück beschafft, die bis in die 1960er Jahre unter der Bezeichnung G1 zum Einsatz kamen[322]. Das FN-Gewehr (G1) konnte wahlweise voll- oder halbautomatisch Patronen des NATO-Kalibers 7,62 x 51 mm verschießen. Es besaß einen starr verriegelten Verschluss und war ein Gasdrucklader. Die Pa-

315 Albresch/Wilhelm, Moderne Handwaffen, S. 12 und S. 18.
316 Kollmer, »Nun siegt mal schön!«, S. 404.
317 Albresch, Wilhelm, Moderne Handwaffen, S. 9.
318 Richter, Der Aufbau, S. 224.
319 Albresch/Wilhelm, Moderne Handwaffen, S. 18.
320 Richter, Der Aufbau, S. 225.
321 Albresch/Wilhelm, Moderne Handwaffen, S. 18.
322 HDv 215/1, Juni 1958, BA-MA, BHD 1/107.

tronen wurden aus einem 20 Patronen fassenden Stangenmagazin zugeführt[323]. Das G1 war teurer als das CETME-Gewehr, da es nicht im Blechprägeverfahren hergestellt wurde. Es war zudem schwerer, länger und unhandlicher, weswegen es Anfang der 1960er Jahre durch das modifizierte CETME-Gewehr, das G3, ersetzt wurde. Das FN-Gewehr wurde dann lediglich in der Luftwaffe und dem BGS verwendet bzw. ins Ausland verkauft[324]. Das Heer hielt die FN-Gewehre nur noch vereinzelt für Schießwettkämpfe in den Waffenkammern bereit[325].

Das CETME-Gewehr wurde zwischen 1956 und 1959 mehrfach modifiziert und den Forderungen der Bundeswehr angepasst. So stellte HK das Kaliber von der Kurzpatrone auf das NATO-Kaliber 7,62 x 51 mm um, wodurch die Aufnahmefähigkeit des Magazins sich von 25 auf 20 Patronen reduziert wurde. Der Handschutz – in den Vorgängermodellen noch aus Blech – und die Schulterstütze waren aus Holz, später Kunststoff. Ersterer wurde dergestalt verändert, dass er nicht mehr gegen das Waffenrohr dürcken konnte, was die Treffpunktlage erheblich verbesserte. Auf ein Zweibein wurde verzichtet. Die neuen Modelle wurden als G3 FS bezeichnet – FS steht für »Freischwinger«-Rohr – und ab 1959 mit dem Namen G3 in die Panzergrenadiertruppe eingeführt[326]. Das Gewehr wog mit einem gefüllten Stangenmagazin mit 20 Patronen 4,7 kg, das Optimum lag bei der Hälfte. Seine Kampfentfernung betrug bis zu 400 m und mit einem Zielfernrohr (ZF) konnte diese auf max. 600 m erhöht werden. Das G3 mit ZF (fünffache Vergrößerung) war den Scharfschützen vorbehalten, der Anbau eines Infrarot-Zielgerätes war ebenfalls möglich[327]. Mit der zusätzlichen Fertigung bei Rheinmetall in Düsseldorf war ein weiterer deutscher Hersteller an der Produktion beteiligt. Der Rückstoßlader mit übersetztem Masseverschluss konnte wahlweise halb- oder vollautomatisch schießen[328]. Das Ziel des »Einheitsgewehrs« konnte mit dem G3 jedoch nicht erfüllt werden, da die NATO-Patrone zu »impulsstark« war. Dadurch besaß das G3 einen starken Rückstoß, mit der Folge, dass das Dauerfeuer nicht zu beherrschen war. Die Lücke musste durch die MP 2 gefüllt werden[329].

Neben dem CETME- und FN-Gewehr wurden unter der Bezeichnung G2 das Schweizer Sturmgewehr 57 und als G4 das AR10-Sturmgewehr (US/NL) erprobt. Beide blieben aber lediglich Randerscheinungen, die über die Versuchsphase hinaus keine Beachtung fanden[330].

Obwohl sich das G3 durch Robustheit und Zuverlässigkeit bewährte, wurde die Suche nach der »Einheitswaffe« während der 1960er Jahre weiter fortge-

---

[323] HDV 215/1, 28.7.1961, S. 3 f., BA-MA, BHD 1/107; vgl. Reibert, Der Dienstunterricht, S. 95.
[324] Richter, Der Aufbau, S. 225.
[325] Unser Heer, S. 33.
[326] Albresch/Wilhelm, Moderne Handwaffen, S. 20 f.
[327] Bundeswehr: 50 Jahre, S. 62.
[328] Truppenamt, Insp. der Kampftruppen: Vorläufer der HDv 215/2, 16.9.1960, S. 11, BA-MA, BHD 1/108; vgl. Kämmerer, Praktischer Dienst, Teil B, S. 24; vgl. Unser Heer, S. 4.
[329] Fü H II 5, KpfTr/Inf: Waffenausstattung der Grenadierverbände im Zeitraum 1970/80, 20.10.1966, S. 3, BA-MA, BH 1/1749.
[330] Albresch/Wilhelm, Moderne Handwaffen, S. 22.

◀ Abb. 34:
Infanterist der Wehrmacht
mit Sturmgewehr 44.
BArch, Bild 146-1979-118-55

▶ Abb. 35:
Bundeswehrsoldat in Deckung
mit FN-Gewehr, Aufnahme vom
12. September 1958.
SKA/IMZBw

▲ Abb. 36:
Sturmgewehr der G3-Baureihe.
SKA/IMZBw, Modes

◀ Abb. 37:
Panzergrenadier mit Sturmgewehr G3 in
Deckung, Aufnahme vom 31. Juli 1960.
SKA/IMZBw

▶ Abb. 38:
Bundeswehrsoldat mit dem Nachfolgemodell G36, Aufnahme vom
9. Mai 2011.
SKA/IMZBw, Wilke

setzt. So forderte das Truppenamt auf einer Sitzung der FINABEL[331] für eine künftige Bewaffnung der Grenadiere eine leichte Infanteriewaffe, die weniger wog und kürzer als das G3 sein sollte, zudem mehr Feuer ins Ziel brachte, ein kleineres Kaliber hatte und damit eine Typenverringerung durch das Zusammenlegen von MPi und Gewehr ermöglicht hätte[332]. Dennoch blieb das G3 bis Ende der 1990er Jahre bei den Panzergrenadieren als Standardwaffe in Verwendung, obwohl ab 1975 nochmals eine Umstellung gefordert wurde[333], die aber erst mit dem Gewehr G36 (HK) umgesetzt worden ist. Das G3 war eine zeitgemäße Infanteriewaffe und wurde mithilfe moderner Massenproduktion hergestellt, war außergewöhnlich robust, einfach bedienbar und besaß alle Voraussetzungen für eine hohe Ersttrefferquote im Bereich bis 250 m. Diese Einschätzung bestätigen auch die hohen internationalen Verkaufszahlen u.a. nach Brasilien, Burma, Frankreich, Griechenland, Großbritannien, Iran, Malaysia, Mexiko, Norwegen, Pakistan, Portugal, Saudi-Arabien, Schweden, Thailand und die Türkei.

b)   Die »Flächenwaffe« Maschinengewehr

1961 hieß es in der Schießvorschrift für das Maschinengewehr MG1 (MG42): »In den PzGrenKompanien sind alle Schützen im Schießen mit MG auf Zweibein auszubilden[334].« Das Maschinengewehr war eine Waffe, ähnlich dem Sturmgewehr, die jeder Panzergrenadier beherrschen, allerdings nicht jeder führen sollte. Nicht für das gezielte Einzelfeuer geeignet, kennzeichnete diese »Flächenwaffe«, die in allen Gefechtsarten – vorzugsweise flankierend[335] – Verwendung fand in erster Linie ihre hohe Schussfolge (Kadenz), die den Gegner in Deckung zwang, seinen Angriff verzögerte oder abwies. Das bereits von der Wehrmacht entwickelte Maschinengewehr 42 wurde von den Panzergrenadieren schon während der Aufstellung der Bundeswehr der beschafften, veralteten amerikanischen Browning Automatic Rifle (BAR) vorgezogen. Anfänglich stand für das MG42 nicht genügend Munition des Kalibers 7,9 mm zur Verfügung[336], da der Hersteller, die Rheinmetall-Borsig AG, bis 1950 dem Produktionsverbot für Kriegswaffen unterlag und u.a. Schreibmaschinen, Stoßdämpfer und Aufzüge herstellte[337]. Trotzdem wurden nicht nur die Panzergrenadiere mit dem MG42 und seinen Weiterentwicklungen aus deutscher Produktion ausgerüstet[338].

---

[331]   Die Rüstungskooperation FINABEL ist 1953 auf französische Initiative gegründet worden und bestand aus den Heeresinspekteuren Frankreichs, Italiens, der Niederlande, der Bundesrepublik, Belgiens, Luxemburgs und Großbritanniens. Sie sollte die Standardisierung innerhalb der NATO vorantreiben.

[332]   Fü H II 5, KpfTr/Inf: Riemann; Hunger als Vertreter des Truppenamt/InHRüst auf der Tagung der FINABLE in Mittenwald. Sommer 1965, BA-MA, BH 1/1749.

[333]   Fü H II 5, KpfTr/Inf: Waffenausstattung der Grenadierverbände im Zeitraum 1970/80, 20.10.1966, S. 3, ebd.

[334]   ZDv 3/14, 10.10.1961, S. 8.

[335]   Kämmerer, Praktischer Dienst, Teil B, S. 39; vgl. ZDv 3/14, 10.10.1961, S. 34 f.

[336]   Richter, Der Aufbau, S. 224.

[337]   Richter, Die Geschichte unserer Geschichte, S. 9.

[338]   HDv 216/6, Dezember 1956, BA-MA, BHD 1/111.

◀ Abb. 39:
Soldaten der Panzergrenadierdivision
»Großdeutschland« mit MG42 auf dem
Marsch in der Sowjetunion.
BArch, Bild 101I-732-0132-41A

▶ Abb. 40:
Die Weiterentwicklung des MG42
und Standard-»Flächenwaffe«
der Bundeswehr – das MG3.
SKA/IMZBw

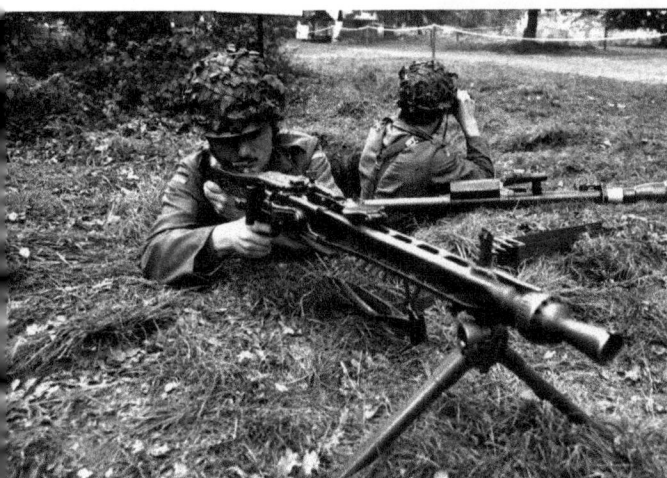

◀ Abb. 41:
Panzergrenadiere bei der Gefechtsaus-
bildung am MG3 in den 1960er Jahren.
SKA/IMZBw, Oed

▶ Abb. 42:
Eine der vielen Modifikationen des MG3:
das Fliegerabwehrvisier.
SKA/IMZBw

Das MG42 wurde ab 1942 bei der Wehrmacht eingeführt und ersetzte das MG34, weil es mittels Metallprägetechnik in hoher Stückzahl hergestellt werden konnte[339]. Zudem waren die Toleranzen der gleitenden Teile wie Verschluss und Rohr größer als bei seinem Vorgängermodell. Dadurch schoss das MG42 auch unter widrigen Bedingungen. Die Kadenz wurde auf 1500 Schuss pro Minute gesteigert und die Kampfentfernung betrug max. 800 m, mit Lafette max. 3000 m[340]. Weiterhin konnte es vielseitig auf Zweibein, Dreibein oder auf Lafette für Erd- oder Luftzielbeschuss verwendet werden. Es war ein Rückstoßlader mit starr verriegeltem Rollen-Verschluss und beweglichem Rohr mit kurzem Rücklauf. Die Munition wurde aus Metallgliedergurten zu 50 Patronen zugeführt, die miteinander verbunden werden konnten[341]. Die Robustheit und Vielseitigkeit bei vergleichsweise geringem Gewicht – ungeladen wog es 10,6 kg – machten das MG42 im Zweiten Weltkrieg zu einer der modernsten Waffen[342]. Durch die hohe Schussfolge musste das Rohr allerdings häufig gewechselt werden, um etwaige Störungen, z.B. durch Frühzünder, zu vermeiden[343].

In der Ausbildung wurde die Waffe auch noch Anfang der 1960er Jahre als MG42 bezeichnet, obwohl ihr offizieller Name zu diesem Zeitpunkt MG1 bzw. MG2 war. Ihre Fertigung erfolgte, wie vor dem Ende des Zweiten Weltkrieges, in Düsseldorf bei Rheinmetall. Firmenintern wurde sie je nach Version MG42/58 und MG42/59 genannt[344]. Ob die taktischen Alleinstellungsmerkmale der Waffe, der niedrige Preis durch die Massenfertigung oder andere Interessen den Zuschlag für Rheinmetall bewirkten, ist nicht Gegenstand dieser Untersuchung. Deutlich zu erkennen ist jedoch die Kontinuität bei der genutzten Waffentechnik im Gegensatz zu dem sich verändernden Kriegsbild. Auf »Bewährtes« mussten die Panzergrenadiere im Fall des Maschinengewehrs nicht verzichten.

Bis 1965 existierten die MG42-Nachfolger in zwei Varianten. Rheinmetall fertigte das MG1 ab 1950 neu mit dem Kaliber 7,62 x 51 mm. Das MG2 bezeichnete die umgebauten Wehrmachtsmodelle des MG42. Dabei wurden neben dem Kaliber auch Zweibein, Rückstoßverstärker, Gehäuse, Verschluss und Deckel modifiziert. 1965 wurden am MG1 fünfundzwanzig Veränderungen vorgenommen. Die wohl Wichtigste war die Verringerung der Kadenz von 1500 auf 1200 Schuss pro Minute[345], sodass ein Rohrwechsel erst nach 150 schnell hintereinander abgefeuerten Schüssen notwendig wurde. Damit wurden Verschleiß, Munitionsverbrauch und Störungen drastisch reduziert[346]. Das modifizierte Modell erhielt die Bezeichnung MG1 A3 und war optisch von dem 1969 eingeführten MG3 nur schwer zu unterscheiden, auch wenn wiederum fünfunddreißig

---

[339] Ebd., S. 12.
[340] Lisewski, Deutsche Maschinengewehre, S. 41.
[341] Albresch/Wilhelm, Moderne Handwaffen, S. 16 und S. 26.
[342] HDv 216/6, September 1959 (Nachdr. vom Dezember 1956), S. 12, BA-MA, BHD 1/111; vgl. Reibert, Der Dienstunterricht, S. 104.
[343] Ein Rohrwechsel war beim Wehrmachtsmodell schon nach 120 Schuss Dauerfeuer notwendig, vgl. Buchner, Die deutschen Infanteriewaffen, S. 26.
[344] Albresch/Wilhelm, Moderne Handwaffen, S. 26.
[345] HDv 215/11, 16.12.1963, S. 6, BA-MA, BHD 1/111.
[346] Kämmerer, Praktischer Dienst.

Änderungen vorgenommen wurden. Dazu zählte der Anbau eines Fliegerab-
wehrvisiers, um auch feindliche Flugzeuge gezielt bekämpfen zu können[347]. Vor
allem mit der leichten Variante auf Zweibein war die Panzergrenadiertruppe
zufrieden, auch wenn ca. 11,6 kg ohne Munition noch zu schwer für den dynamischen, abgesessenen Einsatz waren. Die Kampfentfernung auf Zweibein betrug für das MG3 max. 600 m, auf Lafette konnten Ziele bis zu max. 1200 m
bekämpft werden[348]. Für das auf dem HS 30 sowie Unimog lafettierte MG forderte das Truppenamt 1966 als Ersatz eine auch abgesessen einsetzbare Bordmaschinenkanone (BMK) mit dem Kaliber 20-25 mm, was aber vom Fü H abgelehnt wurde:

»20-mm- oder 25-mm-BMK auf SPz: ja!, aber eine tragbare Lafette für eine solche Waffe ist m.E. ein Unding! Es gibt keine bessere ›Lafette‹ als den SPz[349]!«

Das MG3 blieb bis zum Anfang des 21. Jahrhunderts die Standard-»Flächenwaffe« der Panzergrenadiertruppe. Die Verwendung dieser Waffe in den 1960er
Jahren zeigt, dass ein intensives Infanteriegefecht für den wesentlichen Bestandteil des damaligen Kriegsbildes gehalten wurde, und das MG3 hatte alle
notwendigen Voraussetzungen dafür.

c) Die komplexen Wirkungsmöglichkeiten

Die Komplexität der Bewaffnung einer abgesessenen Panzergrenadiergruppe
verdeutlicht die Planung für ein Gefechtsfeldszenario mit den verschiedensten
Komponenten: getarnte, koordinierte Einzelschützen, gepanzerte Fahrzeuge,
Luftfahrzeuge sowie Waffen mit unterschiedlichsten Reichweiten und Wir-
kungsformen. Unabhängig von der Tageszeit und Witterung schloss es die Er-
wartung eines nuklear, chemisch oder biologisch verseuchten Geländes mit
ein[350]. Die Maschinenpistole, die Pistole, die Signalpistole sowie die Panzerabwehrhandwaffen zählten deshalb wie selbstverständlich zur Bewaffnung der
Panzergrenadiergruppe. Sie vervollständigten die komplexen Wirkungsmög-
lichkeiten und ermöglichten den umfassenden Kampf der abgesessenen Teile.

Die Maschinenpistole MP2 sollte die Lücke zwischen dem Sturmgewehr und
der Pistole schließen. Vor allem die Besatzung gepanzerter Fahrzeuge benötigten mehr als eine reine Selbstverteidigungswaffe, konnte aber auch kein »sper-
riges« Gewehr im Fahrzeug unterbringen[351], weswegen ihr eine »Nahkampf-
waffe« zugedacht wurde[352]. Die Erstausstattung mit M1 A1 Thompson (USA)
und MP1 Beretta (I) erfüllte die Anforderungen nicht, weshalb in den Anfangs-

---

[347] Albresch/Wilhelm, Moderne Handwaffen, S. 29.
[348] Bundeswehr: 50 Jahre, S. 64.
[349] Fü H II 5, KpfTr/Inf: Waffenausstattung der Grenadierverbände im Zeitraum 1970/80,
20.10.1966, S. 3, BA-MA, BH 1/1749.
[350] BMVg, Führungsstab des Heeres IV 4: Das Panzergrenadierbataillon (SPz), HDv 231/1.
20.3.1962, S. 27 f.
[351] Fü H II 5, KpfTr/Inf: Waffenausstattung der Grenadierverbände im Zeitraum 1970/80,
20.10.1966, S. 3, BA-MA, BH 1/1749.
[352] Kämmerer, Praktischer Dienst, Teil B, S. 53.

jahren der Bundeswehr insgesamt sechs verschiedene Maschinenpistolen deutscher, spanischer und israelischer Fertigung erprobte wurden[353]. Letztere, konstruiert von Uziel Gal, setzte sich schließlich durch und erhielt die Bezeichnung MP2, mit abklappbarer Schulterstütze MP2 A1. 1960 wurde die MP die Standardwaffe für die Besatzungen der gepanzerten Fahrzeuge[354]. Die Mehrzahl der Waffen wurde nicht bei IMI (Israel Military Industries), sondern in den belgischen FN-Werken gefertigt. Die MP2 war eine wahlweise halb- oder vollautomatisch schießende Maschinenpistole mit dem Kaliber 9 x 19 mm, ein Rückstoßlader mit unverriegeltem Verschluss, der aus offener Verschlussstellung schoss. Ihr Gewicht mit gefülltem Magazin (32 Patronen) betrug 4,3 kg, die Kampfentfernung bis zu 100 m[355], wobei das Visier durch Umklappen verstellbar war[356]. Die umgangssprachlich »Uzi« genannte MP2 spielte bei den Panzergrenadieren nur eine untergeordnete Rolle, weswegen das BMVg ihre Ausmusterung ursprünglich für 1975 geplant hatte[357]. Gleichwohl erfüllte sie bis zu Anfang des 21. Jahrhunderts bei den Panzergrenadieren ihren Zweck[358].

Die Pistole P38 wurde aus der Wehrmacht, wo sie ab 1940 als Ordonanzwaffe für Offiziere sowie zur Selbstverteidigung des MG-Schützen diente, in die Bundeswehr übernommen. Bis Kriegsende wurden für die Wehrmacht annähernd 3,25 Mill. Stück beschafft[359], von denen die Bundeswehr eine größere Anzahl weiterverwendete. Der Hersteller, die Firma Walter, zog nach dem Krieg mitsamt ihrer Patente von Zella-Mehlis (Thüringen) nach Ulm und produzierte ab 1949 wieder Waffen[360]. Die Bundeswehr entschied sich 1956 mit der P38 für bewährte Kontinuität und ersparte sich somit eine neue Erprobungsphase. Ab 1957 wurde die Waffe modifiziert und erhielt statt des Stahl-Griffstückes eines aus Leichtmetall, das deutlich preiswerter war. Die veränderte Waffe hieß in der Bundeswehr anfangs P38, später P1[361] und war eine Selbstladepistole mit dem Kaliber 9 x 19 mm, konstruiert als Rückstoßlader mit verriegeltem Verschluss. Die P1 hatte einen Spannabzug, die Patronen wurden aus einem Wechselmagazin für acht Patronen zugeführt, und ihr Gewicht betrug mit gefülltem Magazin 890 g. Die Kampfentfernung lag bei max. 50 m[362]. Eine weitere für die Bundeswehr produzierte Faustfeuerwaffe, die Walther PPK (Kaliber 7,65 x 17 mm), kam bei den Panzergrenadieren nicht zur Anwendung[363].

Die Signalpistole vom selben Hersteller gehörte u.a. zur Ausstattung des Gruppen- und Zugführers und war ein Einzellader mit glattem Rohr, die 650 g

---

[353] BMVg, Außenabt. XI: Beschaffung (Koblenz); vgl. Bundeswehr: 50 Jahre, S. 21.
[354] Albresch/Wilhelm, Moderne Handwaffen, S. 32.
[355] Kämmerer, Praktischer Dienst, Teil B, S. 53.
[356] Bundeswehr: 50 Jahre, S. 60.
[357] Fü H II 5, KpfTr/Inf: Waffenausstattung der Grenadierverbände im Zeitraum 1970/80, 20.10.1966, S. 3, BA-MA, BH 1/1749.
[358] Richter, Der Aufbau, S. 225.
[359] Buchner, Die deutschen Infanteriewaffen, S. 4 f.
[360] Kersten/Volkmann, Unternehmensgeschichte.
[361] Albresch/Wilhelm, Moderne Handwaffen, S. 29.
[362] Reibert, Der Dienstunterricht, S. 119; vgl. Kämmerer, Praktischer Dienst, Teil B, S. 61.
[363] Bundeswehr: 50 Jahre, S. 56.

◀ Abb. 43:
Mit Panzerfaust bewaffnete Soldaten
der Panzergrenadierdivision »Groß-
deutschland« im Brückenkopf Memel,
Oktober 1944.
BArch, Bild 146-1995-081-15A, Otto

▶ Abb. 44:
Panzergrenadier mit Panzerfaust
44 mm »Lanze« im Anschlag.
SKA/IMZBw, Siwik

▶ Abb. 45:
Panzergrenadiere bei der Schießausbil-
dung mit der P1 in den 1960er Jahren.
SKA/IMZBw, Beretty

◀ Abb. 46:
Gefreiter beim Reinigen der MP2,
Aufnahme von 1965.
SKA/IMZBw, Maibauer

wog und deren Schussentfernung bis zu 200 m betrug. Mit ihr konnten das Gefechtsfeld ausgeleuchtet oder Informationen weitergegeben werden, wofür man entweder pyrotechnische Munition oder Meldepatronen nutzte[364]. Zum Auslösen eines »ABC-Alarms« wurde bspw. die Patrone »Weiß-Rot-Weiß mit Pfeifton« verwendet[365]. Die Signalpistole ermöglichte eine eingeschränkte Nachtkampffähigkeit und hatte sich bereits während des Zweiten Weltkrieges bewährt.

Als Panzerabwehrhandwaffen nutzten die Panzergrenadiere in den 1960er Jahren die Gewehrgranate[366], die leichte Panzerfaust 44 mm »Lanze« und die schwere Panzerfaust 84 mm »Karl Gustav«[367].

Die Panzerfaust 44 mm »Lanze« war eine Weiterentwicklung der von der Firma Hugo Schneider AG (HASAG) aus Leipzig für die Wehrmacht entwickelten Panzerfaust 150[368], die ab ca. 1960 von der Firma Dynamit Nobel AG (DAG), einer ehemaligen Gesellschaft der IG Farben, hergestellt wurde. Sie war ein rückstoßfreier Vorderlader, der über ein glattes Rohr für ein Überkalibergeschoss mit Schaft verfügte. Die Waffe besaß einen Kammerverschluss mit mechanischer Abfeuerung, wofür Treibladungszünder genutzt wurden, die der Schütze über ein Magazin in das Griffstück einführte[369]. Die Kampfentfernung auf stehende Ziele betrug 200 m, auf fahrende 150 m. Die »Lanze« wog mit Munition ca. 10 kg[370] und konnte Panzerstahl von 350-375 mm Dicke, also den mittleren Kampfpanzer T 54/55 längsseits und den Schützenpanzer BMP-1 frontal durchschlagen[371], da sie vor allem auf gewalzten Panzerstahl ausgelegt war. Bis Mitte der 1960er Jahre war sie bei den Panzergrenadieren eingeführt und stellte einen wichtigen Teil der Panzerabwehr im Heer dar[372], bis sie nach der Einführung von Verbundpanzerplatten an Wirksamkeit einbüßte. Am 23. Januar 1973 wurde deshalb vom BWB die Entwicklung einer neuen Panzerfaust beim selben Hersteller in Auftrag gegeben.

Die zweite von der Panzergrenadiertruppe genutzte Panzerfaust wurde von der Firma Forenade Fabriksverken Ordnance Division (FFV), einer Tochter der Saab Bofors Dynamics, in Schweden hergestellt. Die Entwicklung geht auf Entwürfe von Abramson von 1943/44 zurück. Nach dem Zweiten Weltkrieg stellte FFV das Kaliber auf 84 mm um[373]. Ab 1966 erhielt jedes Panzergrenadierbataillon (SPz) 28 dieser schweren Panzerfäuste[374]. »Karl Gustav« war eine rückstoß-

---

[364] Unser Heer, S. 5.
[365] Kämmerer, Praktischer Dienst, Teil B, S. 462.
[366] HDv 215/35, 6.1.1965, S. 7, BA-MA, BHD 1/116; vgl. Interview mit Herrn Lischitzki am 22.10.2008 in Munster.
[367] Meinke, Die Abwehr, S. 143.
[368] Worm, Die Hugo Schneider A.G., S. 9.
[369] HDv 215/32, 16.10.1964, S. 7 f., BA-MA, BHD 1/114; vgl. Unser Heer, S. 5.
[370] Kämmerer, Praktischer Dienst, Teil B, S. 358; vgl. HDv 215/32, 16.10.1964, BA-MA, BHD 1/114.
[371] Der T 54/55 verfügte in der Flanke über eine Panzerung von ca. 80 mm, der BMP-1 über eine Frontpanzerung von ca. 20 mm, siehe Buchmann, Panzerabwehr, S. 4; vgl. Kämmerer, Praktischer Dienst, Teil B, S. 394 und S. 396.
[372] Weißbuch 1971/72, S. 141.
[373] Bundeswehr: 50 Jahre, S. 167.
[374] STAN 321 4000 PzGrenKp (SPz) B1/gem., 15.11.1966, BA-MA, BWD 4/607.

freie 2-Mann-Handwaffe mit gezogenem Rohr und mechanischer Abfeuerung. Die Waffe war ein Einzellader[375], wog 16 kg und konnte Fahrende Zielen bis auf 300 m und Stehende bis 500 m bekämpfen[376]. Panzerstahl wurde durch die Hohlladung bis zu einer Stärke von 350 mm durchschlagen[377]. Später, in den 1980er und 1990er Jahren, wurde sie zur Gefechtsfeldbeleuchtung mit pyrotechnischer Munition verwendet. Durch ihr großes Gewicht war sie für den Einsatz in einem »Panzervernichtungstrupp« zu unhandlich und schwerfällig.

Den Panzergrenadieren der 1960er Jahre fehlte eine Panzerabwehrwaffe, die abgesessen eingesetzt werden konnte und eine Kampfentfernung von 500 m bis 1000 m abdeckte. Deshalb arbeitete das BWB mit der Industrie an dem Projekt »Speer«[378], das in der Einführung der Panzer-Abwehr-Lenkrakete »Milan« (frz. Missile d'Infanterie léger antichar) bei den Panzergrenadieren ab 1976 mündete[379]. Gemeinsam von Deutschland und Frankreich entwickelt[380], hergestellt bei Euromissile, konnte sie gepanzerte Fahrzeuge auf Entfernungen zwischen 300 m bis 1975 m bekämpfen[381] und ist ein Beispiel für den rüstungspolitischen Wechsel von nationalen Projekten zu internationalen Kooperationen gegen Ende der 1960er Jahre.

Obwohl den Panzergrenadieren ein umfangreiches Arsenal an Waffentechnik für den abgesessenen Kampf zur Verfügung stand, mit dem sie während eines Infanteriegefechts angemessene Wirkungen erzielen konnten, klaffte im Hinblick auf die »gepanzerte Bedrohung« bis in die 1970er Jahre eine sogenannte Fähigkeitslücke. Problematisch war das zu große Gewicht der waffentechnischen Ausrüstung, welches die Dynamik im abgesessenen Kampf einschränkte.

d) Die Handwaffen der Mot.-Schützen

Die Bewaffnung der Motorisierten Schützen der Nationalen Volksarmee soll beispielhaft für den potenziellen Gegner stehen, da die Handwaffen des Warschauer Paktes in hohem Maße standardisiert waren. Anfang der 1960er Jahre setzte bei den Mot.-Schützen eine umfangreiche diesbezügliche Modernisierung ein. Die NVA verwendete ausschließlich sowjetische Handwaffen oder deren Lizenzproduktionen[382], die sie als »Schützenwaffen« bezeichnete. Hierzu zählten u.a. die Pistole M (Makarow), die Maschinenpistole K (Kalaschnikow AK-47), das leichte Maschinengewehr D (Degtjarow), das Schwere Maschinengewehr RP-46 und die 40-mm-Panzerbüchse (RPG-2)[383]. Für den Kampf der Schützengruppe

[375] Unser Heer, S. 6.
[376] Bundeswehr: 50 Jahre, S. 167.
[377] Meinke, Die Abwehr, S. 143.
[378] Fü H II 5, KpfTr/Inf: Waffenausstattung der Grenadierverbände im Zeitraum 1970/80, 20.10.1966, S. 4, BA-MA, BH 1/1749.
[379] Rozmyslowski, Die Panzergrenadiertruppe in der Heeresstruktur 3, S. 318.
[380] Weißbuch 1971/72, S. 141.
[381] Bundeswehr: 50 Jahre, S. 151.
[382] Heinze, Mot. Schützengruppen, S. 43.
[383] Handbuch für Mot.-Schützen, S. 185-195.

gegen einen abgesessenen Gegner waren vor allem die MPi sowie die beiden MG relevant.

Die AK-47 löste die Maschinenpistole PPSch-41 und den Karabiner 38 bzw. 44 um 1961 ab. Die AK-47 hatte das Kaliber 7,26 x 39 mm[384], ihre optimale Kampf-entfernung lag bei 300 m und mit vollem Magazin (30 Patronen[385]) wog sie 4,3 kg, womit sie weitgehend den Bundeswehrvorstellungen von der Einheits-waffe »Sturmgewehr« entsprach, da sie Karabiner und Maschinenpistole er-setzte. Ihre Munition war im Gegensatz zur NATO-Munition (7,26 x 51 mm) im-pulsschwach und leistungsstark, was eine bessere Beherrschung des Feuerstoßes ermöglichte. Zudem war sie leichter als das G3[386], robust und leistungsfähig. An-fang der 1970er Jahre wurde sie durch die AK-74 abgelöst, die mit 5,45 x 39 mm dem internationalen Trend zu kleinerem Kaliber folgte. Ansonsten blieben das Wirkungsprinzip und das Aussehen der Waffe weitgehend unverändert[387].

Das leichte Maschinengewehr D (Degtjarow) verschoss ebenfalls die gleiche Kurzpatrone (M43) wie das AK-47[388] und war ein Gasdrucklader. Ein Lauf-wechsel war nicht möglich. Die Munition wurde aus einem Trommelmagazin zugeführt[389], das 100 Patronen aufnehmen konnte. Die Kampfentfernung betrug bis zu 800 m und ohne Laufkühlung konnten 300 Schuss verschossen werden. Mit Munition wog es 7,4 kg und war damit wesentlich leichter als das MG42[390].

Das Kompanie-Maschinengewehr RP-46 war in der Sowjetunion gegen Ende des Zweiten Weltkrieges für die Gewehrpatrone 1908/30 (7,62 x 54R) entwickelt worden[391] und besaß eine Kampfentfernung bis zu 1000 m. Die Munitionsgurte hatten ein Fassungsvermögen von 250 Patronen, wovon ohne eine Kühlung des Laufes 500 in schneller Folge verschossen werden konnten[392]. Problematisch an der Waffe waren das Gewicht von 14,65 kg sowie die Patronen, welche logis-tisch gesondert zu bevorraten waren.

Gegen 1964 löste das leichte Maschinengewehr K (Kalaschnikow) die beiden zuvor genannten Modelle ab. Ähnlich den Panzergrenadieren hatten die Mot.-Schützen damit ein Maschinengewehr für alle Belange, das die gleiche Munition wie die AK-47 verschoss. Außerdem waren einzelne Baugruppen der beiden Waf-fen austauschbar. Hinsichtlich der Standardisierung bei den Schützenwaffen war die Einführung des lMG-K ein wichtiger Schritt[393]. Seine Kampfentfernung lag bei 350 m bis 400 m[394], womit es als »Flächenwaffe« ähnlich wirksam war wie das MG1 A3. Die Austauschbarkeit von Baugruppen und sein geringes Gewicht[395]

---

[384] Kopenhagen, Die Mot-Schützen, S. 67 und S. 72.
[385] Handbuch für Mot.-Schützen, S. 187 f.
[386] Albresch/Wilhelm, Moderne Handwaffen, S. 23.
[387] Kopenhagen, Die Mot-Schützen, S. 67 und S. 80.
[388] DV-20/10, 1966, S. 116.
[389] Kopenhagen, Die Mot-Schützen, S. 67 und S. 89.
[390] Handbuch für Mot.-Schützen, S. 190.
[391] Kopenhagen, Die Mot-Schützen, S. 95.
[392] Handbuch für Mot.-Schützen, S. 192.
[393] Kopenhagen, Die Mot-Schützen, S. 67 und S. 91.
[394] DV-205/0/005, 1973, S. 86.
[395] Kopenhagen, Die Mot-Schützen, S. 67 und S. 98.

◄ Abb. 47:
NVA-Schütze mit MPi41 im Anschlag,
Aufnahme vom 1. März 1958.
SKA/IMZBw

▶ Abb. 48:
NVA-Schütze mit 40-mm-Panzerbüchse
RPG-2, September 1963.
Militärhistorisches Museum der Bundeswehr, Weiß

◄ Abb. 49:
Gefechtsschießen von Unteroffizier-
schülern der NVA mit RP-46,
August 1965.
Militärhistorisches Museum der Bundeswehr, Klöppel

▶ Abb. 50:
Mot.-Schützen im Angriff.
Militärhistorisches Museum der Bundeswehr, Bredow

von 6,9 kg mit gefülltem Trommelmagazin (75 Patronen) waren ein deutlicher Vorteil gegenüber der Ausrüstung bei den Panzergrenadieren der Bundeswehr.

Als Panzerabwehrhandwaffe stand den Mot.-Schützen zu Anfang der 1960er Jahre die 40-mm-Panzerbüchse Rutschnoj Protivotankovy Granatomiot (RPG-2) zur Verfügung. Mit ihr konnten gepanzerte Ziele auf bis zu 150 m Entfernung bekämpft werden. Sie wog mit drei Granaten und Zubehör 8,25 kg[396] und gehörte zur Erstausstattung der Mot.-Schützen.

Ab 1963 erreichte mit der RPG-7 das Nachfolgemodell die Truppe. Diese hatte ein optisches Visier und konnte mit einer Hohlladung Ziele bis auf 330 m Entfernung bekämpfen. Im Gegensatz zu ihrem Vorgängermodell feuerte sie mit einem raketengetriebenen Geschoss, dessen Durchschlagskraft 300 mm Panzerwalzstahl betrug. Ihr Gewicht war mit 8,5 kg etwas höher als bei der RPG-2[397].

Mit dieser Panzerabwehrhandwaffe und der Kalaschnikow-Familie erreichten die Mot.-Schützen einen sehr hohen Leistungsstand hinsichtlich der Feuer-Abdeckung des Gefechtsfeldes, der Standardisierung und der Wirkung gegenüber dem gesamten Feindspektrum von der Infanterie bis hin zum Panzer. Die Ausstattung der Mot.-Schützen mit Handwaffen bewegte sich im Vergleich mit ihren westdeutschen Kameraden auf etwa gleichem Niveau, mit leichten Vorteilen bei der Standardisierung. Die planwirtschaftlich-dirigistisch gesteuerte Rüstungspolitik erwies sich hierbei als durchaus wirkungsvoll.

e) Fazit

Der Beschaffungsprozesses für die Handwaffen der Panzergrenadiere unterlag der Wechselwirkung der Akteursgruppen Bundeswehr, Rüstungsindustrie und Bundesregierung. Erstere konnte zwar durchsetzen, dass die Effektivität der Truppengattung durch die beschafften Handwaffen gesteigert wurde, musste jedoch bei der Standardisierung im Interesse der Bündnisvorgaben Abstriche machen[398]. Die Abdeckung des Gefechtsfeldes war in Hinblick auf Kampfentfernung und Waffenwirkung bis 1000 m lückenlos (siehe Grafik auf S. 111). Problematisch war hingegen das Gewicht, welches dem einzelnen Panzergrenadier aufgelastet wurde. Der MG1-Schütze hatte z.B. 27,5 kg bestehend aus seiner persönlichen Ausrüstung sowie den mitgeführten Waffen zu tragen. Bei dem Schützen der schweren Panzerfaust summierte sich das Gewicht auf 36,2 kg (pers. Ausrüstung, sPzFst, G3). Für die anderen Panzergrenadiere sah es diesbezüglich nicht wesentlich besser aus. Im Vergleich dazu hatte der Panzerfaust-Schütze der NVA »nur« ein Gewicht von 27,8 kg (pers. Ausrüstung 15 kg, RPG-7, AK-47) und der lMG-K-Schütze 21,9 kg (pers. Ausrüstung, MG-K) zu tragen[399].

---

[396] Handbuch für Mot.-Schützen, S. 194.

[397] Buchmann, Panzerabwehr, S. 19.

[398] Fü H II 5, KpfTr/Inf: Waffenausstattung der Grenadierverbände im Zeitraum 1970/80, 20.10.1966, S. 4, BA-MA, BH 1/1749; vgl. Albresch/Wilhelm, Moderne Handwaffen, S. 23.

[399] Meinke, Die Abwehr, S. 142–145; vgl. Plate, Fahrzeuge; vgl. Unser Heer; vgl. Bundeswehr: 50 Jahre.

Die Bundesregierung verfolgte mit der Ausrüstung der Panzergrenadiere nicht nur das Ziel, eine schlagkräftige Armee aufzubauen, sondern auch die Wahrung territorialer Integrität und der Gleichberechtigung im Bündnis. Hierzu musste in der ersten Phase ein schneller Aufbau der Panzergrenadiere gewährleistet werden, was zu einer Erstausstattung mit z.T. veraltetem amerikanischen Gerät und dem FN-Gewehr führte. Inwieweit hierbei der Devisenausgleich und die Besatzungskosten eine Rolle spielten, ist schwierig einzuschätzen. Die zweite Phase stand im Fokus nationaler Projekte. Die deutsche Rüstungsindustrie für Handwaffen unterlag nach dem Zweiten Weltkrieg strengen Beschränkungen, die erst gegen Anfang der 1950er Jahre gelockert wurden. Bis dahin hatten sich alle »überlebenden« Firmen Standbeine in der Konsumgüterproduktion geschaffen. Das Fachwissen war weiterhin vorhanden und konnte nunmehr im Rahmen einer antizyklischen Konjunkturmaßnahme für Rüstungsaufträge genutzt werden. Firmen, wie Carl Walther, Dynamit Nobel AG oder Rheinmetall konnten somit freie Kapazitäten auslasten und internationale Absatzmärkte erschließen. Beispiele für Exporterfolge deutscher Unternehmen infolge von Projekten der 1960er Jahre sind das MG3 oder auch das Gewehr G3[400].

6. Das Hauptwaffensystem Schützenpanzer

Die Schützenpanzer waren über die 1960er Jahre hinaus das Hauptwaffensystem der Panzergrenadiere (SPz)[401]. Drei Schwerpunkte charakterisieren diese Entwicklung: die Einführung und Nutzung des HS 30, die Entwicklung des Marders sowie die technischen Innovationen des Warschauer Paktes.

In den 1960er Jahren wurden alle Panzergrenadierbataillone (SPz) mit dem HS 30 ausgestattet[402]. Der erste Schützenpanzer der Bundeswehr war eine Auslandsbeschaffung der Firma Hispano Suiza[403]. Im März 1956 wurde der Kauf von 10 680 Fahrzeugen geplant[404] und Anfang der 1970er Jahre befanden sich noch 1801 im Fuhrpark der Bundeswehr[405]. Dieser Beschaffungsvorgang wurde als das »erste überdimensionale Rüstungsgütergeschäft« der westdeutschen Streitkräfte bezeichnet[406]. Dessen Zustandekommen und seine Umsetzung führten zum ersten Bundestags-Untersuchungsausschuss der 5. Wahlperiode[407],

---

400 Albresch/Wilhelm, Moderne Handwaffen, S. 34.
401 STAN 321 2000 PzGrenBtl (SPz) B3, 15.11.1966, BA-MA, BWD 4/607.
402 Fü H III 3 an Truppenamt/Referat Infanterie Kampftruppen: Stand und Planung für Ausrüstung der Panzergrenadierbataillone (Schaubild), 21.3.1962, BA-MA, BH 2/113.
403 Schriftlicher Bericht des 1. Untersuchungsausschusses zu dem Antrag der FDP-Fraktion, 26.6.1969, PADB, Drucksache V/1468.
404 Stipanitz, Die Entwicklung der Rüstungsprojekte HS 30, S. 24.
405 Weißbuch 1971/1972, S. 143.
406 Kollmer, Rüstungsgüterbeschaffung, S. 131.
407 Schriftlicher Bericht des 1. Untersuchungsausschusses zu dem Antrag der FDP-Fraktion, 26.6.1969, PADB, Drucksache V/4527.

da es zahlreiche technische Mängel während der Einführungsphase von 1959 bis 1962 gab. Noch 1965 waren bspw. nur 65 Prozent der Fahrzeuge einsatzbereit, was sich bis 1968 auf 85 Prozent steigern ließ[408]. Aufgrund dessen lassen sich einige signifikante Aussagen über die Einsatzbereitschaft der Panzergrenadiere in den 1960er Jahren machen.

Die Entwicklung des Schützenpanzers (neu) dauerte zehn Jahre, bis er unter dem Namen »Marder« im Mai 1968 in der Lüneburger Heide präsentiert wurde. In dieser Zeit wurde weiterhin der HS 30 genutzt, der den technisch-taktischen Anforderungen aus dem Jahr 1956 gerecht wurde. Letztlich sind die beiden Gefechtsfahrzeuge nur im dynamischen Kontext der Rüstungsgüterentwicklung zwischen Ost und West zu verstehen[409].

a) Der HS 30

Der Schützenpanzer HS 30 hatte eine flache, gestreckte Wanne. Der Bug, das Heck und die Seitenwände des oberen Wannenteils waren abgeschrägt und das Laufwerk bestand aus fünf Lauf- und drei Stützrollen. Das Fahrzeug hatte einen Heckantrieb und einen runden, flachen Turm, der mit einer 20-mm-Maschinenkanone ausgestattet war. Zur Panzerabwehr konnte zusätzlich ein 106-mm-Leichtgeschütz aufgebaut werden. Seine Höhe belief sich auf 1,85 m, sein Gewicht betrug 11,9 t und er war für acht Soldaten und 2700 kg Beladung ausgelegt. Der Fahrbereich umfasste bei einer Höchstgeschwindigkeit von 58 km/h[410] und einem Leistungsgewicht von 15 PS/t[411] ungefähr 300 km. Die Besatzung bestand aus einem Gruppenführer, einem Bordkanonenschützen, einem MG-Schützen, vier Schützen und einem Fahrer[412]. Der HS 30 bildete die Plattform einer »Panzerfamilie« , die folgende Typen umfasste:
- SPz lang, Gruppe mit 20-mm-Maschinenkanone (SPz 12-3),
- SPz lang, Gruppe mit 20-mm-Maschinenkanone und 106-mm-Leichtgeschütz M40 A1,
- SPz lang, Führung und Funk mit 20-mm-Maschinenkanone (SPz 21-3),
- Panzermörser 81-mm-Vollkette (PzMrs 51-3),
- Panzermörser 120-mm-Vollkette (PzMrs 52-3),
- SPz lang, Feuerleit (SPz 81-3),
- SPz lang, Raketenjagd-Panzer 1 mit Lenkflugkörpersystem SS-11 (JPz 3-3)[413].
Die ersten »technisch-taktischen Forderungen« für einen Schützenpanzerwagen (SPW) beinhalteten den Wunsch nach einem Vollkettenfahrzeug mit ausreichender Panzerung und vollautomatischer, großkalibriger Maschinenkanone

---

[408] Stipanitz, Die Entwicklung der Rüstungsprojekte HS 30, S. 44.
[409] Erb, Gab es schon einmal einen »Marder«?, S. 81.
[410] TDv 2320/5-10, Februar 1960, BA-MA, BHD 8; vgl. Unser Heer, S. 40.
[411] Als Ideal für das Kriterium »Geländegängigkeit« wird ein Leistungsgewicht von 20 PS/t angenommen, vgl. Stipanitz, Die Entwicklung der Rüstungsprojekte HS 30, S. 23; vgl. Senger und Etterlin, Die Panzergrenadiere.
[412] Plate, Fahrzeuge, S. 284.
[413] Ebd, S. 280.

◄ Abb. 51:
Panzergrenadiere
(MTW) beim Absitzen
vom M 113.
SKA/IMZBw, Siwik

► Abb. 52:
Panzergrenadiere (SPz)
beim Orts- und Häuser-
kampf vom HS 30.
SKA/IMZBw,Siwik

◄ Abb. 53:
Panzergrenadiere
(mot.) beim Absitzen
vom 1,5t gl Unimog.
BWB/WTS

und datierten auf den Oktober 1953. Zudem sollte der Kampfraum »Schutz gegen Splitter, Flammöl und Atomwaffen(-hitze)« bieten[414]. Diese Forderungen wurden vom BMVg 1956 ergänzt und konkretisiert. Das Fahrzeug sollte danach u.a. 15 t Gewicht nicht überschreiten, zwölf Soldaten aufnehmen können, über 20 PS/t Leistungsgewicht verfügen und mit einer Frontpanzerung von mindestens 30 mm sowie einer Seitenpanzerung von 20 mm das Grundfahrzeug einer »Panzerfamilie« sein.[415].

Dieser Katalog entstammte weitestgehend der Feder ehemaliger Kommandeure der Wehrmacht[416], die im Zweiten Weltkrieg mit den verschiedenen Ausführungen des SdKfz. 251 und 252 Einsatzerfahrung gesammelt hatten, wie u.a. Ferdinand Maria von Senger und Etterlin und Eike Middeldorf. Der neue Schützenpanzer sollte ferner über frontalen Panzerschutz gegen 12,7- bis 20-mm-Geschosse verfügen, gegen ABC-Bedrohung voll verschließbar sein, eine hohe Geschwindigkeit von ca. 60 km/h auf dem Gefechtsfeld erreichen, einen Vielstoffmotor nutzen, tauch- und schwimmfähig sein, über eine 20-mm-Bordmaschinenkanone und zwei leichte MG verfügen, die unter Panzerschutz bedienbar waren, mit Vollkette fahren, eine niedrige Silhouette haben[417], über eine Panzerabwehrwaffe verfügen[418] und zu geringem Preis in Massenproduktion herstellbar sein.

Der Bedarf wurde mit ca. 10 000 Fahrzeugen angegeben[419], doch dem BMVg standen 1956 keine Schützenpanzer auf dem internationalen Rüstungsmarkt zur Verfügung, die den deutschen technisch-taktischen Forderungen entsprochen hätten[420]. Also kam nur eine Neuentwicklung oder ein »bewährter SPW« infrage. Letzterer hätte jedoch Abstriche hinsichtlich des Anforderungsprofils bedeutet. Der amerikanische Mannschaftstransportwagen M 59 und der AMX 13 VTP aus französischer Produktion standen somit zuerst zur Debatte. Der M 59 wurde jedoch mit 2,40 m als zu hoch und wegen der fehlenden Möglichkeit, aufgesessen zu kämpfen, abgelehnt und der AMX 13 VTP kostete fast 240 000 DM. Weitere verfügbare Fahrzeuge, welche jedoch nicht in die engere Wahl des deutschen Beschaffungswesens gelangten, waren u.a. der Schweizer SPW Pirat 12 (MOWAG) und der englische Saracen (British MARC)[421].

Somit blieb nur die kompletten Neuentwicklung. Hierzu erarbeitete – neben Hispano-Suiza – auch das Düsseldorfer Entwicklungsbüro Warneke, welches

---

[414] Kollmer, Rüstungsgüterbeschaffung, S. 137.
[415] Stipanitz, Die Entwicklung der Rüstungsprojekte HS 30, S. 23.
[416] Schriftlicher Bericht des 1. Untersuchungsausschusses zu dem Antrag der FDP-Fraktion, 26.6.1969, PADB, Drucksache V/4527, S. 7.
[417] Senger und Etterlin, Die Panzergrenadiere, S. 177.
[418] Middeldorf, Taktik im Rußlandfeldzug, S. 55.
[419] Schriftlicher Bericht des 1. Untersuchungsausschusses zu dem Antrag der FDP-Fraktion, 26.6.1969, PADB, Drucksache V/4527, S. 8.
[420] Zeuge Blank vor dem 1. Untersuchungsausschuss: »Diesen SPW gab es nicht.«, ebd., S. 35.
[421] Antwort des BMVg auf die Kleine Anfrage der SPD-Fraktion hinsichtlich Rüstungsgeschäften mit der Firma Hispano-Suiza, 18.11.1966, PADB, Drucksache V/1135, S. 2; Schriftlicher Bericht des 1. Untersuchungsausschusses zu dem Antrag der FDP-Fraktion, 26.6.1969, PADB, Drucksache V/4527, 26.6.1969, S. 35; Stipanitz, Die Entwicklung der Rüstungsprojekte HS 30, S. 32.

◄ Abb. 54:
Die Vorserienmodelle des HS 30
in der Erprobung.
BA-MA, BV 5/568

▶ Abb. 55:
Panzergrenadierkompanie mit
Schützenpanzerattrappen bei der
Ausbildung um 1960.
Militärhistorisches Museum der Bundeswehr

◄ Abb. 56:
Panzergrenadiere bei der
Gefechtsausbildung mit dem HS 30
Anfang der 1960er Jahre.
SKA/IMZBw, Siwik

▶ Abb. 57:
Schützenpanzer (kurz) Hotchkiss
im Gelände mit Hubschrauber Alouette.
SKA/IMZBw, Siwik

zur Ruhrstahl AG gehörte, ein Angebot. Der Projektentwurf der im Panzerbau erfahrenen Ingenieure war der SP 15, der aber zu Gunsten des HS 30 am 30. November 1956 »auf Eis gelegt« wurde[422].

Hispano-Suiza erhielt den Zuschlag, da ihr Angebot für eine Neuentwicklung fast alle deutschen Forderungen erfüllte – inklusive des kostengünstigen Preises von 146 000 DM pro Fahrzeug[423]. Der Grundlagenvertrag zwischen der Schweizer Firma und der Bundesrepublik Deutschland wurde am 6. Februar 1957 geschlossen[424] und bis zum Mai 1959 folgten weitere 17 Verträge über die Entwicklung und Produktion des HS 30[425]. Zum Beschaffungsnetzwerk des HS 30 zählten ehemalige Offiziere und Mitarbeiter des Heereswaffenamtes, die Offiziere und Mitarbeiter des Referates XI (Beschaffung) im Amt Blank/BMVg[426], Vertreter der internationalen und deutschen Rüstungsindustrie, Politiker sowie ehemalige Wehrmachtkommandeure[427]. Offene Fragen bezüglich des militärisch-industriellen Komplexes in der Bundesrepublik bestehen in diesem Falle nicht nur hinsichtlich alter Wehrmachtverbindungen, sondern vor allem mit Blick auf die Auftragsvergabe[428]. Indizien betreffend Zuwendungen für Beamte und Politiker gab es von verschiedener Seite, u.a. von dem ehemaligen deutschen Botschafter in der Schweiz, Friedrich Holzapfel[429], Beweise konnten bei allen Untersuchungen von Bundestag und Staatsanwaltschaft jedoch nicht gefunden werden. Im Oktober 1956 übernahm Franz Josef Strauß das Verteidigungsministerium[430] und forderte eine atomkriegstaugliche »Qualitätsarmee« mit modernster Ausrüstung. In diesem Zusammenhang hinterfragte er auch die Beschaffung des Schweizer Schützenpanzers und setzte im Mai 1958 eine »Kommission zur Untersuchung der HS-30-Beschaffung« ein, die von Prof. Hans Esser, Leiter der physikalisch-metallkundlichen Abteilung an der THW Aachen, geleitet wurde. In einem vernichtenden Urteil wurde dem HS 30 die Verkehrs- und Betriebssicherheit abgesprochen[431]. Dem Konzern Hispano-Suiza fehlten grundlegende Erfahrungen im Bau von Panzern, und das Pariser Entwicklungsbüro SEAM hatte vor diesem Auftrag ebenfalls keine Schützenpanzer entworfen. Dieser Umstand führte in der Folge

[422] Kollmer, Rüstungsgüterbeschaffung, S. 156.
[423] Ebd., S. 142 f.
[424] Engelmann, Schützenpanzer, S. 30.
[425] Kollmer, Rüstungsgüterbeschaffung, S. 161.
[426] Das BWB entstand aus der Abt. XI (Außenabteilung Koblenz AK) im BMVg ab Oktober 1958, Bundeswehr: 50 Jahre, S. 26.
[427] Schriftlicher Bericht des 1. Untersuchungsausschusses zu dem Antrag der FDP-Fraktion, 26.6.1969, PADB, Drucksache V/4527, S. 23 f. und S. 131 f.; Kollmer, Rüstungsgüterbeschaffung, S. 219.
[428] Schriftlicher Bericht des 1. Untersuchungsausschusses zu dem Antrag der FDP-Fraktion, 26.6.1969, PADB, Drucksache V/4527, S. 250.
[429] Ebd., S. 78; Lieferung von Schützenpanzern, Antwort des BMVg auf die Kleine Anfrage der SPD-Fraktion, 3.11.1958, PADB, Drucksache III/613, S. 3; Staatsanwaltschaft Bonn, Az. 8 Js 362/66; Rüstungsgeschäfte mit der Firma Hispano-Suiza, Antwort des BMVg auf die Kleine Anfrage der SPD-Fraktion, 18.11.1966, PADB, Drucksache V/1135, S. 6.
[430] Görtemarker, Geschichte der Bundesrepublik Deutschland, S. 343 f.
[431] Kollmer, Rüstungsgüterbeschaffung, S. 179 und S. 192.

zu schweren Konstruktionsmängeln die Kette, das Lenk- und Schaltgetriebe, die Federung, den Motor und Absitzmöglichkeiten betreffend[432].

In Folge der ohnehin geringeren Gesamtstärke der Bundeswehr reduzierte das BMVg bereits im November 1956 die zu beschaffende Anzahl von 10 680 auf 6202 HS 30. Eine zweite Kürzung auf 4412 wurde 1957 vorgenommen und in einem letzten Schritt vom 23. August 1958 reduzierte sich der Beschaffungsumfang auf 2027 SPz. Die letzten 1000 Stück liefen bei British MARC, weitere 517 in Lizenz bei Hanomag (Hannover) und 510 bei Henschel (Kassel) vom Band[433]. Die Gesamtkosten des Rüstungsprojektes beliefen sich bis 1969 auf ca. 517,55 Mill. DM, wobei waren die 2116 HS 30, die Lizenzgebühren für die Nutzung der Konstruktionspläne, die Entwicklungskosten und die Restabgeltung wegen der Vertragsreduzierung eingerechnet waren[434]. Das einzelne Fahrzeug kostete den Steuerzahler letztlich 230 000 DM.

Die Truppeneinführung des HS 30 fand ab September 1959 statt, allerdings vielfach noch mit nicht funktionstüchtigen Fahrzeugen[435], die dem Schützenpanzer zu dem Spitznamen »Heuler« verhalfen[436]. In der ersten Nutzungsphase während der Truppenerprobung fielen Ende April 1959 alle Nullserienfahrzeuge HS 30 der Panzertruppenschule Munster aus. Bei einer durchgeführten Vergleichsfahrt zwischen MTW M 59 und HS 30 in den Harz kam von Letzteren nur einer an – und dieser nur durch umfangreiche zwischenzeitliche Instandsetzung, während die amerikanischen Fahrzeuge anstandslos die Ziellinie passierten[437]. Der erste Erfahrungsbericht über die Verwendung des Schützenpanzers HS 30 in der Truppe vom 12. Mai 1960 stufte dessen Gefechtswert daraufhin als »gering« ein[438]. Die Panzertruppenschule entdeckte sieben wesentliche und dreizehn Mängel sonstiger Art[439], die im ersten Jahr der Nutzung nicht abgestellt werden konnten. Dies geht aus einen Bericht der Abteilung Technik im Truppenamt an das BMVg vom Februar 1961 hervor, in welchem festgestellt wurde, dass ein Absitzen durch die Hecktür nicht möglich war. Das Fahrzeug wäre zudem sehr störanfällig und der Kampfraum zu eng ausgelegt. Ein Absitzen über die Bordwand schätzte man als zu gefährlich ein, da die Gleiskette über die Seitenwand hinausragte.

---

[432] Schriftlicher Bericht des 1. Untersuchungsausschusses zu dem Antrag der FDP-Fraktion, 26.6.1969, PADB, Drucksache V/4527, S. 9 und S. 14.

[433] Stipanitz, Die Entwicklung der Rüstungsprojekte HS 30, S. 41.

[434] Schriftlicher Bericht des 1. Untersuchungsausschusses zu dem Antrag der FDP-Fraktion, 26.6.1969, PADB, Drucksache V/4527, S. 9.

[435] Kollmer, Rüstungsgüterbeschaffung, S. 243.

[436] Plate, Fahrzeuge, S. 284.

[437] Kollmer, Rüstungsgüterbeschaffung, S. 202.

[438] Panzertruppenschule, ATP/Technik-K an Insp. der Kampftruppen: Bericht über die vorläufige Bewertung des SPz HS 30 hinsichtlich technischer und taktischer Brauchbarkeit, 12.5.1960, BArch, B 112/80.

[439] Zu den wesentlichen Mängeln zählten: »undichte Leitungen und Dichtungen, undichte Wasserkästen, leckende Benzintanks, die elektrische Anlage des Schaltgetriebes arbeitete nicht zuverlässig, Schaltstöße im Getriebe, der Ausfall der Grilling-Wendbremse, die beschädigten Stoßdämpfer zeigten Materialfehler«.

Die Techniker kamen zu dem Fazit, dass der HS 30 »nicht feldverwendungs-
fähig« war[440].

Ein weiteres Problem waren Verzögerungen bei der Auslieferung der Schützenpanzer[441], die dazu führten, dass Attrappen genutzt werden mussten. Als
Übungsschützenpanzer wurde ein Attrappenaufbau der Firma Kässbohrer auf
dem Fahrgestell des geländegängigen Lkw 1,5 t (Unimog S 404) verwendet. In
der Presse war Anfang der 1960er Jahre außer einigen Veröffentlichungen in der
»Frankfurter Rundschau«[442] und im »Spiegel«[443] kein Echo hinsichtlich der Probleme bei der Einführung des HS 30 zu vernehmen. Dies änderte sich im Sommer
1966 mit einer Reihe von Artikeln in der Zeitschrift »Deutsches Panorama«[444],
die das Nachrichtenmagazin »Der Spiegel« im Oktober aufgriff[445]. Nicht zuletzt
der dadurch aufgebaute öffentliche Druck führte am 25. Oktober 1966 zur Kleinen Anfrage der SPD und zum 1. Untersuchungsausschuss des 5. Deutschen
Bundestages[446], der am 16. März 1967 gemäß Artikel 44 Grundgesetz eingesetzt
wurde. Das Parlament folgte damit dem Antrag der FDP vom 22. Februar 1967.
Der Untersuchungsausschuss sollte überprüfen, ob »bei Vertragsabschluss und
Abwicklung des Projektes Schützenpanzer HS 30 Unregelmäßigkeiten vorge-
kommen« waren. In diesem Zusammenhang wurde auch erneut die Einsatzlage
der Fahrzeuge unter die Lupe genommen, die sich seit Mitte der 1960er Jahre
verbessert hatte[447].

Die Einsatzfähigkeit des Schützpanzers wurde in der Truppe und in den
Stäben allerdings unterschiedlich beurteilt. Sie reichte von »voll verwendungs-
fähig« bis »vollkommen untauglich« für das Gefecht[448].

---

[440] Truppenamt, Insp. der Technischen Truppe an BMVg T III 2: Erfahrungsbericht über den SPz HS 30, 16.2.1961, BA-MA, B 112/77; Kollmer, Rüstungsgüterbeschaffung, S. 247.

[441] Rüstungsgeschäfte mit der Firma Hispano-Suiza, Antwort des BMVg auf die Kleine Anfrage der SPD-Fraktion, 18.11.1966, PADB, Drucksache V/1135, S. 3.

[442] Miska, Das Geschäft; Von einem Herren aus Paris der Waffen billiger verkaufen wollte, als ein Herr vom Petersberg. In: FR, 26.8.1957; Von einem Brief aus Genf und Kontakten, die Otto Lenz herstellte. In: FR, 27.8.1957; Eine Gegendarstellung der Firma Hispano Suiza und eine Antwort der »Frankfurter Rundschau«. In: FR, 12.9.1957; ... folglich werden wir sie nicht empfangen, Rüstungsherren lehnten es ab, mit der »FR« zu reden. Nun fragen wir offen. In: FR, 23.11.1957; Ich versichere an Eides Statt – Immer noch ungeklärte Geschäfte mit der Rüstung und eine eidesstattliche Versicherung. In: FR, 2.1.1958.

[443] Panzerkauf – Die Null-Serie. In: Der Spiegel, 20.8.1958, S. 13 f.

[444] Die Leiche im Keller der CDU. In: Deutsches Panorama, Juni 1966, S. 26-34; Als der Herr in Grau in Bonn, kassierte .... In: Deutsches Panorama, Juli 1966, S. 40-46; Stapellauf einer Staatsaffäre. In: Deutsches Panorama, August 1966, S. 53-66; Die Staatsaffäre HS 30: Der erste Zeuge. In: Deutsches Panorama, September 1966, S. 4-7.

[445] Augstein, HS 30, S. 8-10; vgl. Schriftlicher Bericht des 1. Untersuchungsausschusses zu dem Antrag der FDP-Fraktion, 26.6.1969, PADB, Drucksache V/4527, S. 139.

[446] Kleine Anfrage der SPD-Fraktion zum Rüstungsgeschäft mit der Firma Hispano-Suiza, 25.10.1966, PADB, Drucksache V/1041.

[447] Schriftlicher Bericht des 1. Untersuchungsausschusses zu dem Antrag der FDP-Fraktion, 26.6.1969, PADB, Drucksache V/4527, S. 6.

[448] Rüstungsgeschäfte mit der Firma Hispano-Suiza, Antwort des BMVg auf die Kleine Anfrage der SPD-Fraktion, 18.11.1966, PADB, Drucksache V/1135, S. 4; Befragung des technischen Offiziers PzGrenBtl 82 durch den Untersuchungsausschuss, 10.11.1967, PADB, Drucksache V/4527, S. 69.

In einen Leserbrief an den »Spiegel« beschreibt der Gefreite Berthold Stimm im Herbst 1966 einen Übungstag in einer Panzergrenadierkompanie:

»Das 3./PzGrenBtl 000 besteigt seine Fahrzeuge, um auftragsgemäß den zwölf Kilometer entfernten Verfügungsraum zu erreichen. Nur sechs der insgesamt 15 HS 30 sind einsatzfähig, die anderen liegen in der Werkstatt und warten darauf, auseinander genommen zu werden. Federbrüche auf gefrorenen Ackerschollen, Motordefekte und immer wieder Getriebeschäden an dem Wundergetriebe ›Sidebi‹, dessen Nachfolger ›Wilson‹ nicht besser ist, sind die Ursachen. Mit sechs von insgesamt 15 beginnt die Fahrt. Auf zwölf Kilometer Anfahrt bleiben drei weitere Fahrzeuge mit Defekt liegen – wie gewöhnlich. (Im letzten Manöver hatte das Bataillon nach drei Übungstagen noch die Kampfstärke einer halben Kompanie.) So erreichen schließlich drei stolze SPz lang das Ziel. Die Panzergrenadiere sind zufrieden, mit diesen Fahrzeugen werden sie die sowjetzonale Grenze nie erreichen[449].«

Während der Übung »Hermelin II« am 10. November 1967[450] gaben verschiedene Offiziere bis zum Dienstgrad Hauptmann ähnliche – wenn auch differenziertere – Einschätzungen ab. So erklärte ein Hörsaalleiter der Kampftruppenschule III, dass der HS 30 »nicht einsatzfähig sei«[451]. Die Einschätzungen der Kommandeure, Stabsoffiziere und des Inspekteurs des Heeres, Generalleutnant Josef Moll, waren hingegen optimistischer. So vertrat der Kommandeur des Panzergrenadierlehrbataillons 92 in Munster, Oberstleutnant Erwin Hentschel, die Meinung, dass der HS 30 »kampffähig« sei und erklärte:

»Die Schäden, die auftreten, sind natürlich gegeben [...] Federpackungen, die wegfliegen oder Stoßdämpfer, die beschädigt werden. Das hängt aber ab von der Erfahrung des Fahrers. Normalerweise ist jeder Fahrer [...] in der Lage, den HS 30 nach einer gewissen Fahrzeit zu beherrschen[452].«

Der Untersuchungsausschuss des Deutschen Bundestages befragte auch den Inspekteur des Heeres, der sich in seiner zusammenfassenden Stellungnahme wie folgt äußerte:

»Durch laufende Verbesserungen hat der HS 30 einen technischen Stand der Einsatzbereitschaft von 85 Prozent erreicht, der allen übrigen in der Bundeswehr eingeführten Kettenfahrzeugen gleichzusetzen ist [...] In Feuerkraft und Panzerschutz ist er allen eingeführten Schützenpanzern oder gepanzerten Mannschaftstransportwagen des Ostens überlegen. In Beweglichkeit und Geländegängigkeit ist der HS 30 in der Lage, mit dem Kampfpanzer M 48 zusammenzuwirken [...] Damit ist der HS 30 nicht nur zur Ausbildung, sondern auch für den Kampf geeignet und erfüllt seine Aufgaben[453].«

Nach seinem Truppenbesuch, den Befragungen und den verschiedenen Stellungnahmen kam der Untersuchungsausschuss des Deutschen Bundestages am 26. Juni 1969 zu dem Schluss, dass der HS 30 »nach erheblichen Umrüstungen seine Aufgabe bedingt erfüllt«.

---

[449] Der Spiegel, 44/1966, S. 8, und 46/1966, S. 6.
[450] Schriftlicher Bericht des 1. Untersuchungsausschusses zu dem Antrag der FDP-Fraktion, 26.6.1969, PADB, Drucksache V/4527, S. 69 f.
[451] Befragung Hauptmann Helds durch den Untersuchungsausschuss, 10.11.1967, ebd., S. 70.
[452] Befragung Oberstleutnant Hentschels durch den Untersuchungsausschuss, 10.11.1967, ebd.
[453] Befragung Generalleutnant Molls durch den Untersuchungsausschuss, ebd., S. 71.

Der Tiefststand der Einsatzbereitschaft wurde im Jahre 1965 mit durchschnittlich 65 Prozent einsatzbereiten Gefechtsfahrzeugen erreicht. Dieser Wert steigerte sich bis 1968 auf durchschnittlich 85 Prozent[454]. Ab 1972 wurde der HS 30 aus den Panzergrenadierbataillonen (SPz) ausgemustert[455].

b) Die Folgen des Beschaffungsvorgangs

Die zahlreichen technischen und qualitativen Mängel bei der Einführung des HS 30 hatten vielfältige Ursachen. Einerseits bestand der zeitliche Druck, bis Ende der 1950er Jahre ein funktionsfähiges, gepanzertes Heer von ca. 300 000 Soldaten aufzustellen[456], andererseits existierte noch keine voll funktionsfähige Rüstungsverwaltung im Bereich des Beschaffungswesens im Amt Blank/BMVg[457]. Beides erweiterte den Aktionsradius informeller Netzwerke. Die aufgezeigten Seilschaften, deren Kern die ehemaligen Mitarbeiter des Heereswaffenamtes der Wehrmacht bildeten, konnte dadurch fast unabhängig von einem normativen Beschaffungsprozess agieren[458]. Der Konzern Hispano Suiza nutzte diese Situation zielstrebig aus. Ein Hinweis ist die Beschaffung von 10 680 Schützenpanzern zu einem Preis von 2,46 Mrd. DM[459], ohne dass ein Prototyp oder eine Nullserie existierten[460]. Eine weitere Tatsache, die diese Einschätzung unterstreicht, ist die Auftragsvergabe an ein Unternehmen, welches über keine Erfahrungen im Bau von Schützenpanzern verfügte[461].

Kollmer fasst die Probleme des Beschaffungswesens in der Aufbauphase der Bundeswehr in sieben Punkten zusammen. Er nennt »ungenau abgefasste Verträge, illoyale Mitarbeiter, gegeneinander arbeitende Abteilungen, Personalmangel, unfertige Strukturen, windige Geschäftsleute und sensationslüsterne Journalisten[462]«.

Nachdem die Panzergrenadiere auf das erforderliche Gefechtsfahrzeug unverhältnismäßig lang warten mussten, stand ihnen nach der Auslieferung ein konstruktiv und qualitativ mangelhafter Schützenpanzer HS 30 zur Verfügung[463]. Dies hatte nicht nur negative Auswirkungen auf die Kampfkraft der Panzergrenadierbataillone (SPz), sondern wirkte auch über einen psychologi-

---

[454] Schriftlicher Bericht des 1. Untersuchungsausschusses zu dem Antrag der FDP-Fraktion, 26.6.1969, ebd., S. 72.

[455] Plate, Fahrzeuge, S. 284.

[456] Die Bundeswehr 1955 bis 2005, S. 88 f.

[457] Bundeswehr: 50 Jahre, S. 28.

[458] Rüstungsgeschäfte mit der Firma Hispano-Suiza, Antwort des BMVg auf die Kleine Anfrage der SPD-Fraktion, 18.11.1966, PADB, Drucksache V/1135, S. 2-19; Engelmann, Schützenpanzer, S. 19; Kollmer, Rüstungsgüterbeschaffung, S. 219 und S. 282.

[459] Dies beschloss der Verteidigungs- und Haushaltsausschuss (5.7.1956) in einer gemeinsamen Sitzung.

[460] Schriftlicher Bericht des 1. Untersuchungsausschusses zu dem Antrag der FDP-Fraktion, 26.6.1969, PADB, Drucksache V/4527, S. 8.

[461] Ebd., S. 14.

[462] Kollmer, Rüstungsgüterbeschaffung, S. 134.

[463] Der Spiegel, 44/1966, S. 8 und 46/1966, S. 6.

schen Multiplikator-Effekt. Jeder, der mit solch mangelhaftem Gerät ausgestattet wurde, musste sich zwangsläufig die Frage stellen, welchen Wert seine Rolle in der bundesrepublikanischen Gesellschaft besaß[464].

Der Nachfolger des Schützenpanzers HS 30 – der Marder – war das erste Großprojekt, das mittels eines neuen Beschaffungssystems Eingang in die Truppe fand[465], was auf den negativen Erfahrungen der Vergangenheit beruhte[466]. Grundlagen hierfür waren eine Reihe von Gesetzen und Verordnungen, u.a. Art. 26 Abs. 2 Grundgesetz, das Kriegswaffenkontrollgesetz (KWKG), das Protokoll Nr. III des WEU-Vertrages, Art. 73 Nr. 1 und Art. 87b Grundgesetz (Bundeswehrverwaltung)[467]. Dabei unterschied das BMVg zwischen der Beschaffung im engeren Sinne (dem Kaufvorgang) und im weiteren Sinne (dem gesamten Vorgang)[468]. Letzterer konnte für die 1960er Jahre in elf Schritte untergliedert werden:

1. Die Grundlage für einen Beschaffungsvorgang war die militärische Forderung. Sie wurde von den vier militärischen Abteilungen des BMVg – IV (Streitkräfte), V (Heer), VI (Luftwaffe) und VII (Marine) – auf Basis der technisch, taktischen Anforderungen an das militärische Gerät nach Art, Menge und Zeit der Abteilung XII (Forschung und Entwicklung) gemeldet[469].
2. Die Abteilung XII hatte die Aufgabe zu überprüfen, ob auf dem freien Markt entsprechendes Gerät vorhanden war. Konnte es dort nicht beschafft werden, wurde eine interne oder externe Weiter- oder Neuentwicklung veranlasst.
3. Im Bundesamt für Wehrtechnik und Beschaffung (BWB) führten die »Erprobungsstellen der Bundeswehr« die interne Entwicklung durch. Ab 1959 übernahm diese Aufgabe die Wehrtechnische Dienststelle in Trier (WTD 41) für die Kraftfahrzeuge und Panzer[470].
4. Die ausgewählten Modelle stellte man hiernach auf Modellschauen und Auswahlvorführungen vor. Deren Ergebnis war die »Typenfestlegung« durch das BMVg.
5. Diese wurden im nächsten Schritt neben den Wehrtechnischen Dienststellen durch die Versuchsstäbe an den Truppenschulen (bspw. ATV Stab Kampftruppentruppenschule III, Munster) getestet[471]. Diese Erprobungsphasen waren oftmals sehr langwierig.
6. Um die Typen verbindlich einführen zu können, musste die Abteilung XII im BMVg das Gerät so genau beschreiben, dass es die Industrie entspre-

---

[464] Ein Beispiel hierfür ist der Satz des Gefreiten Stimm: »Die Panzergrenadiere sind zufrieden, mit diesen Fahrzeugen (SPz HS 30) werden sie die sowjetzonale Grenze nie erreichen.« Ebd.
[465] Kollmer, Rüstungsgüterbeschaffung, S. 269.
[466] Stipanitz, Die Entwicklung, S. 46.
[467] Ebd., S. 53.
[468] Bundeswehr: 50 Jahre, S. 25.
[469] Lummitsch, Der Entstehungsgang; Bundeswehr: 50 Jahre, S. 25; Kollmer, Rüstungsgüterbeschaffung, S. 59.
[470] Bundeswehr: 50 Jahre, S. 24.
[471] Kampftruppenschule III, Spezialstab ATV: Abschlußbericht über Truppenversuch mit Panzermörser 120 mm Marder, 1970, S. 7, BA-MA, BH 13/3433.

chend den Forderungen exakt herstellen konnte. Dazu erstellte das Ministerium die »technischen Lieferbedingungen« (TL) oder die »vorläufigen technischen Lieferbedingungen« (VTL), womit das Gerät »beschaffungsreif« wurde.

7. In der Abteilung X (Verteidigungswirtschaft) im BMVg wurde daraufhin die Menge und der Zeitraum für die Beschaffung festgelegt (»Bedarfsprogramm«).
8. Dieses »Bedarfsprogramm« stimmte das BMVg mit dem Wirtschaftsministerium (BMWi) im sogenannten Sechserausschuss ab[472].
9. Nach einer dort erfolgten Einigung legte die Abteilung IV das »Bedarfsprogramm« den Ausschüssen des Deutschen Bundestages für Verteidigung und Haushalt vor.
10. Im Anschluss daran wurde das »Bedarfsprogramm« nach Art, Menge und Zeit durch das Bundesministerium für Finanzen gebilligt.
11. Danach konnte die Abteilung X (Verteidigungswirtschaft) dem Bundesamt für Wehrtechnik und Beschaffung[473] eine »Beschaffungsfreigabe« in Form einer »Beschaffungsanweisung« erteilen[474].

Im Folgenden organisierte das BWB die Einführung der neuen Waffen und Geräte. Dieser normative Beschaffungsprozess, in dessen Zentrum der »Sechserausschuss«[475] stand, war für die Entwicklung und Einführung des SPz (neu) maßgeblich. Um unerfahrene oder unseriöse Firmen von vornherein auszuschließen, erfolgte die Ausschreibung zwar öffentlich, war jedoch auf spezialisierte Firmen beschränkt. Unternehmen wie der Konzern Hispano Suiza waren somit bei der Auftragsvergabe für Schützenpanzer ausgeschlossen. Das wesentliche Charakteristikum eines freien Marktes – die Preisbildung durch Konkurrenz – konnte sich damit aber auch nicht entwickeln, weswegen das BMVg versuchte, diese Situation durch die Überprüfung der Selbstkostenpreise seitens des BWB zu lösen[476]. Nach der Übernahme der Amtsgeschäfte als Bundesverteidigungsminister[477] ordnete Helmut Schmidt 1971/72 den Rüstungsbereich und das BWB neu. In diesem Zusammenhang wurde auch der Beschaffungsprozess verändert[478].

---

[472] Kollmer, Rüstungsgüterbeschaffung, S. 59.
[473] Bundeswehr: 50 Jahre, S. 22.
[474] Kollmer, Rüstungsgüterbeschaffung, S. 59.
[475] Das BWB entstand aus der Abteilung XI (Außenabteilung Koblenz AK) im BMVg ab Oktober 1958, siehe Bundeswehr: 50 Jahre, S. 26.
[476] Stipanitz, Die Entwicklung, S. 65.
[477] Die Amtsübernahme als Bundesverteidigungsminister erfolgte am 21.10.1969. Bei der Neuordnung unterstützte ihn der Rüstungsstaatssekretär Ernst Wolf Mommsen wesentlich.
[478] Bundeswehr: 50 Jahre, S. 28.

c) Die Schützenpanzer der NVA

Wie schon bei den Handwaffen setzte die Sowjetunion in ihrem Machtbereich auch bei den Schützenpanzern einen hohen Grad an Standardisierung durch, weswegen im Folgenden die Gefechtsfahrzeuge der NVA in den Blick rücken sollen.

Als erstes Gefechtsfahrzeug der Motorisierten Schützen diente der Schützen-panzerwagen SPW (BTR) 152, der auf der Maiparade 1956 erstmals öffentlich gezeigt wurde[479]. Das oben offene Fahrzeug basierte auf dem Grundmodell eines Lastkraftwagens (SIL-151) und hatte die Eigenschaften eines Mannschaft-stransportfahrzeuges aus dem Zweiten Weltkrieg. Das Radfahrzeug besaß drei Achsen, eine 10-mm-Panzerung, konnte 15 Soldaten transportieren, verfügte über Schießscharten in der Seitenpanzerung, ein 7,62-mm-MG mit 1270 Patro-nen als Kampfbeladung und war nicht schwimmfähig[480]. Sowohl hinsichtlich Bewaffnung als auch Panzerung war es damit dem HS 30 deutlich unterlegen. In der Erstausstattung stellte die Sowjetunion 268 dieser Gefechtsfahrzeuge für die NVA bereit, deren Anzahl bis 1960 auf 611 anstieg[481]. Ab dieser Zeit moder-nisierte die NVA den SPW 152[482]: Der Kampfraum wurde geschlossen, der Motor verbessert (110 PS), für die Niederdruckreifen eine Reifendruck-Regu-lierungsanlage eingebaut und ein Nachtsichtgerät (TWN-2) installiert. Das kampfwertgesteigerte Fahrzeug erhielt die Bezeichnung SPW 152 W1[483].

Bis 1961 waren 74 Prozent der Mot.-Schützeneinheiten mit dem SPW ausge-stattet, wohingegen die anderen Einheiten LKW als Transportmittel nutzten[484]. Bis 1963 rüstete die NVA die SPW 152 vollständig auf das Modell SPW 152 W1 um, von dem die Mot.-Schützen über 1110 Modelle verfügten[485]. Der SPW 152 wurde in der Sowjetunion hergestellt und entsprach einem einfach und billig herzustellenden Massenprodukt[486].

Ab 1963 wurde er durch eine neue Generation von sowjetischen Radschützen-panzern abgelöst, die acht Räder und vier Achsen besaßen. Das erste Modell dieser neuen Serie war der SPW 60 PA. Dieses Fahrzeug wurde ab 1960 in der Sowjetunion entwickelt und seitens der NVA erstmals im Oktober 1967 der Öffentlichkeit vorgestellt[487]. Es konnte 16 Soldaten aufnehmen, war schwimm-fähig und verfügte in der Version SPW 60 PA aber nur über ein 7,62-mm-MG. In der Version SPW 60 PB (ab 1965) besaß es einen Ein-Mann-Turm mit schwe-rem 14,5-mm-MG und koaxialem 7,62-mm-MG[488]. Das Feuer konnten die Schüt-zen aus verschließbaren Öffnungen in der Seitenpanzerung, die lediglich 11 mm

---

479 Kopenhagen, Die Mot-Schützen, S. 23.
480 Erhart, Gefechtsfahrzeuge, S. 5.
481 Schneider, Panzer der NVA, S. 5.
482 Schützenpanzer, S. 6.
483 Schneider, Panzer der NVA, S. 7.
484 Kopenhagen, Die Mot-Schützen, S. 24.
485 Schneider, Panzer der NVA, S. 5.
486 Senger und Etterlin, Die Panzergrenadiere, S. 180.
487 Kopenhagen, Die Mot-Schützen, S. 24.
488 Die Kampfbeladung betrug 500 Patronen 14,5 mm und 2000 Patronen 7,62 mm Munition.

betrug[489], führen. Zudem verfügte das Fahrzeug über eine ABC-Belüftungs-anlage[490].

Bis Mitte der 1960er Jahre erreichte die NVA eine vollständige Ausstattung der Mot.-Schützeneinheiten mit SPW[491]. Gleichzeitig war sie in der Lage, das Gefechtsfeld mit Feuer gegen gepanzerte und ungepanzerte Ziele abzudecken und den Kampfpanzern im Gelände zu folgen.

Das erste Gefechtsfahrzeug der Mot.-Schützen mit Gleisketten war der SPW 50 P, der 1962 erstmals der Öffentlichkeit vorgeführt wurde[492]. Die Grundversion war oben offen, aber der SPW 50 PK besaß einen geschlossenen Kampfraum. Die Bewaffnung bestand aus einem 7,62-mm-MG, das aus der geöffneten Luke bedient werden musste, was ein Nachteil hinsichtlich Schutz und Feuerwirkung gegenüber dem HS 30 war. Der SPW 50 P verfügte über Wasserstrahlantriebe und war schwimmfähig[493]. Er galt als ein sehr geländegängiges Fahrzeug, konnte 15 Soldaten aufnehmen, hatte eine Spitzengeschwindigkeit von 60 km/h sowie ein ideales Leistungsgewicht von 20 PS/t[494] und wurde erst Mitte der 1970er Jahre vom in der Sowjetunion hergestellten Schützenpanzer BMP-1[495] abgelöst, der durch die Rote Armee erstmals 1967 vorgestellt wurde[496].

Die Entwicklung des BMP-1 verlief parallel zur Entwicklung des Marders und begann ebenfalls 1959. Die Truppenerprobung führten die sowjetischen Streitkräfte ab 1965 durch, der eine Auslieferung der ersten Serienfahrzeuge ab 1970 folgte[497]. Sein Laufwerk verfügte über sechs Laufrollen: drei Stützrollen, ein Antriebsrad vorn und ein Leitrad hinten. Der Fahrzeugbug war spitz und flach ansteigend, hinter dem Turm befanden sich vier Dachluken und zwei Hecktüren an der Rückseite des Fahrzeuges ermöglichten das schnelle Ab- und Aufsitzen der Schützen. Der Kommandant hatte seinen Platz hinter dem Fahrer auf der linken Seite des Bugs. Der Ein-Mann-Turm besaß eine flache, runde, nach innen geneigte Form. Das Fahrzeug war schwimmfähig und verfügte über eine 73-mm-Glattrohr-Bordkanone sowie über ein 7,62-mm-MG. Durch die Bordkanone konnten Splittergranaten auf bis zu 1600 m Reichweite verschossen werden. Eine Panzerabwehrlenkrakete, welche ebenfalls am Turm befestigt war, konnte auf bis zu 3000 m Entfernung eingesetzt werden und die Schützen konnten durch Schießscharten ihre Handwaffen zur Wirkung bringen[498]. Nachteil des BMP-1 war die sehr knappe Bemessung des Kampfraumes, die jedoch gleichzeitig eine der Voraussetzungen für die flache Silhouette war.

---

[489] Schneider, Panzer der NVA, S. 17.
[490] Kopenhagen, Die Mot-Schützen, S. 28.
[491] Kopenhagen, Die Mot-Schützen, S. 24.
[492] Ebd., S. 23 f.
[493] Erhart, Gefechtsfahrzeuge, S. 8.
[494] Senger und Etterlin, Die Panzergrenadiere, S. 188.
[495] BMP bedeutet bojevaja maschina pechoty (Kampfmaschine der Infanterie).
[496] Schützenpanzer, S. 7.
[497] Scheibert, Schützenpanzer, S. 10.
[498] Erhart, Gefechtsfahrzeuge, S. 15.

◀ Abb. 58:
Mot.-Schützen beim Absitzen
vom SPW 152 während einer
Übung im Frühjahr 1960.
Militärhistorisches Museum der Bundeswehr,
Barkowsky

▶ Abb. 59:
Der SPW 50 PK während
einer Truppenübung westlich
Berlins im April 1965.
BArch, Bild 183-D0408-0010-007

◀ Abb. 60:
Der SPW 60 PB während
der Maiparade 1968.
BArch, Bild 183-G0501-0035-001, Mittelstädt

▶ Abb. 61:
Das mit BMP-1 ausgestatte Mot.-Schüt-
zen-Regiment »Robert Uhrig« bei einer
Geländeübung Mitte der 1970er Jahre.
BArch, Bild 183-P0920-001, Koard

d) Fazit

Ab Mitte der 1960er Jahre waren die Gefechtsfahrzeuge der Mot.-Schützen im direkten Vergleich hinsichtlich Schutz gegen Waffenwirkung und Geländegängigkeit, den Panzergrenadieren (mot.) überlegen. Bei den Panzergrenadiere (SPz) sowie (MTW) entwickelte sich die Technik auf beiden Seiten des Eisernen Vorhangs gleichwertig, mit gegenseitigen Vorteilen auf den einzelnen Handlungsfeldern Fahren, Funken, Schutz und Schießen. Die Panzergrenadiere waren in den 1960er Jahren besonders der atomaren Bedrohung gegenüber nicht adäquat ausgerüstet. Für das klassische Gefecht der verbundenen Waffen erreichten die Panzergrenadiere (SPz) gegen 1968 eine gute Einsatzbereitschaft ihrer Schützenpanzer, da einige der gravierendsten Mängel am Schützenpanzer HS 30 abgestellt werden konnten.

Bei ihrer Ausrüstung mit dem besagten Gerät spielten politische, wirtschaftliche und »netzwerktechnische« Gesichtspunkte eine wesentlich größere Rolle als die militärischen Notwendigkeiten, was zu sehr hohen Opportunitätskosten für das Gemeinwohl der Bundesrepublik Deutschland führte. Das Gewicht der Akteure bei der Beschaffung des Schützenpanzers (neu) verschob sich deutlich zu Gunsten der Militärs. Gleichwohl spielten die »alten Netzwerke« eine unvermindert große Rolle, wenngleich sich die Opportunitätskosten trotz nominal höherer Beschaffungskosten verminderten. Bei den Schützenpanzer-Neuentwicklungen der 1960er Jahre zeigte sich in Ost wie West eine gleichwertige Bewegung auf ein höheres Niveau der Wehrtechnik, wobei sich Vor- und Nachteile weitgehend aufwogen. Die »Gleichgewichtsstrategie«[499] wirkte sich hier bis auf die Ebene des einzelnen Schützenpanzers aus. Mit Abschluss der Einführung des Schützenpanzers Marder (1974) endete die Aufbauphase der Panzergrenadiere aus der Beschaffungsperspektive – zehn Jahre nach Abschluss des strukturellen Aufbaus.

7. Zwischenbilanz

Nach derzeitigem Forschungsstand erreichte das Heer Mitte der 1960er Jahre als Ganzes die Fähigkeit, das Gefecht der verbundenen Waffen unter atomarer Bedrohung führen zu können[500]. Als Gründe hierfür werden die Konsolidierung der Aufstellungen und neue Ausrüstungen angeführt. Für die 60 Panzergrenadierbataillone von 1966 muss diese Einschätzung allerdings differenziert werden[501]. Die Aufstellung und Ausrüstung von gerade einmal 26 der geplan-

---

[499] Präsident Richard Nixon und sein Sicherheitsberater Henry Kissinger, Schmidt, Der gefährlichste Moment, S. 20.
[500] Hammerich/Kollmer/Rink/Schlaffer, Das Heer, S. 198.
[501] Forkert, Die Entstehung, S. 65.

▲ Abb. 62:
Panzergrenadierkompanie mit Schützenpanzer
HS 30 nach Zügen angetreten, vorne die Kompanie-
führungsgruppe, Munster 1967.
SKA/IMZBw

◀ Abb. 63:
Abgesessener Panzergrenadier im Gelände.
SKA/IMZBw, Oed

▶ Abb. 64:
Panzergrenadiere auf dem Marsch mit
Mannschaftstransportwagen M 113.
BWB/WTS

ten 46 Panzergrenadierbataillone (SPz) mit den beschafften 1768 SPz HS 30[502] sowie die Ausrüstung der 9 Panzergrenadierbataillone (MTW) und 35 Panzergrenadierbataillone (mot.) sind kein Indiz für die Fähigkeit, diese Vorgaben zu erfüllen[503]. Zumal der Schützenpanzer (lang) HS 30 technisch wenig ausgereift und somit nicht einsatzbereit war[504]. Daran änderten auch die vielen Verbesserungen an dem Fahrzeug bis Ende der 1960er Jahre nichts Wesentliches[505]. Die Fähigkeit unter atomaren Bedingungen zu kämpfen, wurde zwar in den Panzergrenadierbataillonen SPz und MTW durch die Einführung eines Truppen-Entseuchungs-Platztrupps (TEP) ab 1966 verbessert, kann aber durch Fahrzeuge ohne ABC-Belüftungsanlage und 35 Bataillone ohne TEP insgesamt nur als nicht ausreichend bezeichnet werden[506]. Eine der Ursachen der fehlenden ABC-Belüftungsanlage im HS 30 könnte gewesen sein, dass er in einer Zeit geplant wurde, in welcher der Bundeswehr ausschließlich konventionelle Aufgaben zugedacht waren.

Für die Panzergrenadiere waren die informellen wie auch die formellen Traditionsbezüge identifikationsstiftend und erhöhten ihren Einsatzwert. Gleichzeitig lag der Schwerpunkt bei den transportierten Werten und Normen eher im Bereich der klassisch soldatischen Pflichten und weniger bei den Grundrechten[507]. Die Auseinandersetzung zwischen »Traditionalisten« und »Reformern« über den richtigen Wertekanon erlebte Ende der 1960er und Anfang der 1970er Jahre einen Höhepunkt[508]. Ob die Konzentration auf Handwerk und Pflichterfüllung in letzter Konsequenz für die Motivation der Panzergrenadiere im »totalen Krieg« mit nuklearem Schlagabtausch ausreichend gewesen wären, muss offen bleiben.

---

[502] Zu den Zahlen gibt es unterschiedliche Angaben: 1768 SPz HS 30, Weißbuch 1970, S. 140; 1089, Kollmer, Rüstungsgüterbeschaffung, S. 281, und 2176, Panzergrenadiere, S. 278.

[503] BMVg, Fü H III 3 an Truppenamt/Referat Infanterie Kampftruppen: STAN und Planung für Ausrüstung der Panzergrenadierbataillone (Schaubild), 21.3.1962, BA-MA, BH 2/113.

[504] Schriftlicher Bericht des 1. Untersuchungsausschusses zu dem Antrag der FDP-Fraktion, 26.6.1969, PADB, Drucksache V/4527.

[505] Kollmer, Rüstungsgüterbeschaffung, S. 279.

[506] STAN 321 2000 PzGrenBtl (SPz) B1, 15.11.1966, BA-MA, BWD 4/607; STAN 321 2110 PzGrenBtl (mot.), 4.7.1960, ebd.; STAN 321 2011 PzGrenBtl (MTW) B2, 15.9.1966, ebd.; STAN 321 2000 PzGrenBtl (gem.), 15.7.1967, ebd.

[507] Die Bundeswehr 1955 bis 2005, S. 126.

[508] »Schnez-Studie«, »Leutnante 70« und »Hauptleute von Unna« seien hier als Beispiele angeführt, siehe Zander, Probleme und Aspekte, S. 106 f.; Abenheim, Bundeswehr und Tradition, S. 182.

V. Entwicklungen nach 1970 (Heeresstruktur 3)

1. Die Heeresstruktur 3

a) Merkmale

Die Struktur des Heeres wurde über die gesamten 1960er Jahre weiter entwickelt. Das Ringen um die knappen Mittel und die beste Struktur fand im Spannungsfeld zwischen den Befürwortern einer operativ beweglichen, panzerstarken Verteidigung und den Vertretern einer auf Atomwaffen gestützten, statischen Defensive statt. Am Ende dieses Diskussionsprozesses stand die 1968/69 ausgearbeitete Heeresstruktur 3[1]. Deren Merkmal war die »Spezialisierung bei abgestufter Präsenz«, die sich vor allem auf die Anpassung der Verbände an ihren jeweiligen geografischen Einsatzraum mittels des »Jägerkonzepts« widerspiegelte, was Auswirkungen auf die Präsenz der Brigadetruppen und der Kaderung von großen Teilen der Korps- und Divisionstruppen hatte[2]. Bei gekaderten Verbänden existierte zu Friedenszeiten lediglich ein Kern von Zeit- und Berufssoldaten sowie ein vorbereiteter Materialpool. Die Soldaten waren größtenteils Reservisten, die lediglich zu Übungen oder bei einer Mobilisierung im Spannungs- bzw. Verteidigungsfall ihren Dienst anzutreten hatten. Die Struktur lässt sich auch als »Sparmodell« verstehen, mit dem doppelte Strukturen eliminiert werden sollten, wie z.B. durch die Zusammenlegung von Territorialverteidigung und Heer im Jahr 1969. Aktive Verbände sollten speziell für die geplanten Einsatzräume ausgerüstet werden[3]. Der Umfang des Heeres von 314 000 Soldaten blieb jedoch erhalten, ebenso die Zahl von zwölf Divisionen. Vier wesentliche Punkte wurden verändert:
1. Von den sechs einheitlich gegliederten Panzergrenadierdivisionen wurden zwei in Jägerdivisionen umstrukturiert (Hessisches Bergland und Bayerischer Wald).
2. Pro Korps sollte eine ständige Reserve in Form eines Panzerregiments aufgestellt werden, welches neben Kampfpanzern auch über Panzergrenadierkompanien, Panzerpioniere und Panzeraufklärer verfügte.

---

[1] Rink, »Strukturen brausen um die Wette«, S. 474.
[2] Seifert, Heeresstruktur 3, S. 54 f.; vgl. Rozmyslowski, Die Panzergrenadiertruppe in der Heeresstruktur 3, S. 307; vgl. Klein, Die Akzeptanz der Bundeswehr, S. 474 f.
[3] Rink, Das Heer, S. 145; vgl. Weißbuch 1970, S. 51 f.

3. Die Präsenzstärke der Kampfverbände sollte um 10 000 Soldaten erhöht werden, die vom Territorialheer abgezogen wurden, wo lediglich mehr Stellen für den Verteidigungsfall eingeplant (gekadert) wurden.
4. Die Steigerung der Luftbeweglichkeit des Heeres sollte durch den erhöhten Einsatz von Transporthubschraubern erreicht werden[4].

Als einer der ersten Ausgangspunkte für die Umstellung hin zur Heeresstruktur 3 kann bereits die Org.-Mappe IV vom 10. Oktober 1964 betrachtet werden, im der Maßnahmen der Vorwärtsverteidigung und die Gewährleistung der Autarkie der Brigade in den ersten 20 Kampftagen oberste Priorität hatten. Weiterhin wurden 12 Divisionen mit 37 Brigaden angestrebt. Die Gliederung und Ausrüstung sollte den Geländegegebenheiten angepasst werden, in welchen die Verbände vermutlich eingesetzt worden wären, ebenso die Fähigkeit zur Panzerabwehr. An der Gliederung der geplanten 37 Brigaden wurde weiterhin festgehalten.

Die Org.-Mappe IV wurde in dieser Form nicht vollständig umgesetzt. Gründe hierfür lagen z.T. in der Konjunkturkrise. Das ursprünglich bis 1967 angelegte Programm lief bis in das Jahr 1970[5]. Vor allem die zu hohen Betriebskosten gegenüber nicht ausreichenden Investitionen zwangen Fü S und Fü H frühzeitig zur Ausarbeitung neuer Strukturmodelle[6]. Die Antwort des Inspekteurs des Heeres Albert Schnez kurz nach seiner Amtsübernahme 1968 war das »Jägerkonzept«[7]. Die deutlich defensivere Ausrichtung kann dabei auch als Folge des nunmehr offiziell vollzogenen Strategiewechsels der NATO verstanden werden[8]. Die geografische Dreiteilung der Bundesrepublik nach Bodenform, -beschaffenheit und -bedeckung wurde als Grundlage für die Spezialisierung der Großverbände genutzt. Dabei ergab sich, dass
– die Norddeutsche Tiefebene für gepanzerte Verbände geeignet,
– das Süddeutsche Stufenland mit Voralpen und Nürnberger Becken für gepanzerte Verbände weniger geeignet und
– Schleswig-Holstein, die Mittelgebirgszonen bis zum Main für gepanzerte Verbände ungeeignet waren.

Als Schlüsselgelände wurde das Rhein–Main-Dreieck definiert[9]. Aufgrund der topografischen Gegebenheiten der geplanten Einsatzräume sollten die Panzergrenadierdivisionen 2 und 4 aus dem Hessischen Bergland und dem Bayerischen Wald in Jägerdivisionen umgegliedert werden[10].

---

[4] Weißbuch 1970, S. 53 und S. 85 f.
[5] Fü H III 2: Vortrag vor Inspizienten, 20.2.1967, BA-MA, BH 1/1586, S. 5; vgl. Hammerich, Kommiss, S. 273.
[6] Fü H III 3 an Abt. Haushalt: Beitrag Fü H für Beratungen des Haushaltsplans für das Rechnungsjahr 1968 in den Parlamentsausschüssen, 13.10.1967, BA-MA, BH 1/2017, S. 11.
[7] Fü H I 1, Insp. Heer: Konzeption des Heeres vom 30.5.1969, Az. 31-05-42-01, BA-MA, BH 2/847, Bl. 167.
[8] Gablik, Strategische Planungen, S. 483; vgl. Rozmyslowski, Die Panzergrenadiertruppe in der Heeresstruktur 3, S. 306 f.
[9] Hammerich, Kommiss, S. 203.
[10] Ebd.

Gliederung des Feldheeres in der Heeresstruktur 3 um 1970

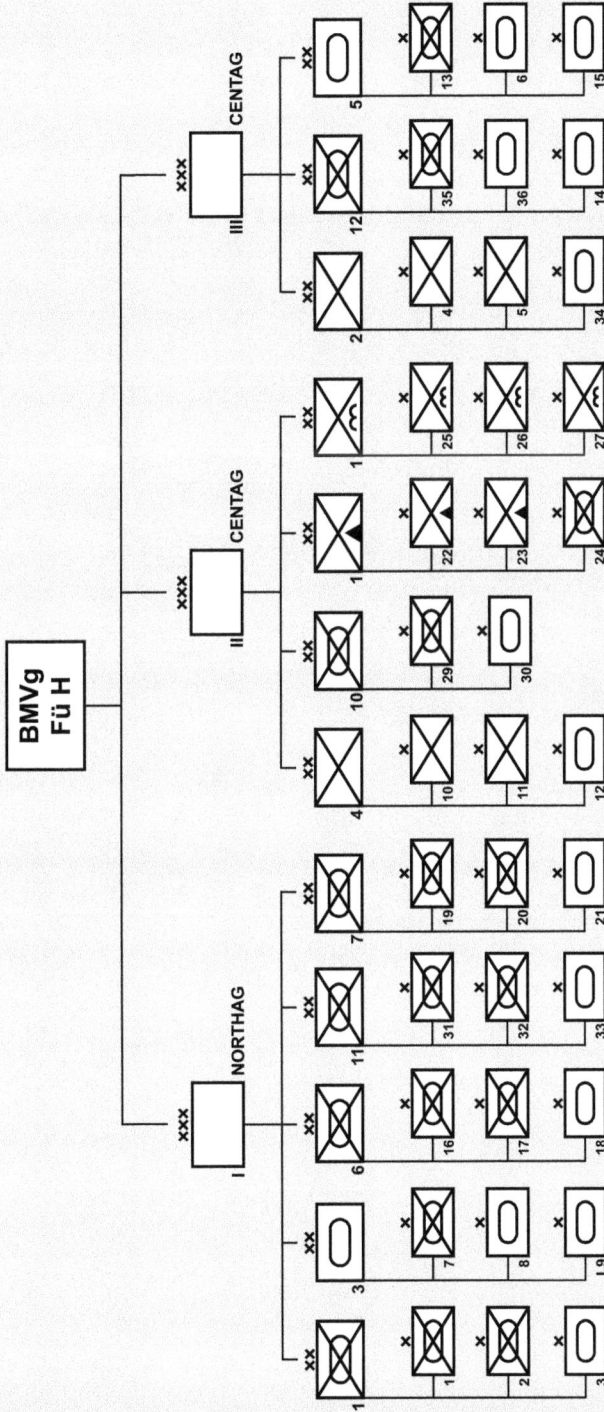

Korps-, Divisionstruppen sowie Territoriale Verteidigung und Heeresamt wurden ausgeblendet.
In der Heeresstruktur 3 wurden bei I. und II. Korps selbstständige Panzerregimenter 100 und 200 mit jeweils 2 PzGrenKompanien aufgestellt.

Quellen: Rozmyslowski, Die Panzergrenadiertruppe in der Heeresstruktur 3, S. 319; Hammerich,
Kommiss, S.187 f. und S. 204; Riemann, Deutsche Panzergrenadiere, S. 130.

© MGFA
06385-04

Deren Gliederung sah zwei Jägerbrigaden, eine Panzerbrigade sowie Divisionstruppen vor. Für die Jägerbrigaden war eine Umstrukturierung in drei Jäger-, ein Panzerjäger-, ein Panzerartillerie- und ein Nachschubbataillon vorgesehen. Das dritte Jägerbataillon sollte erst im Verteidigungsfall durch gesonderte Mobilmachung bereitstehen. Die Panzergrenadierbataillone (mot.) sollten in den Jägerbrigaden aufgehen, deren Panzerjägerzüge wurden jedoch in Panzerjägerbataillonen der Jägerbrigaden zusammengefasst[11].

Aus den frei werdenden Panzerbataillonen wurden die Panzerregimenter 100 und 200 gebildet, welche dem I. und II. Korps als Korpsreserve zur Verfügung standen. In den zwei Panzerbataillonen der Panzerregimenter war zudem eine Panzergrenadierkompanie enthalten. Mit dieser Reserve sollten die Korps auf tiefe, operative Durchbrüche feindlicher Panzerkräfte reagieren können. Somit lagen die Hauptaufträge für die Panzerregimenter der Korps im »Auffangen« und im »Gegenangriff«[12].

Das grundlegende Problem bestand in der zu geringen Zahl vorhandener Versorgungstruppen. Die drei optimalen Mischungsverhältnisse zwischen Panzerbataillon und Panzergrenadierbataillon von 2:1, 1:2 oder 1:1 waren nicht möglich[13]. Das Modell bewährte sich nicht, sodass 1975 die Panzerregimenter 100 und 200 wieder aufgelöst wurden[14]. Ein drittes Regiment kam über den Planungsstand nie hinaus.

b) Die Panzergrenadierbataillone

Alle Panzergrenadierbataillone in der Heeresstruktur 3 sollten auf den Schützenpanzer (neu), den späteren Schützenpanzer Marder, umgerüstet werden. Panzergrenadierbataillone (mot.) existierten nicht mehr und die Panzergrenadierbataillone (MTW) wollte man vorerst in den Heimatschutzkommandos einsetzen und später ebenfalls ersetzen. Damit war die Waffengattung – zumindest was Ausstattung und Gliederung anging – wieder bei ihren Wurzeln als Begleitinfanterie der Panzer angekommen[15]. In den Anfangsjahren der Heeresstruktur 3 dominierte noch die Ausrüstung mit dem HS 30[16]. Die Gliederung der mit diesem Schützenpanzer ausgestatteten Bataillone wurde in der STAN 321 2100 vom 1. Juli 1970 neu geregelt und löste die STAN 312 2120 vom 15. November 1966 ab[17]. Somit bestand das Panzergrenadierbataillon HS 30 B1 von 1970 aus einer Stabs- und Versorgungskompanie, drei Panzergrenadierkompanien und einer Panzermörserkompanie, die eine Weiterentwicklung der

---

[11] Uhle-Wettler, Die Jägertruppe, S. 32 f.
[12] Klein, Die Akzeptanz der Bundeswehr, S. 474 f.; vgl. Riemann, Deutsche Panzergrenadiere, S. 131.
[13] Middeldorf, Taktik im Rußlandfeldzug, S. 38.
[14] Riemann, Deutsche Panzergrenadiere, S. 131.
[15] Rozmyslowski, Die Panzergrenadiertruppe in der Heeresstruktur 3, S. 313.
[16] Hartwig, Chronik der 11. Panzerdivision, S. 124-128.
[17] STAN 321 2000 PzGrenBtl (SPz) B1, 15.11.1966, BA-MA, BWD 4/607; STAN 321 2100 PzGrenBtl (HS 30) B1, 1.7.1970, -/612.

Gliederung der Panzerregimenter des I. und II. Korps in der Heeresstruktur 3

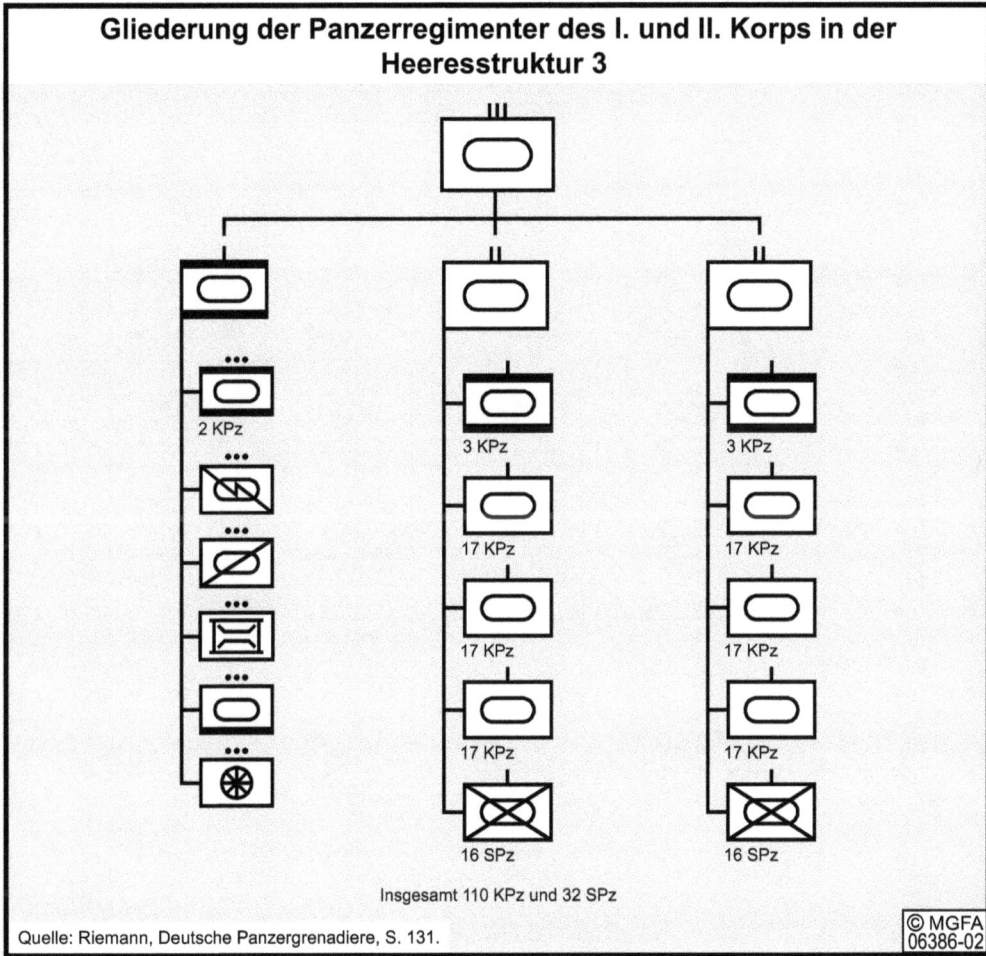

2 KPz

3 KPz

17 KPz

17 KPz

17 KPz

16 SPz

3 KPz

17 KPz

17 KPz

17 KPz

16 SPz

Insgesamt 110 KPz und 32 SPz

Quelle: Riemann, Deutsche Panzergrenadiere, S. 131.

© MGFA 06386-02

schweren Kompanie der 1960er Jahre war, allerdings ohne die Panzerjäger-komponente. Die Friedensstärke belief sich auf 662 Soldaten, 30 Rekruten und 16 Zivilisten, die damit um 49 Soldaten gegenüber der STAN von 1966 erhöht wurde. In der Kriegs-STAN hingegen waren 81 Soldaten weniger (675) als 1966 ausgewiesen. Das Panzergrenadierbataillon HS 30 B1 verfügte über 92 Rad- und 74 Kettenfahrzeuge[18]. In den Panzergrenadierbataillonen der Panzerbrigaden war für den Verteidigungsfall eine fünfte Kampfkompanie vorgesehen, die im Frieden lediglich als Geräteeinheit aufgestellt werden sollte[19].

Die Stabs- und Versorgungskompanie war in eine Kompanieführungsgrup-pe, das Stabspersonal, einen Fernmeldezug und die Versorgungsstaffel geglie-dert. Zu Letzterer gehörten u.a. die Sanitätsgruppe, der Instandsetzungs- sowie der Transportzug. In der neuen Struktur verringerte sich die Stärke um 15 Sol-daten, die sich vor allem beim Instandsetzungs- und Transportzug auswirkte[20].

---

[18] Ebd.
[19] Rozmyslowski, Die Panzergrenadiertruppe in der Heeresstruktur 3, S. 313.
[20] STAN 321 3100 StVersKp/PzGrenBtl (HS 30) B1, 1.7.1970, BA-MA, BWD 4/612.

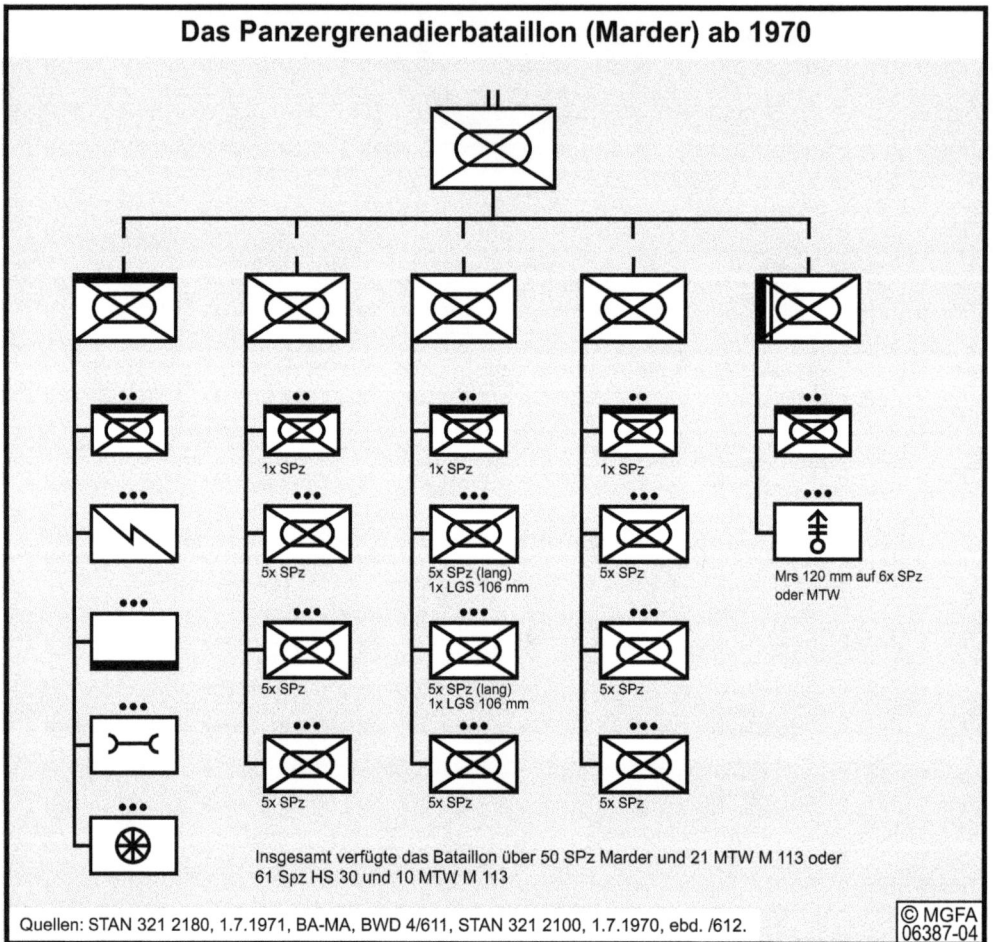

Das Panzergrenadierbataillon (Marder) ab 1970

1x SPz

5x SPz

5x SPz (lang)
1x LGS 106 mm

1x SPz

1x SPz

Mrs 120 mm auf 6x SPz
oder MTW

5x SPz

5x SPz (lang)
1x LGS 106 mm

5x SPz

5x SPz

5x SPz

5x SPz

Insgesamt verfügte das Bataillon über 50 SPz Marder und 21 MTW M 113 oder
61 Spz HS 30 und 10 MTW M 113

Quellen: STAN 321 2180, 1.7.1971, BA-MA, BWD 4/611, STAN 321 2100, 1.7.1970, ebd. /612.

© MGFA
06387-04

Die Panzergrenadierkompanien blieben für den Verteidigungsfall weitgehend unverändert, wohingegen in der Friedens-STAN 21 zusätzliche Dienstposten für die Kompanie eingeplant wurden. Sie war also bereits voll aufgestellt und verfügte über einen zusätzlichen Unteroffizier nebst drei weiteren Mannschaftssoldaten. Die Ausrüstung sowie die Gliederung der Gruppen und Züge blieb dahingehend unverändert[21].

Die größten Umstrukturierungen ergaben sich für die 5. Kompanie. Die vormals schwere Kompanie wurde zur Panzermörserkompanie und verlor ihre zwei Panzerjägerzüge. Damit war dem Kommandeur die Möglichkeit genommen, einen Panzerabwehrschwerpunkt zu bilden. Ein selbstständiger Einsatz des Panzergrenadierbataillons gegen einen mechanisierten Gegner mit Kampfpanzern war nun nicht mehr vorgesehen, da die Panzermörserkompanie lediglich in der Lage war, den Feind mit Steilfeuer zu bekämpfen, wenn die Artillerie wirkungslos blieb. Die Kompanie war in eine Kompanieführungsgruppe, drei Richtkreistrupps, zwei vorgeschobene Beobachtertrupps, zwei Feuerleit-

---

[21]   STAN 321 4100 PzGrenKp (HS 30) B1, 1.7.1970, ebd.

◄ Abb. 65:
Der Schützenpanzer Marder,
Aufnahme von 1960.
SKA/IMZBw, Oed

► Abb. 66:
Panzergrenadiergruppe mit
Schützenpanzer Marder und
Ausrüstung um 1972. Der
Schützentrupp rechts ist mit
Signalwesten für absitzende
Teile gekennzeichnet.
SKA/IMZBw, Oed

◄ Abb. 67:
Das Gefecht der verbundenen Waffen
erforderte enges Zusammenwirken
von Panzern und Panzergrenadieren.
Dementsprechend prägten der Schützenpanzer Marder und der Kampfpanzer
Leopard das Erscheinungsbild des deutschen Heeres von den 1960er Jahren
bis zur Jahrtausendwende:
Militärhistorisches Museum der Bundeswehr

► Abb. 68:
Der Schützenpanzer Marder 1 A3
mit montierter Panzerabwehrwaffe
Milan auf dem Turm.
SKA/IMZBw, Mandt

trupps sowie vier Mörsertrupps mit 120-mm-Mörsern gegliedert. In der Realität der Bataillone existierten allerdings auch Anfang der 1970er Jahre noch die 81-mm-Mörser auf HS 30[22]. Diese Elemente waren mit Ausnahme der Kompanieführungsgruppe in der STAN von 1966 sämtlich integraler Bestandteil des Panzermörserzuges. Die Stärke der Kompanie verringerte sich demzufolge von 115 auf 70 Soldaten im Frieden und von 135 auf 73 im Verteidigungsfall. Zusätzlich wurden bei der Kompanie 30 Rekruten für die allgemeine Grundausbildung eingeplant[23].

Am 7. Mai 1971 erfolgte bei der Atlas-MaK Maschinenbau GmbH in Kiel die Übergabe des ersten SPz Marder an das Heer[24]. Die STAN 321 2180 für das mit diesem Schützenpanzer ausgerüstete Panzergrenadierbataillon wurde am 1. Juli 1971 festgelegt und ersetzte die STAN 321 2120 (Stand 15.11.1966) sowie 321 2130 (Stand 15.6.1967). Das Panzergrenadierbataillon Marder B3 war – wie schon sein Vorgänger – in eine Stabs- und Versorgungskompanie, drei Panzergrenadierkompanien und eine Panzermörserkompanie B2 gegliedert. Die jeweiligen Stärken unterschieden sich jedoch erheblich. So ist das Panzergrenadierbataillon Marder B3 mit 746 Soldaten, 30 Rekruten und 14 Zivilisten in der Friedensgliederung um 84 Soldaten stärker – im Verteidigungsfall sogar um 98 – als das HS-30-Bataillon zur gleichen Zeit. Diese deutlichen Unterschiede liegen vor allem im neuen Schützenpanzer begründet: Der Marder fasst mit seinen zehn Mann Besatzung zwei mehr als der HS 30[25]. Das Panzergrenadierbataillon Marder B3 wurde mit 50 SPz, 21 MTW M 113 und 3 Bergepanzern, also insgesamt 74 Kettenfahrzeugen ausgerüstet. Weiterhin waren 93 Radfahrzeuge eingegliedert. Damit blieb die Zahl an Ketten- und Radfahrzeugen nahezu unverändert, während der Personalbedarf deutlich anstieg.

Die Stabs- und Versorgungskompanie hatte die Personaleinbußen im Instandsetzungs- und Transportzug von 1970 wieder wett gemacht. Die Gesamtstärke im Verteidigungsfall wuchs auf 211, während im Frieden 187 Soldaten eingegliedert waren. Der Instandsetzungszug wurde um sechs Soldaten und der Transportzug um zwei Unteroffiziere aufgestockt, wohingegen der Fernmeldezug drei Soldaten verlor. Ansonsten blieb die Gliederung aus dem Panzergrenadierbataillon HS 30 von 1970 erhalten[26].

Die drei Panzergrenadierkompanien waren weiterhin in eine Kompanieführungsgruppe und drei Panzergrenadierzüge gegliedert. Die Gesamtstärke der Kompanie war mit 163 Soldaten in der Kriegs- und der Friedens-STAN um 27 Soldaten höher als 1970. Die Züge wurden auf 48, die Gruppe auf 10 Solda-

---

[22] 30 Jahre Panzergrenadierbataillon 22, S. 32.
[23] STAN 321 5100 PzMrsKp B2, 1.7.1970, BA-MA, BWD 4/612.
[24] Guderian, Führung und Kampf, S. 299.
[25] STAN 321 2180 PzGrenBtl (Marder) B3, 1.7.1971, BA-MA, BWD 4/611; STAN 321 2000 PzGrenBtl (SPz) B3, 15.11.1966, -/607; STAN 321 2100 PzGrenBtl (HS 30) B1, 1.7.1970, -612.
[26] STAN 321 3180 StVersKp/PzGrenBtl (Marder) B3, 1.7.1971, -/611; STAN 321 3100 StVersKp/ PzGrenBtl (HS 30) B1, 1.7.1970, -/612.

ten aufgestockt[27]. Bei Letzterem wurden ein Unteroffizier und ein Mannschafts-
soldat ergänzt. Der Kommandant, der gleichzeitig Gruppenführer war, bekam
einen zu den gleichen Aufgaben befähigten Stellvertreter zugewiesen, so konnte
er wahlweise auf- und abgesessen das Feuer koordinieren. Verbunden mit einer
höheren Absitzstärke war dies ein deutlicher Gewinn an Kampfkraft[28].

Die Panzermörserkompanie erhielt gegenüber 1970 zwei weitere Mörsertrupps und verfügte damit über sechs Trupps mit 120-mm-Mörser auf MTW
M 113. Stärke und Gliederung blieben ansonsten unverändert[29]. Im Vergleich
zur Gliederung von 1966, die acht Rohre auf HS-30-Trägern vorsah, war das
Panzergrenadierbataillon bereits 1970 deutlich geschwächt worden, da die
Mörserträger auf HS 30 an die Heimatschutzkommandos abgegeben worden
waren[30].

Mit der Umstellung auf das Panzergrenadierbataillon Marder B3 tat die
Panzergrenadiertruppe einen großen Schritt in Richtung Führungsfähigkeit des
Kampfes der verbunden Waffen unter atomaren Bedingungen. Dazu trug vor
allem das neue Gefechtsfahrzeug mit seiner ABC-Belüftungsanlage sowie die
höhere Absitzstärke bei. Zugleich verlor das Panzergrenadierbataillon jedoch
durch den Entzug der beiden Panzerjägerzüge die Fähigkeit, einen Panzerabwehrschwerpunkt zu bilden und damit selbstständig das Gefecht gegen gepanzerte Verbände führen zu können. Es war stets auf die Unterstellung von Panzern
oder Panzerjägern angewiesen oder musste eigene Kräfte an Panzerverbände
abgeben. Dieser Umstand wurde erst Ende 1976 durch die Einführung des Pan-
zerabwehrraketensystems Milan und die Wiedereinführung des Panzerjäger-
zuges in die schwere Kompanie der Panzergrenadierbataillone behoben. Die
Basis dafür bildete die neue Struktur der Hauptverteidigungskräfte »Neues
Heer für neue Aufgaben« (1997). Zu diesem Zeitpunkt wurde die Panzerjäger-
truppe aufgrund der veränderten sicherheitspolitischen Lage allerdings ersatzlos gestrichen[31].

Die Umstellung auf die neue Struktur mit dem Schützenpanzer Marder dauerte bis zur Mitte der 1970er Jahre. Somit erfüllten für den Beginn des Jahrzehnts die mit HS 30 und M 113 ausgestatteten Panzergrenadierbataillone den
Auftrag im Kampf der verbunden Waffen. Zwar waren diese Verbände gut
erprobt und eingespielt, aber nur bedingt atomkriegstauglich[32].

---

[27] STAN 321 3180 PzGrenKp (Marder) B3, 1.7.1971, -/611; STAN 321 4100 PzGrenKp (HS 30)
    B1, 1.7.1970, -/612.
[28] Bremer, Der Marder.
[29] STAN 321 3180 PzMrsKp B4, 1.7.1971, BA-MA, BWD 4/611; STAN 321 5100 PzMrsKp B2,
    1.7.1970, -/612.
[30] Rozmyslowski, Die Panzergrenadiertruppe in der Heeresstruktur 3, S. 316.
[31] Ebd., S. 359.
[32] Vgl. Kap. IV.

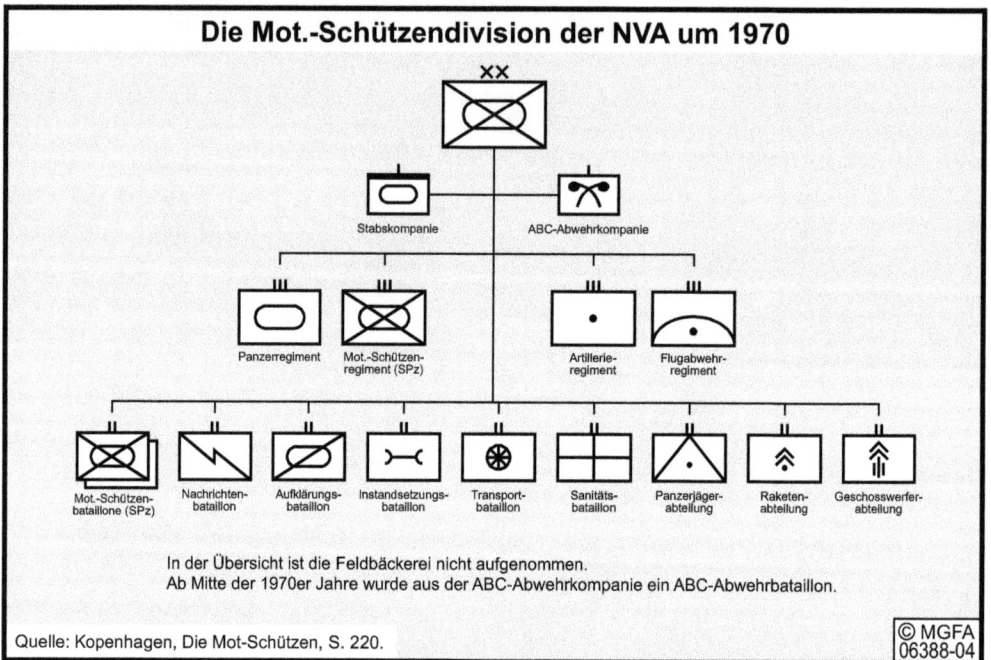

Die Mot.-Schützendivision der NVA um 1970

Stabskompanie · ABC-Abwehrkompanie

Panzerregiment · Mot.-Schützen-regiment (SPz) · Artillerie-regiment · Flugabwehr-regiment

Mot.-Schützen-bataillone (SPz) · Nachrichten-bataillon · Aufklärungs-bataillon · Instandsetzungs-bataillon · Transport-bataillon · Sanitäts-bataillon · Panzerjäger-abteilung · Raketen-abteilung · Geschosswerfer-abteilung

In der Übersicht ist die Feldbäckerei nicht aufgenommen.
Ab Mitte der 1970er Jahre wurde aus der ABC-Abwehrkompanie ein ABC-Abwehrbataillon.

Quelle: Kopenhagen, Die Mot-Schützen, S. 220.

© MGFA
06388-04

c) Die Mot.-Schützen Anfang der 1970er Jahre

Gegenüber den 1960er Jahren wurde die Mot.-Schützendivision ebenfalls deutlich verstärkt. Zu Anfang der 1970er Jahre bestand sie aus einem Mot.-Schützenregiment (BMP-1) oder zwei Mot.-Schützenregimentern (SPW) und einem Panzerregiment. Als Kampf- oder Einsatzunterstützung standen jeweils ein Artillerie- und Flugabwehrregiment sowie ein Aufklärungs-, Nachrichten-, Instandsetzungs-, Transport- und Sanitätsbataillon und jeweils eine Panzerjäger-, Raketen- und Geschosswerferabteilung zur Verfügung.

Die Friedensstärke umfasste ca. 10 500, die Kriegsstärke 14 500 Soldaten. Eingeplant waren 214 Kampfpanzer T 55, 109 Schützenpanzer BMP-1 und 216 SPW 60PB, womit das Verhältnis von Schützenpanzern zu Kampfpanzern bei annähernd 1:2 lag[33]. Die Division blieb der Träger des Kampfes der verbundenen Waffen, der in der NVA als »allgemeines Gefecht« bezeichnet wurde. Die Mot.-Schützendivision hatte ihre Fähigkeiten deutlich verbessert und stellte einen weithin vollgepanzerten Verband dar. Die Schwimmfähigkeit der SPW, SPz und Kampfpanzer gab ihr großen operativen Spielraum. Durch die hohe Personalstärke war sie allerdings vermutlich schwerer zu führen als die gepanzerte Brigade der Bundeswehr[34].

Die Panzerdivision wurde mit einem Mot.-Schützenregiment (BMP) und drei Panzerregimentern ausgestattet. Sie verfügte über keine Panzerjägerabtei-

---

[33]   Kopenhagen, Die Mot-Schützen, S. 220.
[34]   Heinze, Mot. Schützengruppen, S. 44.

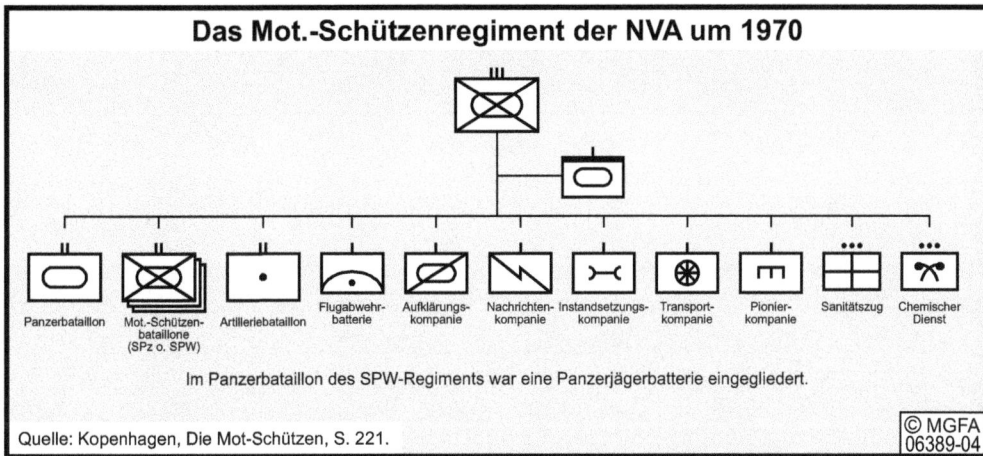

Das Mot.-Schützenregiment der NVA um 1970

Panzerbataillon | Mot.-Schützen-bataillone (SPz o. SPW) | Artilleriebataillon | Flugabwehr-batterie | Aufklärungs-kompanie | Nachrichten-kompanie | Instandsetzungs-kompanie | Transport-kompanie | Pionier-kompanie | Sanitätszug | Chemischer Dienst

Im Panzerbataillon des SPW-Regiments war eine Panzerjägerbatterie eingegliedert.

Quelle: Kopenhagen, Die Mot-Schützen, S. 221.

© MGFA
06389-04

lung, war aber ansonsten weitgehend identisch zur Mot.-Schützendivision gegliedert. In den Panzerregimentern gab es neben den drei Panzerbataillonen
eine Mot.-Schützenkompanie[35].

Das Mot.-Schützenregiment war ab 1970 in drei Mot.-Schützenbataillone
und ein Panzerbataillon gegliedert. Es gab das Mot.-Schützenregiment mit
BMP-1 und das Mot. Schützenregiment mit BTR 60. Beide verfügten über jeweils eine Stabs-, Panzeraufklärungs-, Pionier-, Fernmelde-, Instandsetzungs-
und Transportkompanie, ein Artilleriebataillon, einen Sanitätszug, einen Zug
»Chemischer Dienst« (ABC-Abwehr) sowie eine Flugabwehrbatterie. Bei dem
BMP-Regiment betrug die Personalstärke 2100, bei einem SPW-Regiment
2200 Soldaten. Wie ihre Vorgänger waren sie logistisch selbstständig[36].

Die drei Mot.-Schützenbataillone gliederten sich in je drei Mot.-Schützen-
kompanien, eine Granatwerferbatterie, einen Panzerabwehrzug und eine War-
tungs- und Instandsetzungsgruppe. Die Mot.-Schützenkompanie war mit zehn
SPW 60 oder BMP-1 ausgestattet. Die drei Züge der Kompanie besaßen jeweils
drei Gefechtsfahrzeuge, ein Gefechtsfahrzeug stand der Kompanieführungsgruppe zu. Jedes Gefechtsfahrzeug umfasste eine Gruppe von elf Soldaten beim
SPW 60PB oder mit zehn Soldaten beim BMP-1[37].

Trotz vieler Gemeinsamkeiten gibt es einige deutliche Unterschiede zwischen den Strukturen der Panzergrenadiere und der Mot.-Schützen. Das Gefecht der verbundenen Waffen führte die NVA auf Divisionsebene, die Bundeswehr mittels der Brigaden. Die Mot.-Schützenbataillone waren im Gegensatz zu den Panzergrenadierbataillonen logistisch unselbstständig und weniger
komplex gegliedert. Trotz aller Unterschiede vollzog sich aber die qualitative
Entwicklung auf beiden Seiten des »Eisernen Vorhangs« gleichermaßen und
sowohl die Panzergrenadiere als auch die Mot.-Schützen waren Mitte der
1970er Jahre »atomkriegstauglich«.

---

35 Kopenhagen, Die Mot-Schützen, S. 220.
36 Ebd., S. 221.
37 Schützenpanzer, S. 4 und S. 9.

2. Die Führungs- und Kampfweise

a) Veränderungen

Die Heeresstruktur 3 sah nur noch Panzergrenadiere mit Schützenpanzern vor, wohingegen die Panzergrenadiere (mot.) zu »Jägern« umbenannt werden sollten[38]. Das neue Jägerkonzept, welches die Grundlage für die Heeresstruktur 3 bildete, wurde in der Herbstübung 1969 »Großer Rösselsprung« erprobt. Die Übung fand im hessisch/niedersächsischen Hügelland statt[39]. Die neue Struktur der Jägerbrigaden wurde dabei von der 2. Panzergrenadierdivision, der Panzergrenadierbrigade 4 und der Panzerbrigade 6 als Kräfte »Blau« demonstriert. Als Panzergrenadierverband (SPz) nahm das Panzergrenadierbataillon (SPz) 62 aus Neustadt (Hessen)[40] innerhalb der Panzerbrigade 6 teil. Es war mit dem SPz HS 30 ausgerüstet und ohne die schwere Kompanie angetreten. Die Panzerjäger waren bereits als Kompanie auf der Ebene der Brigade zusammengefasst. Als Themen für die Übungstruppe »Blau« wurden festgelegt:
- Führen eines Abwehrgefechts,
- Ablösung und Marsch in einen Verfügungsraum,
- kurzfristiger Vormarsch in einen anderen Verfügungsraum,
- Vorausangriff über ein Gewässer und
- Gegenangriff einer Division mit unterstelltem Panzerregiment[41].

Zudem spielte man den vereinzelten Einsatz von Atomsprengkörpern ein. Für die Panzergrenadiere ergab sich in der Auswertung der Übung folgendes Bild:
> »Panzergrenadierbataillone (mot.) sind im hessischen/niedersächsischen Hügelland im Rahmen der Abwehr besonders gut einsetzbar (Beispiel Vogelsberg), aber auch beim Angriff für das Einsickern besonders gut zu verwenden, während Panzergrenadiere (SPz) besser anschließend aufgesessen nachstoßen. Sie nutzen den Erfolg der eingesickerten Teile aus. Die Erfolge der Kampfgruppe VON SCHLICHT beim Angriff gegen einen abwehrbereiten Feind sind umso höher zu bewerten, als die abgesessenen Kräfte, die bei Tag und bei Nacht tief in den feindlichen Abwehrraum einsickerten, Panzergrenadiere (SPz) waren, die – abgesessen – von ihrem Hauptwaffensystem, dem SPz, getrennt waren. Das Nachführen und Durchstoßen mit SPz zu den durchgesickerten Teilen ist schwierig[42].«

Die Panzergrenadiere (SPz) wurden gemäß der obigen Bewertung nicht als Panzergrenadiere, sondern als reine Infanterie verwendet. Der Entzug der Panzerjägerkomponente ist hierfür ein weiteres Indiz.

---

[38] Siehe Kap. V.1.
[39] Klein, Die Akzeptanz der Bundeswehr, S. 474.
[40] Drost, Struktur und Gliederung, S. 389.
[41] III. Korps, G3: Erfahrungsbericht zur Gefechtsübung »Großer Rösselsprung«, 19.12.1969, Anl. 1, Bl 1, Az. 34-01-22, BA-MA, BH 7-3/14.
[42] Ebd., S. 39.

Bezüglich der bevorstehenden Umgliederung in die »Jägerstruktur« wurde die Übung als Bestätigung empfunden[43]. In der Heeresstruktur 3 gab es nur noch Panzergrenadierbataillone mit Schützenpanzern. In der neuen Struktur, welche mit der Übung »Großer Rösselsprung« erprobt wurde, hatte das Panzergrenadierbataillon Marder B3 folgende Aufgaben:

»Das Panzergrenadierbataillon Marder B3 ist ein gepanzerter Infanterieverband, der selbstständig oder im engen Zusammenwirken mit anderen Waffen, vor allem mit Panzern, den Kampf in allen Kampfarten grundsätzlich beweglich führt[44].«

Die erstgenannte »selbstständige« Kampfweise besaß allerdings nur gegen einen »Infanteriefeind« Aussicht auf Erfolg, da die Panzerabwehrkomponente des Bataillons in der Heeresstruktur 3 nicht mehr vorhanden war. Die Ausrüstung mit dem Panzerabwehrlenkflugkörper Milan erfolgte erst Mitte der 1970er Jahre[45]. Somit war das Panzergrenadierbataillon auf die Zusammenarbeit mit Panzer- oder Panzerjägereinheiten angewiesen. In den Einzelaufgaben für das Panzergrenadierbataillon B3 heißt es weiter:

- es »kämpft meist aufgesessen,
- sitzt in besonderen Lagen, wo Gelände und Feindverhalten dazu zwingen, mit Teilen oder auch der Masse der Panzergrenadiere ab und führt dann den Kampf mit unmittelbarer Unterstützung der Bordwaffen seiner Schützenpanzer zu Fuß«[46].

Hier fehlt im Gegensatz zu früheren STAN jeglicher Hinweis auf den »Einsatz unter atomaren Gefechtsfeldbedingungen«. Zugleich war jedoch mit der Einführung des Schützenpanzers Marder das erste wirklich atomkriegstaugliche Gefechtsfahrzeug in Nutzung, da alle Waffen vom Innenraum bedient werden konnten. Die Schützen konnten über Kugelblenden ihre Handwaffen unter Panzer- und ABC-Schutz zur Wirkung bringen. Die ABC-Belüftungsanlage funktionierte einwandfrei und auch die Absitzstärke hatte sich erhöht[47]. Dies war bei den HS 30 Bataillonen regelmäßig bemängelt worden. Die Absitzstärke des HS 30 mit vier Soldaten pro Gruppe und zwölf pro Zug war demgegenüber deutlich geringer gewesen[48]. Dies hatte sich zwar hinsichtlich des Trainingsstandes auf das Kleingruppenkonzept positiv ausgewirkt, brachte aber zu wenig Feuerwirkung an den Gegner[49]. Die Absitzstärke eines mit Mardern ausgerüsteten Zuges betrug schon 28 Soldaten[50]. Obwohl sich aus der Tiefwatfähigkeit des Marders[51] veränderte Einsatzmöglichkeiten ergaben, blieb die Taktik auf Zug- und Kompanieebene weitgehend unverändert.

---

43 Ebd.
44 STAN 321 2180 PzGrenBtl (Marder) B3, 1.7.1971, BA-MA, BWD 4/611.
45 Die Einführung des PzAbwLFK Milan fand zwischen 1977 und 1979 statt. Plate, Fahrzeuge, S. 337.
46 STAN 321 2180 PzGrenBtl (Marder) B3, 1.7.1971, BA-MA, BWD 4/611.
47 Plate, Fahrzeuge, S. 337.
48 Siehe Kap. IV.6.d.
49 Weller, Bundeswehr.
50 STAN 321 4180 PzGrenKp (SPz) B3, 15.11.1966, BA-MA, BWD 4/607.
51 Plate, Fahrzeuge, S. 337.

b) Kampfweise

Zu Anfang der 1970er Jahre waren die Panzergrenadiere mit dem Schützenpanzer ein Teil der Infanterie, und die Bordmaschinenkanone 20 mm wie auch der Schützenpanzer waren ihre Unterstützungswaffen.

Das Berufsbild hatte sich vom bunt gekleideten Dragoner, der mit wenigen Kommandos und Handgriffen am Karabiner auskam, zum komplexen, mechanisierten Spezialisten für den verbundenen Kampf entwickelt. Die Kampfweise des Panzergrenadiers war nun geprägt von steigender Komplexität aufgrund einer großen Waffenvielfalt und modernen Fernmeldegeräten. Die Anforderungen an den Infanteristen/Panzergrenadier waren zwischen 1942 und 1970 gewaltig gestiegen[52].

Dieser Trend betraf die gesamte Bundeswehr am Übergang von den 1960er zu den 1970er Jahren. Die Gründung der Bundeswehrhochschulen in München und Hamburg trug, neben der Steigerung der Attraktivität der Offizierlaufbahn, dieser Entwicklung Rechnung. Sie sollten den geforderten, umfassend gebildeten Spezialisten prägen. Die Ausdifferenzierung der Aufgabenverteilung blieb nicht nur auf die Offiziere beschränkt. Auch in der »kleinen Kampfgemeinschaft« auf Gruppenebene hatten sich die Spezialisten durchgesetzt. Jeder Soldat in der Gruppe war mehr als nur ein Einzelkämpfer: Der Kraftfahrer musste die taktischen Bewegungen auf dem Gefechtsfeld verstehen und in der Lage sein, das Fahrzeug auch als Waffe einzusetzen, der Richtschütze musste das koaxiale Maschinengewehr und die Bordmaschinenkanone beherrschen, der Kommandant musste die Gruppe auf- und abgesessen führen können[53] und der Truppführer sollte den Kommandanten in allen Aufgaben vertreten können. Der Scharfschütze schaltete mit seinem Präzisionsschuss wichtige Gegner aus, der Funker (Fernmeldesoldat) war für die verschiedenen Funkgeräte und -kreise verantwortlich und auch die Panzerfaust- und MG-Schützen mit ihren jeweiligen Sicherungssoldaten waren Spezialisten an ihren Waffen[54]. Insgesamt zehn unterschiedliche Anforderungsprofile waren in der Kampfgemeinschaft »Panzergrenadiergruppe« eingebettet und erst ihr professionelles Zusammenwirken im Zeit-, Raum- und Aufgabenkontext erbrachte die volle Leistungsfähigkeit. Der Unterschied zu den Panzergrenadieren des Zweiten Weltkrieg konnte trotzt aller Kontinuitäten kaum größer sein.

Mit der Heeresstruktur 2 fand Ende der 1950er Jahre eine Teilung der Infanterie statt. Einerseits wurden die Panzergrenadiere (SPz) aufgestellt, die zum hinhaltenden Kampf und zum Angriff befähigt waren, andererseits existierten daneben die Panzergrenadiere (mot./MTW), die lediglich den klassischen infanteristischen Kampf führen konnten. Einige Offiziere waren deshalb der Meinung, dass für die MTW- und mot.-Bataillone jener Zeit »das Geld zur Ausrüstung« gefehlt hatte[55].

---

[52] Haucke, Die Entwicklung.
[53] Bremer, Der Marder; vgl. Ritz, Panzergrenadiere.
[54] STAN 321 4180 PzGrenKp (SPz) B3, 15.11.1966, BA-MA, BWD 4/607.
[55] Uhle-Wettler, Die Jägertruppe.

op Job: Offizier des Heeres

Panzergrenadier-Offizier

...berall, wo der „Leopard" auftaucht, ist der „Marder"
...nehr weit. Der moderne Schützenpanzer der Panzer-
...diere. Die Aufgabe dieser gepanzerten Infanterie:
...liche Abwehr, gemeinsame Aktionen mit Panzer-
...ten, flexibles Eingreifen durch vielseitige Mobilität.
...nzergrenadier-Offizier – ein Job für „ausge-
...ene" Männer. Die wendig und intelligent genug
...m früher am Zug zu sein als andere. Die Spaß
...finden, täglich nicht nur den Geist, sondern auch
...uskeln zu trainieren. Als Zugführer oder
...aniechef einer hochtechnisierten Kampftruppe.
...er bei uns Panzergrenadier-Offizier wird, braucht
...n seine Zukunft keine Sorgen zu machen. Das
...gs- und Fortbildungsprogramm der Bundeswehr
...attraktive Möglichkeiten bis zum Hochschul-
...m mit Diplom. Damit stehen Sie auch im Zivil-
...hren Mann.
...erden Sie unser Mann – als Offizier – mit diesem
...n.

...ier – Auftrag und Aufgabe

...rmieren Sie auch der Wehrdienst-
... beim Kreiswehrersatzamt oder der
...es nächstgelegenen Truppenteils.

Informieren Sie mich über die Laufbahn der

☐ Offiziere ☐ in Heer ☐ Wehrtechnik
☐ Unter- ☐ Luftwaffe (Beamten-
offiziere ☐ Marine laufbahn)
☐ Sanitäts- ☐ Bundeswehr
dienst allgemein

Werbeträger: 473/120733/10/18/1/1

Name:

Vorname:

Geburtsdatum:

Beruf:

Ort: (   )

Straße:

Schulbildung: ☐ Abitur ☐ Fachhochschulreife
☐ Oberstufe ☐ Mittlere Reife ☐ Hauptschule

Bitte in Blockschrift ausfüllen, auf Postkarte kleben
und senden an
Bundeswehramt, 53 Bonn-Duisdorf, Postfach 89

BUNDESWEHR

▲ Abb. 69: Werbeanzeige von 1973

SKA/IMZBw, Mandt

Zu Anfang der 1970er Jahre war die Panzergrenadiertruppe erstmalig wirklich für den atomaren und konventionellen Krieg einsatzbreit. Sie hatte ihre Kampfweise durch Spezialisierung an die Anforderungen des Kalten Krieges angepasst. Dabei waren die alten Grundgedanken der »panzerbegleitenden Infanterie« mit neuen Konzepten ins Atomkriegszeitalter transferiert worden. Die Einführung des Schützenpanzers Marder sowie die Umsetzung der Heeresstruktur 3 können als vorläufiger Abschluss dieser Entwicklung gewertet werden[56]. Dies heißt jedoch nicht, dass alle Mängel behoben gewesen wären. Fehlende Panzerabwehrmittel[57] und Schwimmfähigkeit des neuen Schützenpanzers seien hierbei nur exemplarisch genannt[58]. Sie setzten der Effektivität der Panzergrenadiere im »totalen Atomkrieg« weiterhin Grenzen[59].

3. Der SPz Marder

Die militärischen Forderungen für den Schützenpanzer (neu) wurden am 7. September 1959 formuliert[60], zeitgleich mit der Auslieferung der ersten HS 30 an die Truppe[61]. 1961 und 1966 wurden die Anforderungen überarbeitet und ergänzt. Der Schützenpanzer (neu) sollte aus Sicht des Militärs folgende Leistungsmerkmale erfüllen:
- Raum für zwölf Soldaten,
- Vollkette,
- Drehturm mit 20-mm-Bormaschinenkanone[62],
- Möglichkeit des schnellen Wechsels zwischen auf- und abgesessener Kampfweise,
- Geländegängigkeit und Geschwindigkeit analog zum Kampfpanzer Leopard,
- stufenloses Schalt- und Wechselgetriebe,
- ABC-Belüftungsanlage, die den Aufenthalt im Fahrzeug für 24 h ermöglicht,
- beschusssicher gegen 20-mm-Munition (am Bug auch gegen 20-mm-panzerbrechende Munition),
- passives Ziel- und Beobachtungssystem,
- Panzerabwehr-Lenk-Rakete mit einer Reichweite von 1000 m,
- Munitionswechselanlage für hochexplosive und panzerbrechende Munition,

---

[56] Bremer, Der Marder.
[57] Kreft, Die Erprobung.
[58] MfNV/Verw. Aufklärung: Neu- und Weiterentwicklungen von Schützenpanzerwagen für die NATO-Landstreitkräfte, 1972, BA-MA, DVW 1-25733/f., S. 7-11.
[59] Pein, Der Schützenpanzer Marder, S. 106.
[60] Bohrmann, Schützenpanzerentwicklung, S. 66.
[61] Kollmer, Rüstungsgüterbeschaffung, S. 281.
[62] Der Zwei-Mann-Drehturm mit scheitellafettierter Waffenanlage wurde erst 1966 nachgefordert, siehe Scheibert, Schützenpanzer, S. 36.

- für eine »Panzerfamilie« auf Grundlage der Gruppenvariante des Schützenpanzer (neu) tauglich sein[63].

Da auf dem freien Markt keine entsprechenden Gefechtsfahrzeuge zu erwerben
waren, erteilte das BMVg am 20. Juni 1960 die Entwicklungsaufträge[64]. Berücksichtigung fanden hierbei zwei Firmenkonsortien. Ersteres bestand aus der
Rheinstahlgruppe, den Firmen Ruhrstahl (Witten-Annen), dem Büro Warnecke
(Düsseldorf) und der Rheinstahl-Hanomag AG (Hannover). Das zweite Konsor-
tium setzte sich aus der Henschel-Werke AG (Kassel) und der Firma MOWAG
(Kreuzlingen, Schweiz) zusammen[65].

Als 1960/61 die ersten Prototypen erstellt worden waren[66], waren zehn Ein-
satzmuster einer »leichten Panzerfamilie« vorgesehen:
- Schützenpanzer lang (Gruppe),
- Schützenpanzer Führung und Funk,
- Jagdpanzer Kanone,
- Jagdpanzer Rakete,
- Spähpanzer mit 90-mm-Bordkanone,
- SPz Flakzwilling 30 mm,
- SPz Mörserträger 81 mm und 120 mm,
- SPz Raketenwerfer,
- SPz Krankenkraftwagen,
- SPz Transport.

Umgesetzt wurden nur sieben, eingeführt lediglich vier Typen: der Schützenpanzer (Gruppe), der Schützenpanzer (Führung/Funk), der Jagdpanzer und der
Fla-Panzer Roland[67]. Im Folgenden steht vor allem die Gruppenvariante des
Schützenpanzer (neu) im Blickpunkt, denn sie sollte das Hauptwaffensystem
der Panzergrenadiere werden.

Insgesamt wurden drei Gruppen von Prototypen erstellt. Die erste Gruppe
(1960–1964) unterschied sich vor allem hinsichtlich der Position des Motors in
der Panzerwanne. Bei den Modellen RU 111 und RU 112 von Hanomag war der
Motor noch hinten platziert wie beim HS 30. Bei dem darauf folgenden RU 122
positionierten die Techniker von Hanomag den Motor in die Mitte auf der
rechten Seite der Wanne. Henschel ging mit dem Modell 1HK 3/1 neue Wege
und baute den Motor im Bug ein. Dadurch besaß das Fahrzeug zwar eine un-
günstigere Gewichtsverteilung für die Geländefahrt, hatte aber im hinteren Teil
ausreichend Platz für den Schützentrupp und eine entsprechende Hecktür[68].
Die Gemeinsamkeit aller Henschel-Prototypen bestand im Einbau des Getriebes

63 Siehe technisch-taktische Forderungen HS 30 sowie Stipanitz, Die Entwicklung der Rüstungsprojekte, S. 25; vgl. BMVg, T III 2: Technische Forderungen für Schützenpanzer
SPz RU1, RU2, RU3 sowie SPz HK1, HK2, HK3, 21.4.1960, BA-MA, BV 3/11470.
64 Kollmer, Rüstungsgüterbeschaffung, S. 268; vgl. BMVg, T III 2: Entwicklungsanweisung
T III 2033/60 (A) für die Entwicklung des Schützenpanzer (neu), 20.6.1960, BA-MA,
BV 3/11470.
65 Scheibert, SPz MARDER, S. 2.
66 Bohrmann, Schützenpanzerentwicklung, S. 68.
67 Plate, Fahrzeuge, S. 337.
68 Bohrmann, Schützenpanzerentwicklung, S. 71.

im Bug der Fahrzeuge, womit ein wesentlicher Mangel des HS 30 beseitigt wurde[69]. Die Prototypen wurden durch das BWB in Zusammenarbeit mit der Industrie unter extremen klimatischen Bedingungen in Sardinien vom 18. August bis 19. September 1964 und in Kanada getestet[70].

1964 übernahm die Rheinstahlgruppe die Henschel-Werke AG und gemeinsam mit der Firma Hanomag wurden von 1965 bis 1967[71] die Jagdpanzer (Kanone und Rakete) produziert. Damit fand die Koopertion mit der MOWAG ein Ende und die Schweizer Firma entwickelte eine eigene Reihe von Prototypen[72]. 1967 wurde die Entwicklung des Panzerbaus bei Rheinstahl und Henschel in Kassel zusammengefasst und ab 1970 auch alle sonstigen wehrtechnischen Produkte des Konzerns dort produziert[73].

Ebenfalls ab 1964 erhielt die Entwicklung des Jagdpanzers auf Grundlage des Schützenpanzer (neu) Priorität[74]. Der Panzergrenadiertruppe sollte eine stärkere Panzerabwehrkomponente gegeben werden und die »Panzerabwehrlücke« geschlossen werden. Ab 1965 sollten die Jagdpanzer an die Panzergrenadierbataillone ausgeliefert werden[75].

Im Vergleich zum Rüstungsprojekt HS 30 fiel die geänderte Praxis in der Zusammenarbeit zwischen den Dienststellen der Bundeswehr und der Industrie auf. So überschritt die Firma Henschel bei der Herstellung des Prototypen »15-t-Schützenpanzerwagen« die im Entwicklungsvertrag festgelegten Kosten von 3 704 295 DM um 1 386 093,67 DM. Diese Mehrkosten verursachten zwischen Januar und April 1965 einen regen Schriftwechsel mit dem BWB bzw. BMVg. Beide Institutionen stellten fest, dass es sich nicht um eine Fehlkalkulation handelte, sondern dass beim Überschreiten des Vertragslimits ohne Verbindungsaufnahme weitergearbeitet worden war. Wegen der fehlenden Vertragsnachträge konnten die entstandenen Mehrkosten nicht beglichen werden. Der Hinweis, dass dies im Verlauf der Entwicklung und Einführung des SPz HS 30 übliche Praxis gewesen sei, wurde von Auftraggeberseite zurückgewiesen[76].

Dennoch konnten die verschiedenen Einsatzmuster weiterentwickelt und eine zweite Prototypen-Gruppe (1964-1966) gebaut werden. Die Aufträge für sechs Prototypen wurden vom BMVg zwischen August 1963 und Oktober 1964 erteilt[77]. Die Entwicklungen erfolgten bei Henschel und Hanomag unter der ge-

---

[69] Pein, Der Schützenpanzer Marder.

[70] Stipanitz, Die Entwicklung der Rüstungsprojekte, S. 52; Klennert, Der neue deutsche Schützenpanzer, S. 307.

[71] BMVg, T III 2 an BWB betr. Produktion Kanonenjagdpanzer, Raketenjagdpanzer, Schützenpanzer (Gruppe), 1.12.1965. BA-MA, Bw 1/25346.

[72] Scheibert, SPz MARDER, S. 2; Klennert, Der neue deutsche Schützenpanzer, S. 308.

[73] Scheibert, SPz MARDER, S. 2.

[74] Bohrmann, Schützenpanzerentwicklung, S. 67.

[75] Truppenamt, Insp. Kampftruppen, Grp. Inf/Dez. PzAbw an Führungsakademie betr. Panzerabwehr, 24.2.1964, BA-MA, BH 2/119, S. 3.

[76] Schriftwechsel zwischen der Fa. Henschel-Werke AG Kassel und dem BWB/BMVg zu einer Erstattung der Mehrkosten bei dem Entwicklungsauftrag für einen SPz-15-to, 15.1.1965-18.4.1965, BA-MA, BV 3/4350.

[77] BMVg, T I 3 betr.: Studienauftrag über den Schützenpanzer neu Gruppenwagen RU 261, 2.8.1963, BA-MA, Bw 1/369363; vgl. Rheinstahl Hanomag AG: Studie über Schützenpan-

meinsamen Regie von Rheinstahl. MOWAG entwickelte unabhängig die eigenen Prototypen (2M 1/1, 2M 1/2 und 2M 1/3) weiter. Zu den Prototypen der Rheinmetall-Gruppe zählten die Modelle RU 241 und RU 261-264. Bei Letzteren behielt man die Bugmotor-Variante bei. Die anderen Prototypen von MOWAG und Rheinstahl hatten den Motor in der Mitte[78]. Die Rheinstahl-Gruppe nutzte einen Daimler-Benz-Motor (600 PS) mit einem Getriebe der Firma Renk, wohingegen MOWAG einen 10-Zylinder-Mehrstoffmotor (450 PS) selbst entwickelte. Die Auslieferung der zweiten Prototypen-Gruppe für die technische Erprobung und den Truppenversuch erfolgte im Juli 1966. Ende diesen Jahres wurden nach dem Abschluss der technischen Erprobung und des Truppenversuchs[79] u.a. folgende Maßnahmen für die Vorbereitung einer Nullserie festgelegt: technische Erprobung und Truppenversuch von Gefechtsfahrzeugen, um 1969 eine Serienentscheidung zu ermöglichen, Abstellung der in den Berichten aufgezeigten Mängel an Laufwerk, Abgasführung, Motorraumbe- und -entlüftung sowie die gezielte Erprobung der dritten Gruppe an Prototypen[80].

Im Zuge der zweiten Prototypengruppe wurden 1966 die militärischen Forderungen für den Schützenpanzer (neu) verändert. Die Waffenanlage sollte nunmehr oberhalb des Turmes befestigt werden (scheitellafettiert). Weiterhin forderte das BMVg einen Zwei-Mann-Turm statt des bisherigen Ein-Mann-Turms, um die Durchhaltefähigkeit bei ABC-Bedrohung zu verbessern[81]. Zudem ermöglichte dieser Ansatz dem Kommandanten, die Bordmaschinenkanone bzw. das koaxiale MG direkt zu bedienen und den Richtschützen zu übersteuern. Der Turm wurde somit um eine »Kommandantenfunktion« erweitert[82]. Diese Entwicklung bis zur Serienreife erfolgte bei der Firma Keller und Knappich (KUKA) in Augsburg. Mit ergänzten Vorgaben wurde eine dritte Gruppe von Prototypen (1966/67), RU 361-368 (Rheinstahl) und 3M 1/1-1/3 (MOWAG) entwickelt, die den Schützenpanzer (neu) bis zur Nullserienreife bringen sollte[83].

Obwohl die Rheinstahl AG 1969 den Zuschlag für die Lieferung der zehn Nullserienfahrzeuge erhielt, flossen einzelne Bauteile wie die Hecklafette und die militärische Innenausstattung der MOWAG-Prototypen in die Nullserie ein, die bei Rheinstahl-Henschel (Kassel) und MaK (Kiel) gebaut wurde[84]. Von den zehn gefertigten Nullserienfahrzeugen verwendeten Rheinstahl AG (Kassel)

---

zer-neu-GRUPPE, lang Typ: RU 261, 5.6.1963, ebd., S. 1; BMVg, T I 3: Studienvertrag zwischen der Bundesrepublik Deutschland und der Henschel Hanomag AG über Entwicklung eines stabilisierten SPz TurmS, 19.2.1964, BA-MA, Bw 1/347935; vgl. Klennert, Der neue deutsche Schützenpanzer, S. 308.

[78] Bohrmann, Schützenpanzerentwicklung, S. 71.
[79] Fü H III 2 an Abt. Haushalt H I 1 betr.: Beratungen des Entwurfes des Haushaltsplans für das Rj. 1968 in den Parlamentsausschüssen, 13.10.1967, BA-MA, BH 1/2017.
[80] Klennert, Der neue deutsche Schützenpanzer, S. 308.
[81] Scheibert, Schützenpanzer, S. 37; Kirch, Turm und Bewaffnung; vgl. Bohrmann, Schützenpanzerentwicklung, S. 72.
[82] Pein, Der Schützenpanzer Marder, S. 109.
[83] Bohrmann, Schützenpanzerentwicklung, S. 71.
[84] Fü H III 2 an Abt. Haushalt H I 1 betr.: Beratungen des Entwurfes des Haushaltsplans für das Rj. 1968 in den Parlamentsausschüssen, 13.10.1967, BA-MA, BH 1/2017; Plate, Fahrzeuge, S. 337.

und BWB (Trier und Meppen) für die technische Erprobung vier Schützenpanzer. Sechs Fahrzeuge wurden dem Spezialstab ATV an der Kampftruppenschule II in Munster für den Truppenversuch zur Verfügung gestellt, der zwischen 15. Oktober 1968 und 25. März 1969 auf den Truppenübungsplätzen Munster und Bergen-Hohne sowie den Schießplätzen Putlos und Todendorf stattfand[85]. Die Untersuchungen bestanden in der Beurteilung der Truppenverwendbarkeit, des Kampfwertes, der Materialerhaltung, des Infrarot-Nachtzielgeräts und der Zieleinrichtungen der Turmwaffen[86].

Hiernach erfolgte die »Typenfestlegung«[87]. Am 5. Mai 1969 wurde der SPz Marder den Parlamentsausschüssen Haushalt und Verteidigung in Munster durch die Kampftruppenschule II vorgeführt und einen Tag später den Militärattachés und der Bundespressekonferenz präsentiert[88]. In Anwesenheit der Medien taufte man den Schützenpanzer (neu) auf den Namen »Marder«, womit er in der Tradition der deutschen Wehrmacht stand[89].

Bis Dezember 1969 folgten Geräteänderungen, Nachforderungen und Erprobungen. Die Nachforderungen waren umfangreich und zukunftsorientiert, aber in vielen Details nicht unmittelbar realisierbar. Zu ihnen zählte u.a. eine Schwimmeinrichtung (Ballonfabrik Augsburg), stahlarmierte Kettenblenden, eine Fahrzeugnavigationsanlage, eine Waffenstabilisierung für die Turmwaffen, ein Bildverstärkerfahrgerät sowie eine verbesserte Fahrerplatzheizung[90]. Viele dieser Forderungen wurden mit den verschiedenen Kampfwertsteigerungen für die vorhandenen Schützenpanzer umgesetzt bzw. bei Neuentwicklungen wie dem Prototyp »Marder 2« und dem SPz »Puma« berücksichtigt.

Am 22. Dezember 1969 wurde dem Schützenpanzer »Marder« vom BWB die »uneingeschränkte Feldbrauchbarkeit« bescheinigt[91]. Nach der Billigung durch den Bundestag[92] sowie der Beschaffungsanweisung durch das BMVg (Abt. X)[93], erfolgte die Serienfertigung bei Rheinstahl-Henschel (Kassel) und den verschiedenen Subunternehmen. Insgesamt waren 1400 Firmen an der Entwicklung beteiligt. Zu den wichtigsten Subunternehmen zählten:

– MaK Systemgesellschaft mbH, Kiel: Endmontage
– KUKA Wehrtechnik GmbH, Augsburg: Turmmontage, Umrüstung
– Thyssen-Maschinenbau GmbH, Witten-Annen: Gehäusefertigung

---

[85] Klennert, Der neue deutsche Schützenpanzer, S. 308.
[86] Ebd., S. 310.
[87] Bundeswehr: 50 Jahre, S. 22.
[88] Fü H I 5, Az. 90-23-50 betr.: Vorstellung des SPz, neu, 24.3.1969, BA-MA, Bw 1/27862.
[89] Erb, Gab es, S. 81.
[90] Truppenamt, Insp. der Kampftruppen, Gruppe Infanterie an Insp. für Heeresangelegenheiten der Rüstung, Gruppe Kfz/KettenKfz, betr.: Schützenpanzer Marder, Nachforderungen/Geräteänderungen, 20.11.1969, AGWPzTrpS, Ordner 98, Vorgangsnr. 14.
[91] Stipanitz, Die Entwicklung der Rüstungsprojekte, S. 52.
[92] Am 3./4.6.1969 passierte das Rüstungsprojekt den Verteidigungsausschuss, am 18.6.1969 den Haushaltsausschuss; vgl. Bundesminister der Verteidigung Gerhard Schröder an den Vorsitzenden des Verteidigungsausschusses des Deutschen Bundestages Friedrich Zimmermann betr.: Beschaffung von 2171 Schützenpanzern (neu), 18.4.1969, BA-MA, Bw 1/25346; vgl. Weißbuch 1970, S. 196.
[93] Bundeswehr: 50 Jahre, S. 58.

- Blohm + Voss AG, Hamburg: Turmfertigung
- Rheinmetall GmbH, Düsseldorf (heute Ratingen/Unterlüß): Maschinenkanone/MG
- Motoren- und Turbinenunion (MTU), Friedrichshafen, München: Motor
- RENK AG, Augsburg: Getriebe
- Diehl KG, Remscheid: Gleisketten[94].

Die Endmontage erfolgte in Kassel und Kiel.

Die offizielle Übergabe des ersten Fahrzeugs der Serienfertigung »Schützenpanzer Marder« an die Bundeswehr fand am 6./7. Mai 1971 in Kassel statt. Das Programm beinhaltete einen Herrenabend auf dem Schlosshotel Wilhelmshöhe, die Übergabe vor Halle K42 und die Vorführungen auf dem firmeneigenen Testgelände[95], zu dem Journalisten extra eingeflogen wurden[96].

Bis zur Einstellung der Fertigung im Jahre 1975 lieferte die Rheinstahl 2136 Schützenpanzer an die Panzergrenadiertruppe aus[97]. Zunächst rüstete man die Truppenschulen mit dem Marder aus, danach die ca. 50 Panzergrenadierbataillone[98].

Die Kosten für die Beschaffung des neuen Gefechtsfahrzeugss sollten 1,782 Mrd. DM betragen. Zusätzlich waren Betriebskosten für die ersten zehn Jahre in Höhe von 795 Mill. DM eingerechnet[99]. Letztlich kostete die Beschaffung von 2136 Schützenpanzern (ohne Betriebskosten) rund 2,278 Mrd. DM. Dies ergab einen Gerätesystempreis von rund 1 066 000 DM[100], was einer Kostensteigerung gegenüber der Beschaffung des HS 30 von ca. 70 Prozent entsprach[101]. Die Steigerung der Leistungsfähigkeit gegenüber dem HS 30 rechtfertigte jedoch aus Sicht der Verantwortlichen den Preis.

Zur »Marderfamilie« gehörten neben dem Schützenpanzer die Flugabwehrpanzer Roland (Fahrzeugserie 140), die Träger für Tieffliegerüberwachungsradar (nur als Prototypen), der leichte Kampfpanzer TAM/TH 301, der Schützenpanzer VCTP/TH 302 für Argentinien, die Panzermörserträger 120 mm (nur als Prototypen) und die Panzerhaubitze 155 mm als Prototyp für Argentinien[102]. Insgesamt gelang es dem BMVg wiederum nicht, eine Standardisierung im Bereich der gepanzerten Fahrzeuge durchzusetzen[103].

---

[94] Stipanitz, Die Entwicklung der Rüstungsprojekte, S. 50; vgl. Bundeswehr: 50 Jahre, S. 78 f.
[95] Rheinstahl AG Sonderfertigung: Programm Übergabe Schützenpanzer Marder am 6./7.5.1971 in Kassel, 28.4.1971, BA-MA, Bw 1/27862.
[96] Fü H I 3 betr.: Übergabe Schützenpanzer Marder am 7.5.1971 in Kassel (»Journalistenbeteiligung erwünscht«), ebd.
[97] Plate, Fahrzeuge, S. 337.
[98] Klennert, Der neue deutsche Schützenpanzer, S. 308.
[99] Bundesminister der Verteidigung Gerhard Schröder an den Vorsitzenden des Verteidigungsausschusses des Deutschen Bundestages Friedrich Zimmermann betr.: Beschaffung von 2171 Schützenpanzern (neu), 18.4.1969, BA-MA, Bw 1/25346.
[100] Stipanitz, Die Entwicklung der Rüstungsprojekte, S. 75.
[101] Weißbuch 1970, S. 166.
[102] Bundeswehr: 50 Jahre, S. 78.
[103] Stipanitz, Die Entwicklung der Rüstungsprojekte, S. 55.

Die Panzergrenadiere erhielten ab 1971 ein Fahrzeug, welches den Anforderungen eines atomaren Gefechts genügte. Der Schützenpanzer Marder verfügte über eine kompakte Wanne mit einem flach auslaufenden Bug, in dem sich der Motor befand. Das Laufwerk bestand aus sechs Doppellauf- und drei Stützrollen. Der Marder verfügte über einen Zwei-Mann-Turm mit scheitellafettierter 20-mm-Bordmaschinenkanone und koaxialem MG. Am Heck war ein weiteres Maschinengewehr lafettiert, welches aus dem Kampfraum bedient werden konnte. An den Seiten der Wanne befanden sich je zwei Kugelblenden, um mit der MP2 den Feuerkampf führen zu können. Der Fahrbereich betrug ca. 520 km, die Höchstgeschwindigkeit 78 km/h, das Gewicht 25,5 to. Das Fahrzeug besaß bis zur Oberkante der Scheitellafette eine Höhe von 2,95 m[104].

Der Schützenpanzer Marder erfüllte nach mehr als zehn Jahren Entwicklungszeit – von den ersten Studienaufträgen bis zum Beginn der Serienproduktion – fast alle militärischen Forderungen der Planer von 1960[105]. Zum Zeitpunkt der Einführung war er ein hochmodernes, leistungsfähiges Kampffahrzeug, das den taktischen Forderungen der Panzergrenadiere entsprach und auf die Zusammenarbeit mit dem Kampfpanzer Leopard 1 abgestimmt war[106].

Durch die Änderung der NATO-Strategie stimmten die militärischen Forderungen von 1970 allerdings nicht mehr mit jenen von 1960 überein. Diesem Umstand begegneten die Industrie und die verantwortlichen Rüstungsplaner auf zwei Wegen. Zum einen ergänzte die militärische Seite regelmäßig ihre Forderungen, zum anderen wurde mit dem »Schützenpanzer 70« ein Nachfolgemodell für den Schützenpanzer Marder in Auftrag gegeben[107].

Einer der Forschungsaufträge für das Projekt »Schützenpanzer 70« bezog sich auf die »verstärkte Verwendung von Leichtmetall«, wodurch die Grundkonstruktion leichter werden sollte, um mehr Panzerung oder Gerät aufnehmen zu können. Einer der hierfür notwendigen Verträge wurde am 17. Dezember 1968 zwischen dem Bund und der Fa. Rheinstahl Henschel AG abgeschlossen[108]. Das Ergebnis der Versuchsreihe zur Gewichtsminderung führte jedoch nicht zum Erfolg. So wurde in einem Sachbericht des BMVg am 21.8.1970 festgestellt:

»Die Verwendung von Aluminium ist in erhoffter Weise technisch bisher noch nicht möglich. Die Verschweißung von Stahl und Aluminium unter Verwendung bisheriger Verbundstücke genügt den Anforderungen im Panzerbau noch nicht[109].«

---

[104] Unser Heer, S. 39.
[105] Stipanitz, Die Entwicklung der Rüstungsprojekte, S. 25; vgl. BMVg, T III 2: Technische Forderungen für Schützenpanzer SPz RU1, RU2, RU3 sowie SPz HK1, HK2, HK3, 21.4.1960, BA-MA, BV 3/11470.
[106] Handbuch Ausrüstung, S. 78 f.
[107] BMVg, T VII 2 an Fü H I 5 betr.: Änderung der militärischen Forderungen für Schützenpanzer Marder, Planungsnummer 2350-56290, 17.9.1970, AGWPzTrpS, Ordner 98, Vorgangsnr. 12.
[108] BMVg, T III 2 betr.: Abschluss eines Zusatzvertrages (1. Nachtrag) zum Studienvertrag »Schützenpanzer 1970«, Auftragsnr.: 803-K-302 mit der Firma Rheinstahl-Henschel AG, 23.10.1968, BA-MA, Bw 1/369393.
[109] BMVg, T III 2 betr.: Vertrag mit der Firma Rheinstahl-Henschel AG über Zusatzvertrag »Schützenpanzer 1970«, 21.8.1970, BA-MA, Bw 1/269393.

Die Forschungen und Entwicklungen im Rahmen des »Schützenpanzer 70«
flossen später in die Entwicklung des Prototypen Marder 2 ein. Die geänderten
militärischen Forderungen von 1970 umfassten u.a.:
- die Stabilisierung der Turmwaffen mit Nachführung der Visiere,
- ein bis zwei Panzerabwehrwaffen,
- ein passives Wärmebildgerät oder Wärmepeiler[110],
- einen Doppelgurtzuführer für verschiedene Munitionssorten der BMK[111] sowie
- eine Schwimmeinrichtung[112].

Einigen dieser Forderungen von militärischer Seite wurde durch mehrere
Kampfwertsteigerungen entsprochen. Von 1977 bis 1979 erfolgte die Nachrüs-
tung des Panzerabwehr-Lenkflugkörpers Milan, von 1979 bis 1982 die Nachrüs-
tung des passiven Nachtsichtgeräts und des Doppelgurtzuführers[113]. Mit Letzterem konnte wahlweise Sprengbrand- oder panzerbrechende Munition mit
Treibspiegel eingesetzt werden. Die Umsetzung anderer Forderungen scheiterte
an den finanziellen Rahmenbedingungen (Stabilisierung der Turmwaffen) und
andererseits an der technischen Machbarkeit (Schwimmeinrichtung)[114].

Der Auslandsgeheimdienst der NVA schätzte den SPz Marder während der
Einführungsphase treffend ein. In den »militärischen Informationen« heißt es:
»Das Fahrzeug ist trotz der hohen Anordnung seiner 20-mm-Maschinen-
kanone als leistungsfähiger ›Schützenpanzer‹ einzuschätzen. Es zeichnet sich
im Vergleich mit ähnlichen NATO-Entwicklungen durch hohe Feuerkraft
und Beweglichkeit aus.
    Als besonderer Nachteil muss angesehen werden, dass die 20-mm-
Maschinenkanone wegen der Gefahr des Abscherens des Seitenrichtantriebs
– also aus technischen Gründen – während der Fahrt gezurrt sein muss. Aus
diesem Grund wird auch das Schießen währen der Fahrt in der Richtschüt-
zenausbildung nicht gelehrt. Es ist anzunehmen, dass dieser konzeptionell
bedingte Mangel zu einen späteren Zeitpunkt überwunden wird, zumal
Entwicklungen zur Stabilisierung dieser Waffe geplant sind.
    Die 20-mm-Maschinenkanone [...] soll bei Einzel- und Dauerfeuer bis zu
Schussentfernungen von 600 m mit hoher Genauigkeit schießen und nicht
auswandern. Die Bedienung der Waffe erfolgt über einen Steuerblock. Der
Turm mit seiner Scheitellafette lässt sich mittels zweier Handgriffe in Höhe
und Seite richten.

---

[110] BMVg, T VII 2 an Fü H I 5 betr.: Änderung der militärischen Forderungen für Schützenpanzer Marder, Planungsnummer 2350-56290, 17.9.1970, AGWPzTrpS, Ordner 98, Vorgangsnr. 12.
[111] Heeresamt, Abt. III: Militärischer Beitrag für die militärisch-technisch-wirtschaftliche Forderung (Planungsbegriff SPz, A 1 Kampfwertsteigerung), 10.1.1977, AGWPzTrpS, Ordner 98, Vorgangsnr. 9.
[112] Kampftruppenschule II, Spezialstab ATV, Abschlußbericht über Truppenversuch mit
Schwimmeinrichtung für SPz Marder, 1971, S. 54 f., BA-MA, BH 9-9/1106.
[113] Heeresamt, Abt. III: Militärischer Beitrag für die militärisch-technisch-wirtschaftliche Forderung (Planungsbegriff SPz, A 1 Kampfwertsteigerung), 10.1.1977, AGWPzTrpS, Ordner 98, Vorgangsnr. 9.
[114] Kampftruppenschule II, Spezialstab ATV, Abschlußbericht über Truppenversuch mit
Schwimmeinrichtung für SPz Marder, 1971, S. 54 f., BA-MA, BH 9-9/1106.

Bei Schussversuchen soll von der 20-mm-Hartkernmunition auf Entfernungen bis zu 600 m die Bugpanzerung des ›Leopard‹ (Panzerstärke ca. 50 mm) unter günstigen Auftreffwinkeln durchschlagen worden sein [...] Der Antriebsblock wird durch den DB-Motor [...] und das automatische Getriebe gebildet. Die Besatzung ist in der Lage, den Antriebsblock in 6 bis 7 Min. mithilfe eines Krans auszubauen und in gleicher Zeit wieder einzubauen.

Die Kupplung arbeitet ebenfalls automatisch. Beim Fahren wird lediglich ein Vorwärtshebel auf Vorwärts- oder Rückwärtsfahrt gelegt. Kuppeln und Schalten erfolgt automatisch bei Betätigung des Gaspedals.

Der technischen Konzeption nach ist der ›Schützenpanzer Marder‹ für die Unterwasserfahrt geeignet. Versuche ergaben jedoch eine zu geringe Kraftübertragung der Kette auf den Gewässergrund bei größerer Wassertiefe, bedingt durch den Auftrieb der Panzerwanne. Deshalb wurde nachträglich eine Schwimmausrüstung entwickelt, die den ›Marder‹ zwar schwimmfähig macht, aber den Anforderungen des Gefechts, wegen des hohen Aufwandes bei der Montage und Nachführung, nicht entspricht. Diese Schwimmausrüstung befindet sich noch in der Erprobung und es bleibt abzuwarten, ob sie zur Einführung kommen wird.

Westdeutscherseits wird der ›Marder‹ als kampfstarkes Fahrzeug eingeschätzt, das hinsichtlich der Beweglichkeit, der Geschwindigkeit und des Fahrbereichs dem ›Leopard‹ überlegen ist.

Besonders hervorgehoben werden die hohe Feuerkraft der Bewaffnung und der Fahrkomfort, Letzterer wegen der auf schnelle Straßenfahrt abgestimmten Federung, der eingebauten Heizungs- und Belüftungsanlage sowie der Schlafmöglichkeiten für die Besatzung.

Der ›Marder‹ hat noch eine Reihe technischer Mängel, die in hoher Wasseranfälligkeit des Schleifringes, Schwierigkeiten bei der Ölversorgung von Motor und Getriebe sowie in der Gefahr des Selbstzündens der Patronen bei Störungen im Patronenlager und warmgeschossenem Rohr ihren Ausdruck finden. Mit technischen Veränderungen zur Behebung dieser Erscheinungen ist zu rechnen[115].«

Der Schützenpanzer Marder stellte für die Panzergrenadiere einen »Quantensprung«[116] dar. Er fuhr zuverlässig, besaß eine sehr hohe Feuerkraft, verfügte über gute Schutzeigenschaften und eine moderne Funkausstattung (SEM 35)[117]. Weiterhin entsprach er in seiner Bauart den ergonomischen Anforderungen der Panzergrenadiere. Diese Eigenschaften, verbunden mit der ABC-Belüftungsanlage, waren gute Voraussetzungen für eine hohe Durchhaltefähigkeit unter den Bedingungen einer atomaren Kriegführung. Seine Einführung stellte einen wichtigen Eckpfeiler für die hohe Einsatzbereitschaft der Panzergrenadiere Mitte der 1970er Jahre dar und manifestiert das Ende der Aufbaujahre der Panzergrenadiertruppe.

---

[115] MfNV/Verw. Aufklärung: Neu- und Weiterentwicklungen von Schützenpanzerwagen für die NATO-Landstreitkräfte, 1972, BA-MA, DVW 1-25733, S. 7-11.
[116] Interviews mit Herrn Stabsfeldwebel a.D. Hans-Joachim Drost, ehemalige Gruppe WE Dez. PzGren, am 21.10.2008, und mit Herrn Lischitzki am 22.10.2008 in Munster. Siehe Kollmer, »Klotzen, nicht kleckern!«, S. 568.
[117] Kämmerer, Praktischer Dienst, S. 455 f.

Wie Stipanitz mit seiner Untersuchung des Arbeitsmarktes Kassel zeigte, waren die konjunkturellen Auswirkungen des Rüstungsprojekts marginal[118], aber verteidigungs- und sicherheitspolitisch war die Einführung des Schützenpanzers Marder bedeutend. 34 Panzergrenadierbataillone[119] mit 2136 Schützenpanzern Marder verliehen der Bundesrepublik mehr politisches Gewicht im Bündnis, ermöglichten die Umsetzung der Strategie der »Flexible Response« im Heer und wirkten als Abschreckung für den potenziellen Gegner, den Warschauer Pakt.

---

[118] Stipanitz, Die Entwicklung der Rüstungsprojekte, S. 89 f.
[119] Drost, Auflistung, S. 393.

VI. Zusammenfassung und Ausblick

Die zentrale These dieser Arbeit lautet: Das deutsche Heer – und in seinem Kern die Panzergrenadiertruppe – war in den 1960er Jahren nur bedingt in der Lage, einem Angriff des Warschauer Paktes unter Einsatz atomarer Gefechtsfeldwaffen auf das Territorium der Bundesrepublik Deutschland erfolgreich zu begegnen oder ihn abzuwehren.

Zur Überprüfung der These wurde der »Diskurs zwischen Kontinuität und Neuausrichtung« aus verschieden Perspektiven beleuchtet. Dabei spielten wissenschaftliche Modelle aus Sicht der Beschaffung, der Struktur sowie die Führungs- und Kampfweise vor dem Hintergrund der sicherheitspolitischen, wirtschaftlichen und gesellschaftlichen Entwicklungen die zentrale Rolle.

Der Untersuchungsgegenstand umfasste im weiteren Sinne die gesamte motorisierte Infanterie der Bundeswehr. Dazu zählten sowohl die Panzergrenadiere mit Schützenpanzern als auch mit LKW oder Mannschaftstransportwagen (MTW M 113). Jedoch nur die mit dem »Hauptwaffensystem« Schützenpanzer HS 30 ausgerüsteten Verbände waren zum gemeinsamen Kampf mit der Panzerwaffe befähigt, weswegen diese in den Fokus genommen wurden.

Die Zielprojektion Anfang der 1960er Jahre sah eine Ausstattung aller Panzergrenadierbataillone mit Schützenpanzern vor[1]. Die Realität gab eine solche Tiefe der Ausstattung aus wirtschaftlichen und technischen Gründen jedoch nicht her[2]. Die Teilung der Truppengattung in zum gemeinsamen Kampf mit Kampfpanzern befähigte und nicht dazu befähigte Panzergrenadiere war die Folge[3].

Eine unterschiedliche Entwicklung ihres Selbstverständnisse war die Folge. Der eine Teil (ohne SPz) sah sich als »Infanterie«, der andere als fester Bestandteil oder neuer Kern der »Panzerwaffe«. Beiden war das Verharren im taktisch-operativen Denken des Zweiten Weltkrieges gemein.

Nur zögerlich nahmen die verschiedenen Akteure die atomare Herausforderung an. Dem formulierten Willen zum Aufbau einer atomkriegsfähigen Panzergrenadiertruppe standen Anfang der 1960er Jahre das »Atomspiel«[4] und die

---

[1] Fü H III: Organisation, Aufstellungsstand und Aufstellungsplanung des Heeres, 16.10.1962, BA-MA, BH 1/2460, S. 10; vgl. Fü H III 3 an Truppenamt/Referat Infanterie Kampftruppen: Stand und Planung für Ausrüstung der Panzergrenadierbataillone (Schaubild), 21.3.1962, BA-MA, BH 2/113.

[2] Fü H III: Festlegung der Endplanung PzGrenBtl (SP) und PzGrenBtl (mot.), 28.1.1959, BA-MA, BH 1/928.

[3] Panzergrenadiere (SPz), S. 1; vgl. Panzergrenadiere (mot), S. 1--3.

[4] Amtchef Truppenamt an Inspekteur Heer: NATO-Manöver »Winter Shield II«, 20.3.1961, BA-MA, BH 1/599, S. 5.

Ausrüstungsrealität gegenüber[5]. Erst ein Jahrzehnt später, also nach Implementierung der Strategie der »Flexible Response« und mit der Auslieferung der Schützenpanzer Marder, erreichte die Panzergrenadiertruppe die technische und taktische »Atomkriegstauglichkeit«[6], zu einem Zeitpunkt, als die strategisch-politischen Zeichen bereits auf Entspannung standen. Ob mithilfe des Konzeptes der »Inneren Führung« auch die intrinsische Motivation der Panzergrenadiere für den »totalen Atomkrieg« erreicht wurde, konnte in dieser Arbeit nicht umfassend untersucht werden.

In Bezug auf die Umsetzung strategischer Konzepte der NATO oder der Bundesregierung gab es bei den Panzergrenadieren eine qualitative und quantitative Fähigkeitslücke von ca. zehn Jahren. Zumal es bei den Panzergrenadieren eine Vielzahl von Kontinuitäten des Zweiten Weltkrieges hinsichtlich Ausrüstung, Struktur sowie Führungs- und Kampfweise gab. Zu der neuartigen Gefahr eines totalen Atomkrieges kam die deutlich erhöhte Komplexität der Kriegführung. Vor diesem Hintergrund ließ sich das taktisch/operative »Erbe« der Wehrmacht nicht mehr aufrechterhalten. Diese Anforderungen spiegelten sich in der Suche nach einem neuen Hauptwaffensystem der Panzergrenadiere wider. Dafür benötigte man nicht nur den hoch motivierten Einzelkämpfer, sondern auch die Spezialisten für Fahrzeug, Funk, Waffensystem und Führung[7]. Der Binneneindruck der Truppengattung vermittelt für die 1960er Jahre das Bild einer »bedingten Abwehrbereitschaft«, der sich bei einem Blick auf den potenziellen Gegner, die Motorisierten Schützen des Warschauer Paktes, relativiert. Auch hier standen 1960 nicht ausreichend atomkriegstaugliche, vollgepanzerte Mot.-Schützenverbände bereit und der Ostblock versetzte seine Mot.-Schützen, analog zur Entwicklung im Westen, erst gegen Anfang der 1970er Jahre in einen atomkriegstauglichen Zustand.

Damit war die konventionelle Komponente des postulierten Atomkrieges auf dem Höhepunkt des Kalten Krieges eine unrealistische strategische Option. Nach dem strategischen, atomaren Schlagabtausch zu Beginn sollte in einer zweiten Phase das Gefecht der verbundenen Waffen in raumgreifenden Operationen folgen – in kontaminiertem Gelände. Auch der moderne Krieg mit Atomwaffen konnte nur mit einer Besetzung des gegnerischen Territoriums (Territorialitätsprinzip) erfolgreich beendet werden[8]. Beide Seiten benötigten atomkriegsfähige, gepanzerte Infanterie, die sie in den 1960er Jahren noch nicht in ausreichendem Umfang besaßen. Die Panzergrenadiere und auch die Mot.-Schützen spielten in den 1960er Jahren lediglich Theater vor der Kulisse einer atomaren Apokalypse. Atomkriegstauglich waren die Panzergrenadiere frühestens Anfang der 1970er Jahre, als die Strategie der »Flexible Response« in Kraft

---

[5] Schriftlicher Bericht des 1. Untersuchungsausschusses zu dem Antrag der FDP-Fraktion, 26.6.1969, PADP, Drucksache V/4527, S. 72; vgl. HDv 213/1, 15.3.1961, BA-MA, BHD 1/103, S. 3.
[6] Militärischer Zustandsbericht der Bundeswehr 1971, 15.6.1972, BA-MA, Bw 2/4872, Nr. 75, S. 45.
[7] Kollmer, »Klotzen, nicht kleckern!«, S. 568 f.
[8] Vontobel, Vorwort.

trat und konventionelle Streitkräfte gefordert wurden. Aus vorliegenden Erkenntnissen ergeben sich nachfolgende, weiterführende Fragestellungen:

- die Entwicklung der »Inneren Führung« als Faktor für die intrinsische Motivation des Panzergrenadiers im Kalten Krieg,
- die Entwicklung der Panzergrenadiere im Transformationsprozess zur »Armee der Einheit« und
- die Truppengattung der Panzergrenadiere im erweiterten Aufgabenspektrum der Bundeswehr.

Eine weitere Fokussierung könnte auf den Bereich der »Inneren Führung« innerhalb der 1960er Jahre erfolgen und die Wirkungen der verschiedenen aktiven Generationskohorten auf das innere Gefüge der Truppengattung zeigen. Den Mittelpunkt einer solchen Untersuchung sollten die Kontinuitäten und Brüche bei Selbstverständnis und Werteorientierung bilden:

- Wurde die »Innere Führung« als Konzept nur geduldet, aktiv verschleppt oder innovativ angenommen?
- Welche Aspekte der »Inneren Führung« stellten bei den Panzergrenadieren Kontinuität bzw. Brüche zum NS-Soldaten im »Totalen Volks- und Rassekrieg« gegenüber dem Staatsbürger in Uniform im »totalen Atomkrieg« dar?
- Wie motiviert waren die verschiedenen Dienstgradgruppen und Generationskohorten für einen totalen Atomkrieg?
- Wie wirkten sich die verschiedenen Erfahrungshorizonte von Wehrpflichtigen, Zeit- und Berufssoldaten auf das Gesamtsystem und auf die verschiedenen Subsysteme wie z.B. die Panzergrenadiertruppe aus?

Disziplinarstatistiken, Vernehmungsunterlagen und Erfahrungsberichte könnten als Grundkorpus des Quellenapparates genutzt werden.

Ein weiteres Themenfeld, in dessen Rahmen die Panzergrenadiere untersucht werden sollten, betrifft das Ende des Kalten Krieges und die Entwicklungen der »Wendejahre« um 1989. Im Fokus einer solchen Untersuchung könnten die komplexen wechselseitigen Wirkungen der politischen Umwälzungen in den 1980er Jahren auf Panzergrenadiere und Mot.-Schützen stehen. Eine mögliche These könnte lauten:

In Korrelation zu einer abnehmenden Einsatzmotivation waren die Panzergrenadiere in den 1980er Jahren technisch bestens ausgerüstet. Die Entwicklung ist aus der Ost- und West-Perspektive zu betrachten und die Bewertung der Eingliederung der Mot.-Schützen in die Bundeswehr könnte am Ende der Untersuchung stehen. Problematisch für eine solche Arbeit zum jetzigen Zeitpunkt sind allerdings die Sperrfristen für die maßgeblichen Akten.

Ein weiterer Aspekt, welcher für die Truppengattung einen Paradigmenwechsel bedeutet, ist der Einsatz von Panzergrenadieren im Rahmen des erweiterten Aufgabenspektrums der Bundeswehr (Auslandseinsätze). Vor allem die ersten Einsätze auf dem Balkan, die humanitäre Intervention im Kosovo und der Kampf gegen die Taliban in Afghanistan stellen die Panzergrenadiere vor vollkommen neue Herausforderungen[9]. Erstmals seit Ende des Zweiten

---

[9] Marberg, Feuer und Bewegung.

Weltkriegs sind Panzergrenadiere im Kampfeinsatz außerhalb Deutschlands. Die Begründungen dieses Paradigmenwechsels wurden – wie die Ablehnung solcher Einsätze zuvor – im historischen Kontext gesucht. In der »Ära Kohl« sollten deutsche Soldaten nicht in Gebieten eingesetzt werden, wo Organisationen des »Dritten Reiches« Verbrechen verübt hatten (»Kohl-Kinkel-Doktrin«)[10]. Die rot-grüne Bundesregierung begründete den Einsatz der Bundeswehr im Kosovo gerade mit der aus der deutschen Geschichte erwachsenden Verantwortung zur Verhinderung von Völkermord und Vertreibung (»Schröder-Fischer-Doktrin«)[11].

Wie wurde diese Richtungsänderung in der Sicherheitspolitik der 1990er Jahre für und durch die Truppengattung umgesetzt und welche Implikationen ergaben sich aus dem gewandelten Umfeld für »Kalte Krieger« und »Junge Wilde« innerhalb der Truppengattung?

Im Kalten Krieg waren die Panzergrenadiere auf das Gefecht der verbunden Waffen unter atomaren Bedingungen ausgerichtet. Dies hat sich mit den neuen, asymmetrischen Bedrohungsszenarien gewandelt[12]. Der Gegner kann sehr wohl noch in der Form eines Mot.-Schützenregiments auftreten[13]. Er tritt aber auch als Insurgent im Guerillakrieg an. Hier bedient er sich der Kleingruppentaktik des Hinterhaltes, des Selbstmordanschlages oder verschiedener Methoden der unterschiedslosen Kampfführung bis hin zum durch Proliferation ermöglichten Einsatz von Massenvernichtungswaffen[14]. Die Bedrohung kann von einem Selbstmordattentäter in Berlin genauso ausgehen wie von einer Felsenhöhle im Hindukusch (Afghanistan) oder von Reitermilizen in Darfur (Sudan). Die Trennung von innerer und äußerer Sicherheit ist immer weniger aufrecht zu erhalten[15]. Ort, Zeit und Raum von Konflikten fallen noch weiter auseinander und befinden sich gleichzeitig in immer engeren, globalen Ursache-Wirkungs-Zusammenhängen.

Für jede mögliche Einsatzrealität soll der Panzergrenadier mit dem Konzept für die »Operation verbunder Kräfte«, einer einsatzspezifischen Ausrüstung[16] und spezieller Ausbildung gerüstet werden. Für die Panzergrenadiere bedeuten diese neuen Anforderungen einen ähnlich grundlegenden Wandel wie das Auftreten der atomaren Bedrohung auf dem Gefechtsfeld der 1950er und 1960er Jahre. Die Panzergrenadiere wurden am Ende des 20. Jahrhunderts zum Teil einer Interventionsarmee, welche deutsche Interessen weltweit durchsetzen

---

[10] Die »Zwei-Säulen-Theorie« galt am Ende des Kalten Krieges. Sie beinhaltete die These, dass Sicherheit für die Bundesrepublik durch Verteidigungsanstrengungen und Entspannungspolitik erreicht werden könnte, siehe Parlamentarischer Staatssekretär im BMVg: Referat vor der Arbeitsgemeinschaft sozialdemokratischer Frauen im Bezirk Hessen-Süd zu dem Thema »Warum heute noch Bundeswehr?«, 29.3.1973, BA-MA, N 688/1, S. 15.

[11] Schlaffer, Die Bedeutung des Balkans.

[12] Stahel, Krieg und Terrorismus.

[13] Ein Beispiel hierfür ist die kriegerische Auseinandersetzung zwischen der Russischen Förderation und Georgien im August 2008.

[14] Münkler, Vom Krieg zum Terror, S. 58–63; vgl. Rink, Der kleine Krieg, S. 355 f.

[15] Clauß, Das Deutsche Heer, S. 3.

[16] Kerber, Konzeptionelle Vorstellungen.

◀ Abb. 70:
Panzergrenadiere des deutschen Heereskontingentes der Kosovo-Forces, GECONKFOR (L), kontrollieren in Prizren einreisende Fahrzeuge und Personen nach Waffen. Der Checkpoint wird durch einen Schützenpanzer Marder gesichert, Aufnahme vom März 2000.
SKA/IMZBw, Modes

▶ Abb. 71:
Schützenpanzer Marder 1 A5 in der Nähe von Faizabad, Aufnahme von Juli 2009.
SKA/IMZBw, Kaiser

◀ Abb. 72:
Die Rekruten der 5./Panzergrenadierbataillon 371 üben auf dem Truppenübungsplatz Frankenberg im März 2011 Aufgaben, die im Rahmen einer internationalen Unterstützungsmission anfallen. Am Checkpoint des Lagers wird ein Wagen auf Waffen untersucht.
SKA/IMZBw, Bienert

▶ Abb. 73:
Rekruten des Panzergrenadierbataillon 212 bei ihrem Feierlichen Gelöbnis in Augustdorf im April 2007. *SKA/IMZBw, Bannert*

soll. Ideen einer »Fernkampftruppe«, die unter anderen Vorzeichen durch Ferdinand von Senger und Etterlin entworfen wurden, nehmen bspw. mit dem Schützenpanzer Puma und dem Militärtransporter A 400M Gestalt an.

Der Panzergrenadier muss dabei neben der rein militärischen Herausforderung der asymmetrischen Bedrohung, den kulturellen Spagat über verschiedenste Kulturkreise hinweg bewältigen. Denn in einem Anti-Guerillakrieg gibt es kein Substitut für die Loyalität der einheimischen Bevölkerung[17]. Diese steigende Komplexität hat ihren Preis. Die Tiefe der Ausbildung im klassischen Kampf der verbunden Waffen wie auch das eindimensionale Feindbild sind verloren gegangen. Der Spezialist des Kalten Krieges ist dem Generalisten, vor allem auf den verschiedenen Führungsebenen, gewichen. Ein Führer, welcher gleichzeitig Botschafter, Einzelkämpfer und Spezialist sein soll, gerät schnell an seine kognitiven Grenzen. Wie komplex sich die Lage in den Einsatzgebieten darstellen kann, zeigt ein Artikel über den 7. Deutschen Einsatzverband Kabul (Afghanistan), der unter dem Leitverband des Panzergrenadierbataillons 421 (Brandenburg/Havel) erfolgte. In diesem exemplarischen Artikel heißt es u.a.:

> »Die Bombe war auf einem Fahrrad befestigt. Ein unscheinbares Paket auf dem Gepäckträger mit einer Handyzündung [...] Kaum ein Tag vergeht hier ohne derartige Zwischenfälle [...] Am gleichen Tag feuerten Unbekannte eine Rakete auf das Isaf-Camp in der Innenstadt ab, im nordafghanischen Kunduz fand sich eine Rakete mit Handyzünder gegenüber der Polizeistation, im benachbarten Faizabad kam es, wie auch in Kandahar und Jallalabad, zu Ausschreitungen, Lkw mit bewaffneten Milizen gehören außerhalb Kabuls zum Alltag und ganz nebenbei beginnt in diesen Tagen die Mohn-Ernte am Hindukusch. ›Nicht sicher, nicht stabil‹ nennen die Militärs diese Lage [...]«[18].
>
> Wer mit welchem Ziel gegen wen arbeitet, ist nicht immer zu ergründen. ›Das Land ist eine Stammesgesellschaft geblieben‹, sagt Oberstleutnant Wolfgang Wien aus Brandenburg/Havel, der zur Zeit den 7. Einsatzverband in Kabul kommandiert. Die Deutschen suchten deshalb von Anfang an Kontakt zu allen Seiten, zu Politik, Polizei, Dorfvorstehern, Clanchefs, religiösen und anderen Führern [...] Im Winter haben sie Straßen geräumt, Dörfer versorgt und beim Finden einer abgestürzten Passagiermaschine geholfen [...] Fast 2000 Patrouillen sind Wien und seine Leute seit Anfang des Jahres gefahren, haben gut acht Tonnen Munition gefunden und unschädlich gemacht[19].«

Problematisch ist in diesem Zusammenhang die Verwischung zwischen militärischem Auftrag und ziviler Entwicklungshilfe. Dabei steht nicht nur die Frage des Kombattantenstatus zur Disposition[20], sondern auch das breite Spektrum sicherheitspolitischer Instrumente. Trotz des gegenwärtig mehrheitlichen »Counter-Insurgency-Einsatzes« bedarf es der Eskalationsfähigkeiten bis zur

---

[17] Märki, Krieg heute, S. 7.
[18] Schuler, Nicht sicher.
[19] Ebd.
[20] Panzergrenadiere, die bspw. im Rahmen von Human-Intelligence-Aufträgen arbeiten, nutzen regelmäßig weiße Fahrzeuge, die schwer von denen ziviler Hilfsorganisationen zu unterscheiden sind.

Ebene des Kampfes der verbundenen Waffen. Dies zeigte der Kosovo-Krieg 1999 und die Lage in Afghanistan. Vermutlich wird in Zukunft wieder vermehrt unter der Bedrohung durch Massenvernichtungswaffen geübt werden. Gründe hierfür liegen in der Proliferation, aber auch in dem instabilen Oligopol der Staaten mit Atomwaffenbesitz.

Chronik

1956	16. Okt.	Franz Josef Strauß wird Verteidigungsminister
1957	Sept.	CDU/CSU erreichen absolute Mehrheit bei Bundestagswahl
	4. Okt.	Sputnik-Start
1958	20. Nov.	STAN 321 2110 für PzGrenBtl (SPz) – Entwurf
1959	15. Nov.	Bad Godesberger Programm der SPD
1960	7. Apr.	STAN 321 2110 für PzGrenBtl (mot.)
	30. Mai	STAN 321 2100 für PzGrenBtl (SPz)
	8. Nov.	Wahlsieg John F. Kennedys
1961	13. Aug.	Bau der Berliner Mauer
	17. Sept.	CDU/CSU verlieren absolute Mehrheit bei Bundestagswahl
1962	17. Febr.	40 000 Soldaten helfen bei Hamburger Flutkatastrophe
	10. Okt.	Spiegel-Artikel »Bedingt abwehrbereit«
	14.-28. Okt.	Kubakrise
	25. Okt.	Erlass der HDv 100/1 Truppenführung durch BMVg
	17. Nov.	STAN 321 2010 PzGrenBtl (MTW)
	11. Dez.	Rücktritt Strauß', neuer Verteidigungsminister Kai-Uwe von Hassel
1963	16. Jan.	»Elysée-Vertrag« zur deutsch-französischen Zusammenarbeit
	11. Juni	Erste Sitzung des Beirates zur Inneren Führung
	5. Aug.	Teststoppabkommen für Atomwaffen zwischen UdSSR, USA und UK (nur Weltraum und Unterwasser)
	15. Okt.	Rücktritt Konrad Adenauers, Ludwig Erhard neuer Bundeskanzler
	22. Nov.	Ermordung Kennedys
1964	9. Apr.	Schießunglück mit zehn toten Soldaten in Bergen-Hohne
	5. Mai	Lyndon B. Johnson wird neuer US Präsident
	Sommer	offener Streit zwischen »Atlantikern« (Erhard, Schröder, Hassel) und »Gaullisten« (Adenauer, Strauß)
1965	Sept.	Auslieferung der ersten KPz Leopard
	19. Sept.	Bundestagswahl: Koalition aus CDU und FDP wird fortgesetzt
	29. Okt.	Haushaltssicherungsgesetz mit Sparmaßnahmen
1966	25. März	»Friedensnote« der Bundesregierung an den Ostblock
	15. Juli	STAN 321 2000 PzGrenBtl (SPz)
		STAN 321 2001 PzGrenBtl (MTW)

1966	1. Aug.	Verteidigungsminister gibt Erlass über Koalitionsrecht und gewerkschaftliche Betätigung von Soldaten heraus; Rücktritt des Generalinspekteurs Heinz Trettner
	Herbst	Wirtschafts- und Finanzkrise
	24. Okt.	Spiegel-Artikel: »HS 30 – oder wie man einen Staat ruiniert«
	10. Nov.	Sturz des Bundeskanzlers Erhard durch eigene Fraktion
	15. Nov.	STAN 321 2011 PzGrenBtl (MTW)
	1. Dez.	Beginn der Großen Koalition
	13. Dez.	»Konzertierte Aktion«: Senkung des Diskontsatz, Sparmaßnahmen, Konjunkturprogramm (2,5 Mrd. DM), 10 % Sonderabschreibung auf Investitionen
1967	22. Febr.	Antrag der FDP-Fraktion auf Einsetzung eines Untersuchungsausschusses zur Überprüfung des Rüstungsprojekts HS 30
	2. Juni	Besuch des Schahs von Persien; Tod Benno Ohnesorgs
	14. Juni	Stabilitätsgesetz
	15. Juli	STAN 320 2000 PzGrenBtl (gem.)
1968	11. Apr.	Attentat auf Rudi Dutschke
	11. Mai	Sternmarsch auf Bonn aus Protest gegen die Notstandsgesetze
	28. Juni	Verabschiedung Notstandsgesetze
	1. Juli	Atomwaffensperrvertrag
1969	5. Mai	Vorstellung des SPz Marder
	26. Juni	Untersuchungsausschuss bescheinigt HS 30 bedingte Aufgabenerfüllung nach erheblichen Umrüstungen
	28. Sept.	SPD gewinnt Bundestagswahl
	21. Okt.	Helmut Schmidt wird Verteidigungsminister
	28. Okt.	Regierungserklärung des neuen Bundeskanzlers Willy Brandt: »mehr Demokratie wagen« (Wahlalterabsenkung), »neue Ostpolitik« (Aufgabe der Hallstein-Doktrin), Kontinuität in der Westbindung
	28. Nov.	Bundesrepublik unterzeichnet Atomwaffensperrvertrag
1970	1. Juli	STAN 321 2010 PzGrenBtl (MTW) B1 STAN 321 2160 PzGrenBtl (HS 30) B3
	12. Aug.	Moskauer Vertrag (Gewaltverzicht, Status Quo)
	7. Dez.	Anerkennung der Oder-Neiße-Grenze im Deutsch-Polnischen Vertrag
1971	6. Mai	Übergabe des ersten SPz Marder der Serienfertigung
	18. Mai	Neuordnung der Ausbildung und Bildung in der Bundeswehr (Studium für Offiziere)
	1. Juli	STAN 321 2180 PzGrenBtl Marder B3

Abkürzungen

ABC-Waffen	atomare, biologische und chemische Waffen
Abt	Abteilung
a.D.	außer Dienst
ADM	Atomic Demolition Munition
ADP	Archiv Deutsches Panzermuseum, Munster/Örtze
AFCENT	Allied Forces Central Europe
AG	Aktiengesellschaft
AGWPzTrpS	Archiv der Gruppe Weiterentwicklung der Panzertruppen-schule
AK	Außenabteilung Koblenz
APO	Außerparlamentarische Opposition
APuZ	Aus Politik und Zeitgeschichte (Zeitschrift)
ASMZ	Allgemeine Schweizerische Militärzeitschrift
ASP	Atomic Strike Plan
ATV	Spezialstab Allgemeine Truppenversuche
AWS	Anfänge Westdeutscher Sicherheitspolitik (Buchreihe)
Az.	Aktenzeichen
BA-MA	Bundesarchiv-Militärarchiv
BArch	Bundesarchiv
BGS	Bundesgrenzschutz
BMP	Bojevaja Maschina Pechoty (sowj. SPz)
BMVg	Bundesministerium der Verteidigung
BMWi	Bundesministerium für Wirtschaft
Bn.	Bataillon (engl.)
BND	Bundesnachrichtendienst
BSP	Bruttosozialprodukt
Btl.	Bataillon
BWB	Bundesamtes für Wehrtechnik und Beschaffung
CDU	Christlich Demokratische Union Deutschlands
CENTAG	Central Army Group
CETME	Centro de Estudios Técnicos de Materiales Especiales
C-i-C	Commander-in-Chief
ČSSR	Tschechoslowakische Sozialistische Republik
CSU	Christlich Soziale Union Deutschlands
DAG	Dynamit Nobel Aktiengesellschaft
DDR	Deutsche Demokratische Republik

Div	Division
DM	Deutsche Mark
DMZ	Deutsche Militärzeitschrift
EDP	Emergency Defence Plan
EuSi	Europäische Sicherheit (Zeitschrift)
e.V.	eingetragener Verein
EVG	Europäische Verteidigungsgemeinschaft
EWG	Europäische Wirtschaftsgemeinschaft
Fa.	Firma
FDP	Freie Demokratische Partei
FFV	Forendade Fabriksverken Ordnance Division
FN	Fabrique Nationale d'Armes de Guerre
FR	Frankfurter Rundschau (Tageszeitung)
Fü B	Führungsstab der Bundeswehr
Fü H	Führungsstab des Heeres
Fü S	Führungsstab der Streitkräfte
FüAk	Führungsakademie der Bundeswehr
GDP	General Defense Plan
GE	German
gem.	gemischt
gep./gp	gepanzert
gl	geländegängig
Hanomag	Hannoversche Maschinenbau Aktiengesellschaft
HASAG	Hugo Schneider AG
HDv	Heeresdienstvorschrift
HS	Hispano Suiza
i.G.	im Generalstabsdienst
IG	Industriegesellschaft
I.G. Farben	Interessen-Gemeinschaft Farben
IMI	Israel Military Industries
Insp.	Inspizient/Inspekteur
IR	Infanterieregiment
Ita	Italien
JgPz	Jagdpanzer
JMiLH	Journal of Military History (Zeitschrift)
Kdr.	Kommandeur
KG	Kommandierender General
Kp	Kompanie
KPD	Kommunistische Partei Deutschlands
KPz	Kampfpanzer
KT	Kilotonnen
KUKA	Keller und Knappich Augsburg
KW	Klim Woroschilow (sowj. KPz)
KWKG	Kriegswaffenkontrollgesetz
LGS	Leichtgeschütz

L.I.	Light Infantery
LKW	Lastkraftwagen
LV	Lehr- und Versuchsübung
MaK	Maschinenbau Kiel
max.	maximal
MAZ	Märkische Allgemeine Zeitung
MC	Military Council
MfNV	Ministerium für Nationale Verteidigung (der DDR)
MG	Maschinengewehr
MGFA	Militärgeschichtliches Forschungsamt
MGZ	Militärgeschichtliche Zeitschrift
Mill.	Millionen
MLF	Multilateral Force
mot.	motorisiert
MOWAG	Motorenwagenfabrik
MP/MPi	Maschinenpistole
MR	Military Review (Zeitschrift)
Mrd.	Milliarden
MTW	Mannschaftstransportwagen
NADGE	NATO Air Defence Ground Environment
NATO	North Atlantic Treaty Organization
NHP	Nuclear History Program
NPG	NATO Planning Group
NSDAP	Nationalsozialistische Deutsche Arbeiterpartei
NVA	Nationale Volksarmee (der DDR)
o.A.	ohne Angabe
Org.	Organisation
PADB	Parlamentsarchiv des Deutschen Bundestages
PAK	Panzerabwehrrakete
Pz	Panzer
PzAbwLRak	Panzerabwehrlenkrakete
PzGren	Panzergrenadiere
PzLBtl	Panzerlehrbataillon
PzMrs	Panzermörser
RAF	Rote Armee Fraktion
Reg.	Regiment
Rj.	Rechnungsjahr
RPG	Rutschnoj Protivotankovy Granatomiot (sowj. Panzerbüchse)
SACEUR	Supreme Allied Commander Europe
SALT	Strategic Arms Limitation Talks
SaZ	Soldat auf Zeit
SBZ	Sowjetische Besatzungszone
Schtz.	Schützen
SdKfz.	Sonderkraftfahrzeug (der Wehrmacht)
SDS	Sozialistischer Deutscher Studentenbund

SHAPE	Supreme Headquarters Allied Powers Europe
sMG	schweres Maschinengewehr
SPD	Sozialdemokratische Partei Deutschlands
SPW	Schützenpanzerwagen
SPz	Schützenpanzer
sPzFst	schwere Panzerfaust
sPzGrenKp	schwere Panzergrenadierkompanie
SS	Schutzstaffel (der NSDAP)
STAN	Stärke- und Ausrüstungsnachweisung
StratRev	Strategic Review (Zeitschrift)
StVersKp	Stabsversorgungskompanie
t	Tonnen
TEP	Truppenentseuchungsplatz
TF	Truppenführung (HDv)
Tgbnr.	Tagebuchnummer
THW	Technisches Hilfswerk
TL	technische Lieferbedingungen
UdSSR	Union der Sozialistischen Sowjetrepubliken
UK	United Kingdom
US	United States
Verw.	Verwaltung
VfZ	Vierteljahrshefte für Zeitgeschichte
VRV	Vorderer Rand der Verteidigung
VTL	vorläufige technische Lieferbedingungen
WEU	Westeuropäische Union
WTD	Wehrtechnische Dienststelle
ZF	Zielfernrohr
Zg	Zug
Ziff.	Ziffer
z.T.	zum Teil

Verzeichnis der Tabellen und Grafiken

Quellen und Literatur

Unveröffentlichte Quellen

Archiv des Deutschen Panzermuseums, Munster/Örtze (ADPzM)

Archiv der Gruppe Weiterentwicklung der Panzertruppenschule, Munster/Örtze (AGWPzTrpS)

Bundesarchiv, Berlin, Koblenz (BArch)

B 112   Bundesrechnungshof

Bundesarchiv-Militärarchiv, Freiburg i.Br. (BA-MA)

Bw 1   Bundesministerium der Verteidigung
Bw 2   Führungsstab der Streitkräfte
Bw 9   Deutsche Dienststellen zur Vorbereitung der EVG
BH 1   Führungsstab des Heeres
BH 2   Heeresamt
BH 7   Korpsstäbe
BH 9   Brigadestäbe
BH 11   Infanterie
BHD 1   Heeresdienstvorschriften
BHD 8   Technische Dienstvorschriften Heer
BV 3   BMVg, Hauptabteilung Rüstungsangelegenheiten
BWD   Stärke- und Ausrüstungsnachweisungen
DVW   Ministerium für Nationale Verteidigung der DDR
N   Nachlässe
            626 Johann Adolf Graf von Kielmansegg
            683 Hans Speidel
            688 Karl Wilhelm Berkhan

Parlamentsarchiv des Deutschen Bundestages, Berlin (PADB)

Veröffentlichte Quellen

Dienstvorschriften

Vorschriften Wehrmacht

Heeresdienstvorschriften (HDv)

g66	Führung und Einsatz der Panzerdivision
130/2a	Die Schützenkompanie: Einzel- und Gruppenausbildung
298/3a	Das Panzergrenadierbataillon (gp.)
299/4a	Ausbildung und Einsatz der Schützenkompanie (gp.)

Vorschriften Bundeswehr

Zentrale Dienstvorschriften (ZDv)

3/14	Schießausbildung mit MG
3/11	Gefechtsdienst aller Truppen

Heeresdienstvorschriften (HDv)

100/1	Grundsätze der Truppenführung des Heeres
100/2	Führungsgrundsätze des Heeres für die atomare Kriegführung
101/1	Führung und Kampf der Panzergrenadierdivision
210/4	Führung, Kampf und Ausbildung der Gruppe
211/1	Das Panzergrenadierbataillon (mot.)
212/1	Die Panzergrenadierkompanie (mot.)
212/2	Die schwere Panzergrenadierkompanie (mot.)
213/1	Der Panzergrenadierzug (mot.)
213/2	Der 20-mm-Zug im Panzergrenadierbataillon (mot.)
213/4	Die Mörserzüge der schweren Panzergrenadierkompanie (mot.)
214/1	Die Stabs- und Versorgungskompanie des Panzergrenadierbataillons (mot.)
215/1	Die Ausbildung mit dem Gewehr G1 (FN)
215/2	Die Ausbildung mit dem Gewehr G3
215/11	Die Ausbildung mit dem Maschinengewehr 1
215/32	Die Ausbildung mit der leichten Panzerfaust
215/35	Die Ausbildung mit Gewehrgranaten
215/41	Die Ausbildung des Mörsertrupps am US-Mörser 81 mm (M 1)
215/42	Die Ausbildung des Mörsertrupps am US-Mörser 106 mm (M 30)
215/45	Die Ausbildung des Mörsertrupps am 81-mm-Mörser (Tampella) auf SPz

216/6   Das Maschinengewehr 42
224/1   Die Stabs- und Versorgungskompanie des Panzerbataillons
231/1   Das Panzergrenadierbataillon (SPz)
232/1   Die Panzergrenadierkompanie (SPz)
234/1   Die Stabs- und Versorgungskompanie des Panzergrenadierbataillons
            (SPz)
235/12   Die Panzergrenadiergruppe (SPz) mit dem Panzerabwehr-Leichtge-
            schütz 106 mm

Technische Dienstvorschriften (TDv)

2320/5-10   Vorläufige Beschreibung des SPz HS 30

Vorschriften Nationale Volksarmee

Dienstvorschriften (DV)

20/10   Schießvorschrift für Schützenwaffen
205/0/005   Schießübungen mit Schützenwaffen

Internet

Leitzbach, Christian, Die Geschichte unserer Geschichte. Chronik der Rhein-
    metall AG. In: www.rheinmetall.com (März 2004)
Worm, Holger, Die Hugo Schneider A.G. Leipzig. Kurzübersicht ihrer Entwick-
    lungsgeschichte und Produkte, Fockendorf 2007. In: www.sammlerwelt24.de/
    hasag/HASAG-Entwicklung%20&%20Produkte_neu.pdf (Februar 2011)

Literatur

Abelshauser, Werner, Deutsche Wirtschaftsgeschichte seit 1945, Bonn 2005 (= Schriftenreihe der Bundeszentrale für Politische Bildung, 460)

Abelshauser, Werner, Wirtschaftsgeschichte der Bundesrepublik Deutschland 1945-1980, Frankfurt a.M. 1983

Abenheim, Donald, Bundeswehr und Tradition. Die Suche nach dem gültigen Erbe des deutschen Soldaten, München 1989 (= Beiträge zur Militärgeschichte, 27)

Abresch, Rolf, und Ralph Wilhelm, Moderne Handwaffen der Bundeswehr, Bonn, Frankfurt a.M. 2001

Adami, Nikolaus, Die Haushaltspolitik des Bundes von 1955 bis 1965, Bonn 1970 (= Schriftenreihe des Bundesministeriums der Finanzen, 14)

[Ahlers, Conrad], Bedingt abwehrbereit. In: Der Spiegel, 10 (1962), 41, S. 32-59

Aufstand der Jugend? Neue Aspekte der Jugendsoziologie. Hrsg. von Klaus R. Allerbeck und Leopold Rosenmayr, München 1971

Am Rande Europas? Der Balkan – Raum und Bevölkerung als Wirkungsfelder militärischer Gewalt. Im Auftr. des Militärgeschichtlichen Forschungsamtes hrsg. von Bernhard Chiari und Magnus Pahl, München 2009 (= Beiträge zur Militärgeschichte, 68)

Andronikow, Nikolai G., und Wladimir D. Mostowenko, Die roten Panzer. Geschichte der sowjetischen Panzertruppen 1920-1960. Hrsg. von Ferdinand Maria von Senger und Etterlin, München 1963

Anfänge westdeutscher Sicherheitspolitik 1945 bis 1956,
    Bd 2: Lutz Köllner, Klaus A. Maier, Wilhelm Dörnberg-Meier und Hans-Erich Volkmann, Die EVG-Phase;
    Bd 3: Hans Ehlert, Christian Greiner, Georg Meyer und Bruno Thoß, Die NATO-Option;
    Bd 4: Werner Abelshauser und Walter Schwengler, Wirtschaft und Rüstung, Souveränität und Sicherheit, München 1989-1997

Augstein, Rudolf, HS 30 – oder wie man einen Staat zugrunde richtet. In: Der Spiegel, 1966, 44, S. 8-24

Bader, Hans, Der neue Schützenpanzer der Bundeswehr. In: Jahrbuch der Wehrtechnik, 3 (1968), S. 84-92

Bald, Detlef, Alte Kameraden. Offizierkader der Bundeswehr. In: Willensmenschen, S. 50-64

Bald, Detlef, Die Atombewaffnung der Bundeswehr. Militär, Öffentlichkeit und Politik in der Ära Adenauer, Bremen 1994

Bald, Detlef, Die Bundeswehr. Eine kritische Geschichte 1955 bis 2005, München 2005

Baring, Arnulf, und Gregor Schöllgen, Kanzler, Krisen, Koalitionen. Von Konrad Adenauer bis Angela Merkel, München 2006

Bauer, Frank, Fehrbellin 1675. Brandenburg-Preußens Aufbruch zur Großmacht, Berg/Starnberger See, Potsdam 1998

Baur, Tobias, Das ungeliebte Erbe. Ein Vergleich der zivilen und militärischen Rezeption des 20. Juli 1944 im Westdeutschland der Nachkriegszeit, Frankfurt a.M. [u.a.] 2007 (= Militärhistorische Untersuchungen, 8)

Bedrohung durch die Sowjetunion? Westliche Analysen der politischen Absichten Moskaus im Zeitvergleich der 50er und 80er Jahre. Hrsg. von Carl-Christoph Schweitzer, Baden-Baden 1989

Bielfeldt, Carola, Rüstungsausgaben und Staatsinterventionismus. Das Beispiel der Bundesrepublik Deutschland 1950-1971, Frankfurt a.M., New York 1977

Blond, Georges, Die Marne-Schlacht. »Die Preußen kommen«, Augsburg 1992

Blumschein, [o.A.], Unserem Oskar Munzel zum 70. Geburtstag. In: Kampftruppen, 1969, 2, S. 56 f.

Bohrmann, Kurt, Schützenpanzerentwicklung 1960 bis 1970. Der Weg zum SPz Marder. In: Jahrbuch der Wehrtechnik, 5 (1970), S. 66-72

Bontrup, Heinz-Josef, und Norbert Zdrowomyslaw, Die deutsche Rüstungsindustrie vom Kaiserreich bis zur Bundesrepublik. Ein Handbuch, Heilbronn 1988

Borchardt, Knut, Grundriß der deutschen Wirtschaftsgeschichte, 2., verb. Aufl., Göttingen 1985

Borchardt, Knut, Können Gesellschaften aus Wirtschaftskrisen lernen? In: Deutsche Wirtschaft, S. 37-53

Brandstetter, Karl J., Allianz des Mißtrauens. Sicherheitspolitik und deutsch-amerikanische Beziehungen in der Nachkriegszeit, Köln 1989 (= Kleine Bibliothek Politik und Zeitgeschichte, 493)

Bremer, Eckhard, Der Marder. Das neue Kampffahrzeug der Panzergrenadiere. In: Kampftruppen, 1971, 3, S. 80-83

Buchheim, Hans, Deutschlandpolitik 1949-1972. Der politisch-diplomatische Prozeß, Stuttgart 1984 (= Schriftenreihe der Vierteljahrshefte für Zeitgeschichte, 49)

Buchholz, Frank, Strategische und militärpolitische Diskussionen in der Gründungsphase der Bundeswehr 1949-1960, Frankfurt a.M. [u.a.] 1991 (= Europäische Hochschulschriften, Reihe 3: Geschichte und ihre Hilfswissenschaften, 458)

Buchmann, Frank, Panzerabwehr, Berlin [Ost] 1989 (= Militärtechnische Hefte)

Buchner, Alex, Die deutschen Infanteriewaffen 1939-1945, Wölfersheim-Berstadt 2000 (= Schriftenreihe Waffen-Arsenal, 186)

Bundeswehr: 50 Jahre Wehrtechnik und Ausrüstung. Hrsg. von Gerhard Hubatschek in Zusammenarbeit mit der Deutschen Gesellschaft für Wehrtechnik, Bonn 2005

Die Bundeswehr 1955 bis 2005. Rückblenden – Einsichten – Perspektiven. Im Auftr. des Militärgeschichtlichen Forschungsamtes hrsg. von Frank Nägler, München 2007 (= Sicherheitspolitik und Streitkräfte der Bundesrepublik Deutschland, 7)

Castner, Julius, Militär-Lexikon. Heerwesen und Marine aller Länder mit besonderer Berücksichtigung des Deutschen Reichs, Waffen und Festungswesen, Taktik und Verwaltung, Leipzig 1882

Chronik der Infanterieschule Hammelburg 1956 bis 2006. Hrsg. von der Infanterieschule Hammelburg, Hammelburg 2006

Classen, Werner, Rüstungsausgaben und Wirtschaftsentwicklung. Eine Untersuchung des rüstungswirtschaftlichen Einflusses auf Produktion, Einkommen und Beschäftigung, Diss. Phil. der Eberhard Karls Universität, Tübingen 1971

Clausewitz, Carl von, Vom Kriege. Hrsg. von Wolfgang Pickert und Wilhelm Ritter von Schramm, Reinbek bei Hamburg 1978 (= Rowohlts Klassiker der Literatur und der Wissenschaft, 138)

Clauß, Wolf-Joachim, Das Deutsche Heer. Am Einsatz orientiert. Festvortrag zum Tag der Panzertruppen am 16. November 2007. In: Der Panzergrenadier, (2007), 22, S. I-III

Das Deutsche Reich und der Zweite Weltkrieg,
  Bd 4: Horst Boog, Jürgen Förster, Joachim Hoffmann, Ernst Klink, Rolf-Dieter Müller und Gerd R. Ueberschär, Der Angriff auf die Sowjetunion. Hrsg. vom Militärgeschichtlichen Forschungsamt;
  Bd 7: Horst Boog, Gerhard Krebs und Detlef Vogel, Strategischer Luftkrieg in Europa, Krieg im Westen und in Ostasien 1943 bis 1944/45. Hrsg. vom Militärgeschichtlichen Forschungsamt;
  Bd 8: Karl Heinz Frieser, Klaus Schmieder, Gerhard Schreiber, Krisztián Ungváry und Bernd Wegner, Die Ostfront 1943/44. Der Krieg im Osten und an den Nebenfronten. Im Auftr. des Militärgeschichtlichen Forschungsamtes hrsg. von Karl-Heinz Frieser;
  Bd 10/1: Horst Boog, Richard Lakowski, Manfred Zeidler und John Zimmermann, Die militärische Niederwerfung der Wehrmacht. Im Auftr. des Militärgeschichtlichen Forschungsamtes hrsg. von Rolf-Dieter Müller, Stuttgart, München 1983-2008

Deutsche Wirtschaft 1929/1983. Konjunkturen, Krisen, Perspektiven. Hrsg. von Hans-Rimbert Hemmer und Siegfried Quandt, Gießen 1985

Dittgen, Herbert, Deutsch-amerikanische Sicherheitsbeziehungen in der Ära Helmut Schmidt. Vorgeschichte und Folgen des NATO-Doppelbeschlusses, München 1991 (= American studies, 69)

Dörfler-Dierken, Angelika, Wandel der Werte. 1968, 1972 und die Innere Führung. In: if – Zeitschrift für Innere Führung, 2008, 1, S. 42-46

30 Jahre Bundeswehr 1955 bis 1985. Friedenssicherung im Bündnis. Im Auftr. des Bundesministeriums der Verteidigung zur Wanderausstellung hrsg. vom Militärgeschichtlichen Forschungsamt, Mainz 1985

30 Jahre Panzergrenadierbataillon 22. Chronik der Braunschweiger Panzergrenadiere. Hrsg. vom Panzergrenadierbataillon 22, Braunschweig 1992 [Selbstverlag]

Drost, Hans-Joachim, Auflistung sämtlicher Panzergrenadierbataillone der Bundeswehr. In: Panzergrenadiere, S. 387-393

Drost, Hans-Joachim, Struktur und Gliederung der Panzergrenadierbataillone der Bundeswehr. In: Panzergrenadiere, S. 379-386

Dülffer, Jost, Militärgeschichte und politische Geschichte. In: Was ist Militärgeschichte?, S. 127-139

Duffield, John S., The Evolution of NATO's Strategy of Flexible Response: A Reinterpretation. In: Security Studies, 1 (1991), 1, S. 132-156

Eimannsberger, Ludwig Ritter von, Der Kampfwagenkrieg, München 1934

Elser, Gerhard, Panzergrenadiere 1921-1945. Ein Beitrag zur truppengeschichtlichen Spurensicherung. In: Panzergrenadiere, S. 23-146

Engelmann, Bernt, Schützenpanzer HS 30, Starfighter F-104 G oder wie man unseren Staat zugrunde richtet. München 1967 (= Dokumente zur Zeit)

Entschieden für Frieden. 50 Jahre Bundeswehr. 1955 bis 2005. Im Auftr. des Militärgeschichtlichen Forschungsamtes hrsg. von Klaus-Jürgen Bremm, Hans-Hubertus Mack und Martin Rink, Freiburg i.Br., Berlin 2005

Die Entwicklung deutscher Sicherheitspolitik und die Geschichte der Bundeswehr 1945-1992. Im Auftr. des Bundesministeriums der Verteidigung hrsg. von Hans-Martin Ottmer und Karl Diefenbach, Berlin, Bonn, Herford 1993

Epkenhans, Michael, Einigung durch »Eisen und Blut«. Militärgeschichte im Zeitalter der Reichsgründung 1858 bis 1871. In: Grundkurs deutsche Militärgeschichte, Bd 1, S. 302-377

Erb, Hasso, Gab es schon einmal einen »Marder«? In: Kampftruppen, 1969, 3, S. 81

Erhart, Kurt, Gefechtsfahrzeuge der motorisierten Schützen, Berlin [Ost] 1988 (= Militärtechnische Hefte)

Feldmeyer, Karl, und Georg Meyer, Johann Adolf Graf von Kielmansegg 1906-2006. Deutscher Patriot – Europäer – Atlantiker. Mit einer Bild- und Dokumentenauswahl von Helmut R. Hammerich. Hrsg. vom Militärgeschichtlichen Forschungsamt, Hamburg [u.a.] 2007

Fiedler, Siegfried, Geschichte der Grenadiere Friedrich des Großen, München 1981

Forkert, André-Pascal, Die Entstehung und Entwicklung der Panzergrenadiertruppe in den Anfangsjahren der Bundeswehr [Diplomarbeit der UniBw München 2002]

Frieser, Karl-Heinz, Blitzkrieg-Legende. Der Westfeldzug 1940. Hrsg. vom Militärgeschichtlichen Forschungsamt, München 1996 (= Operationen des Zweiten Weltkrieges, 2)

25 Jahre Panzergrenadierbataillon 352. Hrsg. vom Panzergrenadierbataillon 352, Mellrichstadt 1981 [Selbstverlag]

Fukuyama, Francis, The end of history and the last man, London 1992

Fuller, John Frederick Charles, Die entartete Kunst Krieg zu führen, 1789-1961, Köln 1964

Fuller, John Frederick Charles, Machine warfare. An inquiry into the influence of mechanics on the art of war, Washington, DC 1943 (= The Infantry Journal)

Fuller, John Frederick Charles, Tanks in the Great War, 1914-1918, London 1920

Gablik, Axel F., Strategische Planungen in der Bundesrepublik Deutschland 1955-1967. Politische Kontrolle oder militärische Notwendigkeit?, Baden-Baden 1996 (= Nuclear history program, 5)

Garbuz, Grigori, Dmitri Fedorowitsch Loza und Iwan Fedorowitsch Sazonow, Das mot. Schützenbataillon im Gefecht, Berlin [Ost] 1975

Die gepanzerten Kampftruppen des deutschen Heeres seit 1956. Festschrift zum 25. Jubiläum der Kampftruppenschule II, Munster 1981

Gerhardt, Herbert, Bevölkerung und Wirtschaft 1872 bis 1972. Hrsg. anläßlich des 100jährigen Bestehens der zentralen amtlichen Statistik vom Statistischen Bundesamt Wiesbaden, Stuttgart, Mainz 1972

Glaser, Hermann, Zwischen Grundgesetz und Großer Koalition: 1949-1967, München 1986 (= Kulturgeschichte der Bundesrepublik Deutschland, 2)

Glaser, Hermann, Zwischen Protest und Anpassung, 1968-1989, München 1989 (= Kulturgeschichte der Bundesrepublik Deutschland, 3)

Görtemaker, Manfred, Geschichte der Bundesrepublik Deutschland. Von der Gründung bis zur Gegenwart, München 1999

Greiner, Christian, Das militärstrategische Konzept der NATO von 1952 bis 1957. In: Zwischen Kaltem Krieg und Entspannung, S. 211-246

Greiner, Christian, Klaus A. Maier und Heinz Rebhan, Die NATO als Militärallianz. Strategie, Organisation und nukleare Kontrolle im Bündnis 1949 bis 1959. Im Auftr. des Militärgeschichtlichen Forschungsamtes hrsg. von Bruno Thoß, München 2003 (= Entstehung und Probleme des Atlantischen Bündnisses bis 1956, 4)

Greiner, Christian, Zur Rolle Kontinentaleuropas in der militärstrategischen und operativen Planung der NATO von 1949 bis 1958. In: Das Nordatlantische Bündnis, S. 147-176

Groessl, Lothar, Der französische Indochinakrieg. Darstellung und militärökonomische Würdigung, Neubiberg 2002

Grundkurs deutsche Militärgeschichte, Bd 1: Michael Busch, Michael Epkenhans, Stephan Huck, Karl-Volker Neugebauer und Mathias Rogg, Die Zeit bis 1914. Vom Kriegshaufen zum Massenheer. Im Auftr. des Militärgeschichtlichen Forschungsamtes hrsg. von Karl-Volker Neugebauer, München 2006

Guderian, Heinz, Erinnerungen eines Soldaten, Heidelberg 1951

Guderian, Heinz, Führung und Kampf der gepanzerten Truppen. In: Soldat und Technik, 1971, 6, S. 297-301

Guderian, Heinz, Die Panzertruppen und ihr Zusammenwirken mit den anderen Waffen, Berlin 1937

Haftendorn, Helga, Deutsche Außenpolitik zwischen Selbstbeschränkung und Selbstbehauptung 1945-2000, Stuttgart [u.a.] 2001

Haftendorn, Helga, Kernwaffen und die Glaubwürdigkeit der Allianz. Die NATO-Krise von 1966/67, Baden-Baden 1994 (=Nuclear history program, 4)

Hammerich, Helmut R., Der Fall »MORGENGRUSS«. Die 2. Panzergrenadier-Division und die Abwehr eines überraschenden Feindangriffs westlich der Fulda 1963. In: Die Bundeswehr 1955 bis 2005, S. 297-312

Hammerich, Helmut R., Dieter H. Kollmer, Martin Rink und Rudolf J. Schlaffer, Das Heer 1950 bis 1970. Konzeption, Organisation, Aufstellung. Hrsg. vom Militärgeschichtlichen Forschungsamt, München 2006 (= Sicherheitspolitik und Streitkräfte der Bundesrepublik Deutschland, 3)

Hammerich, Helmut R., Jeder für sich und Amerika gegen alle? Die Lastenteilung der NATO am Beispiel des Temporary Council Committee, 1949 bis 1954. Hrsg. vom Militärgeschichtliches Forschungsamt, München 2003 (= Entstehung und Probleme des Atlantischen Bündnisses bis 1956, 5)

Hammerich, Helmut R., Kommiss kommt von Kompromiss. Das Heer der Bundeswehr zwischen Wehrmacht und U.S. Army (1950 bis 1970). In: Hammerich/Kollmer/Rink/Schlaffer, Das Heer, S. 17-351

Handbuch Ausrüstung Bundeswehr. Red. bearb. von Jürgen Erbe [u.a.], Frankfurt a.M. [u.a.] 1997

Handbuch für Mot.-Schützen. Hrsg. von Horst Wüst, Berlin [Ost] 1963

Hanhimäki, Jussi M., und Odd Arne Westad, The Cold War. A history in documents and eyewitness accounts, Oxford [u.a.] 2003

Hanke, Wolf-Werner, Vom Boller zum Panzermörser. Aus der Entwicklung einer Waffe. In: Truppenpraxis, 07/69, S. 577-579

Hanrieder, Wolfram F., Deutschland, Europa, Amerika. Die Außenpolitik der Bundesrepublik Deutschland 1949-1994, 2., völlig überarb. und erw. Aufl., Paderborn 1995

Hartwig, Norbert, Chronik der 11. Panzerdivision, Oldenburg 1994

Haucke, Wolf-W., Die Entwicklung der modernen Unterstützungswaffen der deutschen Infanterie. In: Truppenpraxis, 1969, 9, S. 732-745

Hecker, Gerhard, Ein Rundgang durch die Ausstellung. In: 30 Jahre Bundeswehr, S. 25-205

Heideking, Jürgen, Geschichte der USA, 2., überarb. und erw. Aufl., Tübingen [u.a.] 1999

Heinze, Dieter, Mot. Schützengruppen. Die Infanterie der Nationalen Volksarmee. In: DMZ, 10 (2004), 3, S. 40-45

Herbst, Ludolf, Komplexität und Chaos. Grundzüge einer Theorie der Geschichte, München 2004

Hillmann, Karl-Heinz, und Günter Hartfiel, Wörterbuch der Soziologie, 5., vollst. überarb. und erw. Aufl., Stuttgart 2007

Hoffmann, Jan, … und wenn ein Dragoner vom Pferde fällt, so steht ein Musketier wieder auf. Einführung in die Geschichte des Wechsels der Kampfweise. In: Panzergrenadiere, S. 11-22

Illustrirtes deutsches Militär-Lexikon. Hrsg. von Justus Scheibert unter Mitw. von Richard Wille [u.a.], Berlin 1897

Im Dienste der Partei. Handbuch der bewaffneten Organe der DDR. Im Auftr. des Militärgeschichtlichen Forschungsamtes hrsg. von Torsten Diedrich, Hans Ehlert und Rüdiger Wenzke, Berlin 1998

Kaase, Max, Die politische Mobilisierung von Studenten in der Bundesrepublik. In: Aufstand der Jugend?, S. 56 f.

Kalberg, Stephen, Einführung in die historisch-vergleichende Soziologie Max Webers, Wiesbaden 2001

Kämmerer, H.-J., Praktischer Dienst und Unterricht in der Bundeswehr, Frankfurt a.M. 1973 (= Der Reibert. Ausgabe Heer)

Kerber, Karl-Heinz, Konzeptionelle Vorstellungen für die Führungseinrichtungen der Panzertruppen unter den Bedingungen der vernetzten Operationsführung. In: EuSi, 2008, 7, S. 61-65

Kersten, Manfred, und Ulrike Volkmann, Unternehmensgeschichte. In: Walther – Tradition of innovation, S. 6-11

Kilian, Dieter E., Elite im Halbschatten. Generale und Admirale der Bundeswehr, Bielefeld [u.a.] 2005

Kirch, Karl, Turm und Bewaffnung des Schützenpanzer Marder. In: Soldat und Technik, 1971, 6, S. 326-331

Kissel, Hans, Deutsche Infanterie heute. Gedanken zu einem Problem. In: Wehrkunde, 1964, 11, S. 586-590

Kissel, Hans, Die Lehr- und Versuchsübung 1958 in der Lüneburger Heide. In: Wehrkunde, 1958, 11, S. 585-595

Kissel, Hans, Panzerabwehr durch Infanterieverbände. In: Wehrkunde, 1965, 4, S. 194

Klein, Eugen, »Nebelkrähe«. Manöver der 5. Panzerdivision vom 1. März 1963 bis 9. März 1963. In: Kampftruppen, 1963, 3/4, S. 21

Klein, Paul, Die Akzeptanz der Bundeswehr in der deutschen Bevölkerung im späten 20. Jahrhundert. In: Entschieden für Frieden, S. 471-482

Klennert, Wolfgang, Der neue deutsche Schützenpanzer. In: Soldat und Technik, 1971, 6, S. 306-310

Kleßmann, Christoph, Das Jahr 1968 in westlicher und östlicher Perspektive. In: Potsdamer Bulletin für zeithistorische Studien, 2003, 28/29, S. 7-16

Kleßmann, Christoph, Zwei Staaten, eine Nation. Deutsche Geschichte 1955-1970, Göttingen 1988

Kollmer, Dieter H., »Klotzen, nicht kleckern!« Die materielle Aufrüstung des Heeres von den Anfängen bis Ende der sechziger Jahre. In: Hammerich/Kollmer/Rink/Schlaffer, Das Heer, S. 485-614

Kollmer, Dieter H., »Nun siegt mal schön!« Aber womit? Die Aufrüstung des Heeres der Bundeswehr 1953 bis 1972. In: Die Bundeswehr 1955 bis 2005, S. 397-415

Kollmer, Dieter H., Rüstungsgüterbeschaffung in der Aufbauphase der Bundeswehr. Der Schützenpanzer HS 30 als Fallbeispiel (1953-1961), Stuttgart 2002 (= Beiträge zur Wirtschafts- und Sozialgeschichte, 93)

Konjunkturelle Wirkungen öffentlicher Haushalte. Mit Beiträgen von Dieter Biehl [u.a.], Tübingen 1978 (= Kieler Studien, 146)

Kopenhagen, Wilfried, Die Mot-Schützen der NVA von 1956 bis 1990, Solingen 1995

Kreft, Fritz Hermann, Die Erprobung des Schützenpanzers »Marder«. In: Jahrbuch der Wehrtechnik, 4 (1969), S. 43-50

Kriegsnah ausbilden. Hilfen für den Gefechtsfelddienst aller Truppen. Im Auftr. des Heeresamtes bearb. von Gerhard Elser, Köln 1985

Krüger, Dieter, Das Amt Blank. Die schwierige Gründung des Bundesministeriums für Verteidigung. Hrsg. vom Militärgeschichtlichen Forschungsamt, Freiburg i.Br. 1993 (= Einzelschriften zur Militärgeschichte, 38)

Krüger, Dieter, Nationaler Egoismus und gemeinsamer Bündniszweck. Das »Nato Air Defence Ground Environment Programme« (NADGE) 1959 bis 1968. In: MGZ, 64 (2005), S. 333-358

Krüger, Dieter, Schlachtfeld Bundesrepublik? Europa, die deutsche Luftwaffe und der Strategiewechsel der NATO 1958 bis 1968. In: VfZ, 56 (2008), S. 171-225

Krüger, Dieter, Sicherheit durch Integration? Die wirtschaftliche und politische Zusammenarbeit Westeuropas 1947 bis 1957/58. Hrsg. vom Militärgeschichtlichen Forschungsamt, München 2003 (= Entstehung und Probleme des Atlantischen Bündnisses bis 1956, 6)

Kryshanowski, K., Das Problem des selbständig motorisierten Schützenverbandes. In: Taktik schneller Verbände, S. 11-38

Kurowski, Franz, Grenadiere, Generale, Kameraden. Der Kampf der motorisierten deutschen Infanterie in Porträts ihrer ausgezeichneten Soldaten, Rastatt 1968

Kurowski, Franz, Der Panzerkrieg, München 1980

L., G., Verstärkung der Panzerabwehr. In: Wehrkunde, Februar 1965, S. 101

Lange, Max Gustav, Politische Soziologie. Eine Einführung, Berlin 1961 (= Vahlens Handbücher der Wirtschafts- und Sozialwissenschaften)

Laufer, Heinz, Verfassungsgerichtsbarkeit und politischer Prozeß. Studien zum Bundesverfassungsgericht der Bundesrepublik Deutschland, Tübingen 1968

Lehmann, Hans G., Deutschland-Chronik 1945 bis 1995, 2. durchges. Aufl., Bonn 1996 (= Schriftenreihe der Bundeszentrale für Politische Bildung, 332)

Lemm, Hein-Georg, Die Infanterie in modernen Heeren. In: Wehrkunde, April 1967, S. 169-175

Liddell Hart, Basil Henry, Infanterie von morgen, Potsdam 1934

Liddell Hart, Basil Henry, Strategy. The indirect approach, 4. ed., London 1967

Liddell Hart, Basil Henry, The Tanks. The history of the Royal Tank Regiment and its predecessors Heavy Branch Machine-Gun Corps and Royal Tank Corps, 1914-1918, London 1959

Lidell Hart, Basil Henry, Strategy, 2., rev. ed., London 1967

Liederbuch der Bundeswehr. Hrsg. vom Bundesministerium der Verteidigung, Wolfenbüttel [u.a.] 1958

Liederbuch der Bundeswehr. Hrsg. vom Bundesministerium der Verteidigung, Bamberg 1976

Lindgren, David T., Trust but verify. Imagery analysis in the Cold War, Annapolis, MD 2000

Lisewski, Eugen A., Deutsche Maschinengewehre MG 01 bis MG 42 im Einsatz, Wölfersheim-Berstadt 1999 (= Waffen-Arsenal, 180)

Ljoschin, Michael G., Die Streitkräfte der UdSSR zwischen Berlin und Kuba-Krise. Wandlungen strategischer Prinzipien und Einsatzmuster? In: Vor dem Abgrund; S. 27-38

Lubs, Gerhard, IR 5. Aus der Geschichte eines Pommerschen Regiments 1920-1945, Bochum 1965

Lummitsch, Der Entstehungsgang des Wehrmaterial der Materialgruppe 84. In: Kampftruppen, 1969, 2, S. 51

Mackenscheidt, Klaus, Zusammenhänge zwischen Geldpolitik, Staatsverschuldung, Arbeitslosigkeit und Inflation. In: Deutsche Wirtschaft, S. 173

Maddrell, Paul, Einfallstor in die Sowjetunion. Die Besatzung Deutschlands und die Ausspähung der UdSSR durch den britischen Nachrichtendienst. In: VfZ, 53 (2003), 2, S. 183-227

Märki, Patrick R., Krieg heute. Guerillakrieg. In: ASMZ, 2006, 11, S. 7

Maizière, Ulrich de, In der Pflicht. Lebensbericht eines deutschen Soldaten im 20. Jahrhundert, Herford, Bonn 1989

Maizière, Ulrich de, Soldatische Führung – heute. Vorträge und Reden zur Aufgabe und Situation der Bundeswehr, Hamburg, Berlin 1966 (= Truppe und Verwaltung, 12)

Manstein, Erich von, Soldat im 20. Jahrhundert. Militärisch-politische Nachlese. Hrsg. von Rüdiger von Manstein und Theodor Fuchs, 4. Aufl., Bonn 1997

Manstein, Erich von, Verlorene Siege. Erinnerungen 1939-1944, 11. Aufl., Koblenz 1987

Marberg, Jan, Feuer und Bewegung. Die Quick Reaction Force des Regional Command North. In: Y. Magazin der Bundeswehr, 2008, 8, S. 26-31

Marshall, Samuel Lyman Atwood, Sinai victory. Command decisions in history's shortest war. Israel's hundred-hour conquest of Egypt east of Suez, Autumn 1956, New York 1958

Meinke, Helmut, Die Abwehr ist vor allem ein Kampf gegen Panzer. In: Kampftruppen, 1965, 10, S. 142-145

Meyer, Georg, Adolf Heusinger. Dienst eines deutschen Soldaten 1915 bis 1964. Hrsg. mit Unterstützung der Clausewitz-Gesellschaft und des Militärgeschichtlichen Forschungsamtes, Hamburg [u.a.] 2001

Middeldorf, Eike, Taktik im Rußlandfeldzug. Erfahrungen und Folgerungen, Darmstadt 1956

Militärhistorische Untersuchungen. Hrsg. von Merith Niehuss, Frankfurt a.M. 2007

Miska, Peter, Das Geschäft mit der Rüstung. In: FR, 13.2.1957, S. 4

Montgomery, Bernard Law, Kriegsgeschichte. Weltgeschichte der Schlachten und Kriegszüge, Frankfurt a.M. 1972

Mooser, Josef, Abschied von der »Proletarität«. Sozialstruktur und Lage der Arbeiterschaft in der Bundesrepublik in historischer Perspektive. In: Sozialgeschichte, S. 143-186

Münkler, Herfried, Vom Krieg zum Terror. Das Ende des klassischen Krieges, Zürich 2006

Munzel, Oskar, Die deutschen gepanzerten Truppen bis 1945, Bonn, Herford 1965

Munzel, Oskar, Das neuzeitliche Heer. Eine gepanzerte Armee. In: Panzer. Zeitschrift der Kampftruppen, 1 (1960), 2/3, S. 3

Munzel, Oskar, Panzer-Taktik. Raids gepanzerter Verbände im Ostfeldzug 1941/1942, Neckargmünd 1959 (= Die Wehrmacht im Kampf, 20)

Nägler, Frank, Muster des Soldaten und Aufstellungskrise. In: Die Bundeswehr 1955 bis 2005, S. 81-99

NATO strategy documents 1949-1969. Ed. by Gregory W. Pedlow in coll. with NATO International Staff Central Archives, Brussels 1997

NATO. Tatsachen und Dokumente. Hrsg. von der NATO-Informationsabteilung, Brüssel 2000

Neubauer, Günter, Grundzüge der Volkswirtschaftslehre, 4., überarb. Aufl., Bayreuth 2004

Neue Rüstung – neue Armut. Aufrüstungspläne und Rüstungsindustrie in der Bundesrepublik Deutschland bis zum Jahr 2000. Hrsg. von Jörg Huffschmid, Werner Voß und Norbert Zdrowomyslaw, Köln 1986

Noltz, Friedrich Wilhelm von, Die Panzergrenadierbrigade. Wesen und Aufgaben des neuen, kleinsten Großverbandes des Heeres. In: Soldat und Technik, 1963, 11, S. 624 f.

Das Nordatlantische Bündnis 1949 bis 1956. Im Auftr. des Militärgeschichtlichen Forschungsamtes hrsg. von Norbert Wiggershaus und Klaus A. Maier, München 1993 (= Beiträge zur Militärgeschichte, 37)

Nowosadtko, Jutta, Krieg, Gewalt und Ordnung. Einführung in die Militärgeschichte, Tübingen 2002 (= Historische Einführungen, 6)

Panzergrenadiere. Eine Truppengattung im Spiegel ihrer Geschichte. Im Auftr. des Freundeskreises der Panzergrenadiertruppe e.V. hrsg. von Klaus Christian Richter, Munster/Örtze 2004

Panzergrenadiere (mot) und Panzergrenadiere (MTW). Bearb. von Horst Hüner, Regensburg 1967 (= Führen und Kämpfen, 2)

Panzergrenadiere (SPz). Bearb. von H. A. Pinnow, Regensburg 1966 (= Führen und Kämpfen, 1)

Pein, Ernst, Der Schützenpanzer Marder. Das neue Kampffahrzeug der Panzergrenadiere im Vergleich zu dem bisherigen Schützenpanzer HS 30. In: Truppenpraxis, 1972, 2, S. 106-114

Plate, Jürgen, Fahrzeuge der Bundeswehr seit 1955, Stuttgart 2005

Potempa, Harald, Bundeswehr und Tradition. 25 Jahre Richtlinien zu Traditionsverständnis und zur Traditionspflege. In: Militärgeschichte, 2007, 2, S. 12-16

Rautenberg, Hans-Jürgen, In den 50er Jahren. In: Bedrohung, S. 311-342

Reibert, Wilhelm, Der Dienstunterricht im Heere. Zusammengestellt und bearbeitet von Jürgen Brandt, Frankfurt a.M. 1959

Reinhard, H., Entscheidet der Panzer noch das Gefecht? In: Truppenpraxis, 1963, 4, S. 273 f.

Richardson, Robert C. III., NATO's Nuclear Strategy: A Look Back. In: StratRev, 9 (1981), 2, S. 35-43

Richter, Karsten, Panzer – Panzergrenadiere – Panzerartillerie. Die Panzerkampftruppe als Truppeneinteilung 1943-1945. In: Panzergrenadiere, S. 173-195

Richter, Klaus Christian, Der Aufbau der Panzergrenadiertruppe 1956-1958 am Beispiel des Panzergrenadierlehrbataillons Munsterlager. In: Panzergrenadiere, S. 213-273

Richter, Klaus Christian, Die »Division 59«. Nachmals die Heerestruktur 2. In: Panzergrenadiere, S. 275-302

Riemann, Horst, Deutsche Panzergrenadiere, Herford [u.a.] 1989

Rink, Martin, Das Heer der Bundeswehr im Wandel 1950 bis 2005. Von Himmerod zum »Heer der Zukunft«. In: Entschieden für Frieden, S. 137-154

Rink, Martin, Der kleine Krieg. Entwicklungen und Trends asymetrischer Gewalt 1740-1815. In: MGZ, 65 (2006), 2, S. 355-388

Rink, Martin, »Strukturen brausen um die Wette«. Zur Organisation des deutschen Heeres. In: Hammerich/Kollmer/Rink/Schlaffer, Das Heer, S. 353-483

Rink, Martin, Vom »Partheygänger« zum Partisanen. Die Konzeption des kleinen Krieges in Preußen 1740-1813, Dissertation Berlin 1998

Ritz, Alfred, Panzergrenadiere. Gedanken über eine Waffengattung der Kampftruppen. In: Kampftruppen/Kampfunterstützungstruppen, 1980, 5, S. 197-202

Rogler, Dietrich, Panzertruppen. Neue Abteilung VII »Panzertruppen« im Heeresamt. In: Das Schwarze Barett, 1990, 7, S. 18-40

Rozmyslowski, Ulrich, Panzergrenadiere. Wesen und Aufgabe einer Truppengattung im Spiegel ihrer Geschichte. In: Der Panzergrenadier, 2002, 10, S. 1-11

Rozmyslowski, Ulrich, Die Panzergrenadiertruppe im Heer der Zukunft. In: Panzergrenadiere, S. 357-373

Rozmyslowski, Ulrich, Die Panzergrenadiertruppe in der Heeresstruktur 3. In: Panzergenadiere, S. 303-323

Sagmeister, Wolfgang, General der Artillerie Ing. Ludwig Ritter von Eimannsberger. Theoretiker und Visionär der Verwendung von gepanzerten Großverbänden im Kampf der verbundenen Waffen, Diss. Phil. der Universität Wien 2007

Scheibert, Horst, Deutsche Panzergrenadiere 1939-1945. Eine Dokumentation in Bildern, Dorheim 1968

Scheibert, Michael, Schützenpanzer der NATO. Hauptwaffensysteme der Infanterie, Friedberg 1993 (= Waffen-Arsenal, 28)

Scheibert, Michael, SPz MARDER und seine Varianten ROLAND, TH 301, TÜR u.a., Friedberg 1987 (= Waffen-Arsenal, 106)

Schertz, Adrian W., Die Deutschlandpolitik Kennedys und Johnsons. Unterschiedliche Ansätze innerhalb der amerikanischen Regierung, Köln [u.a.] 1992 (= Dissertationen zur neueren Geschichte, 23)

Schildt, Axel, Vor der Revolte. Die sechziger Jahre. In: APuZ, 2001, 22/23, S. 7-13

Schiller, Karl, Überwindung der Rezession und zwei Jahre kräftiger, stetiger Aufschwung. Am 19. Juni 1969 im Deutschen Bundestag gehaltene Rede. Sonderdruck aus dem Tätigkeitsbericht der Bundesregierung für 1969. Hrsg. vom Bundesministerium für Wirtschaft, Bonn 1969

Schlaffer, Rudolf J., Anmerkungen zu 50 Jahren Bundeswehr: Soldat und Technik in der »totalen Verteidigung«. In: MGZ, 64 (2005), S. 487-502

Schlaffer, Rudolf J., Die Bedeutung des Balkans als strategisch-operativer Raum für die Bundeswehr. In: Am Rande Europas?, S. 347-363

Schlaffer, Rudolf J., Der Wehrbeauftragte 1951 bis 1985. Aus Sorge um den Soldaten. Hrsg. vom Militärgeschichtlichen Forschungsamt, München 2006 (= Sicherheitspolitik und Streitkräfte der Bundesrepublik Deutschland, 5)

Schlicht, Adolf, Die schweren Waffen des Panzergrenadierbataillon (mot). In: Kampftruppen, 1963, 3/4, S. 16 f.

Schmidt, Helmut, Der gefährlichste Moment. In: Spiegel Spezial Geschichte »Der Kalte Krieg«, 2008, 3, S. 20-22

Schmidt, Helmut, Verteidigung oder Vergeltung. Ein deutscher Beitrag zum strategischen Problem der NATO. Bearb. von Wolf Loah, Stuttgart 1961

Schmitt, Burkard, Frankreich und die Nukleardebatte der Atlantischen Allianz 1956 bis 1966. Hrsg. vom Militärgeschichtlichen Forschungsamt, München 1998 (= Militärgeschichtliche Studien, 36)

Schneider, Wolfgang, Panzer der NVA. Kampfpanzer – Schützenpanzer – Panzerhaubitzen u.a., Friedberg 1992 (= Waffen-Arsenal, 26)

Schöllgen, Gregor, Was hat der Ost-West-Konflikt in der Weltpolitik bewirkt? In: Weltpolitik, S. 72-81

Schrader, Uwe, Entwicklung der gepanzerten Kampftruppen seit 1956. Entstehung der Brigade. In: Das Schwarze Barett, 1990, 20, S. 96

Schützenpanzer. Entwicklung, Technik, Bewaffnung, Einsatz. Hrsg. von Kurt Erhart, Berlin [Ost] 1982 (= Militärtechnische Hefte)

Schuler, Ralf, Nicht sicher. Nicht stabil. In: MAZ, 9. 6. 2005, Themenbeilage V7

Schumpeter, Joseph Alois, Konjunkturzyklen. Eine theoretische, historische und statistische Analyse des kapitalistischen Prozesses, Göttingen 1961 (= Grundriss der Sozialwissenschaft)

Schwarz, Hans-Peter, Die Ära Adenauer. Epochenwechsel 1957-1963. Mit einem einl. Essay von Johannes Gross hrsg. von Karl Dietrich Bracher, Stuttgart 1983 (= Geschichte der Bundesrepublik Deutschland, 3)

Schwarz, Hans-Peter, Anmerkungen zu Adenauer, München 2004

Seifert, Herbert, Heeresstruktur 3. 1970-1979. In: EuSi, 1999, 9, Bd 48, S. 54 f.

Senger und Etterlin, Ferdinand Maria von, Atomkrieg und Panzertruppe. In: Wehrkunde, 1956, 9, S. 438-441

Senger und Etterlin, Ferdinand Maria von, Die Panzergrenadiere. Geschichte und Gestalt der mechanisierten Infanterie 1930-1960, München 1961

Senich, Peter, Deutsche Sturmgewehre bis 1945, Stuttgart 1998

Sheppard, Eric William, Die Tanks im nächsten Krieg, Zürich 1940 (= Der nächste Krieg)

Sozialgeschichte der Bundesrepublik Deutschland. Beiträge zum Kontinuitäts-problem. Hrsg. von Werner Conze und M. Rainer Lepsius, Stuttgart 1983 (= Industrielle Welt, 34)

Spatz, Helmut, Die PzGrenKp (MTW). In: Truppenpraxis, 1964, 7, S. 521-523

Spencer, Robert, Einschätzungen im Bündnis insgesamt 1949-1985. In: Bedro-hung, S. 19-71

Stahel, Albert A., Krieg und Terrorismus – welche Zukunft? Dissymmetrischer Krieg versus asymetrischer Krieg. In: ASMZ, 2002, 12, S. 2-7

Steinhoff, Johannes, und Reiner Pommerin, Strategiewechsel. Bundesrepublik und Nuklearstrategie in der Ära Adenauer-Kennedy, Baden-Baden 1992 (= Nuclear history program, 1)

Steininger, Rolf, Der Kalte Krieg, 3. Aufl., Frankfurt a.M. 2004

Stipanitz, Wolfgang, Die Entwicklung der Rüstungsprojekte HS 30 und Marder unter besonderer Berücksichtigung wirtschaftlicher Aspekte, München 1980 [Diplomarbeit der Wirtschafts- und Organisationswissenschaften der Hoch-schule der Bundeswehr]

Stoltenberg, Gerhard, Wendepunkte. Stationen deutscher Politik 1947-1990, Berlin 1997

Strasser, Hermann, Gesellschaft/Staat und Gesellschaft. In: Wörterbuch Staat und Politik, S. 203-206

Stromseth, Jane E., The origins of flexible response. NATO's debate over strat-egy in the 1960s, London 1988 (= St. Antony's/Macmillan series)

Swenson, George Watts Parks, Das Gewehr. Die Geschichte einer Waffe, Stutt-gart 1973

Taktik schneller Verbände. Russische Ansichten über die Verwendung motori-sierter und mechanisierter Einheiten. Hrsg. von M. J. Kurtzinski, Potsdam 1935

Tetzlaff, Rainer, Die Dekolonisation und das neue Staatensystem. In: Weltpoli-tik, S. 40-71

Thoß, Bruno, Der Beitritt der Bundesrepublik Deutschland zur WEU und NATO im Spannungsfeld von Blockbildung und Entspannung (1954-1956). In: AWS, Bd 3, S. 1-234

Thoß, Bruno, Kollektive Verteidigung und ökonomische Sicherheit. In: Von Truman bis Harmel, S. 19-37

Thoß, Bruno, NATO-Strategie und nationale Verteidigungsplanung. Planung und Aufbau der Bundeswehr unter den Bedingungen einer massiven atoma-ren Vergeltungsstrategie 1952 bis 1960. Hrsg. vom Militärgeschichtlichen Forschungsamt, München 2006 (= Sicherheitspolitik und Streitkräfte der Bundesrepublik Deutschland, 1)

Thoß, Bruno, Einführung. In: Hammerich/Kollmer/Rink/Schlaffer, Das Heer, S. 1-15

Transfeldt, Walter, Wort und Brauch in Heer und Flotte. Hrsg. von Hans-Peter Stein, 9., überarb. und erw. Aufl., Stuttgart 1986

Trauschweizer, Ingo Wolfgang, Creating deterrence for limited war. The U.S. Army and the defense of West Germany, 1953-1982, College Park, MD 2006

Trauschweizer, Ingo Wolfgang, Learning with an Ally: The U.S. Army and the Bundeswehr in the Cold War. In: JMilH, 2008, 2, S. 477-508

Tuchman, Barbara Wertheim, August 1914, Frankfurt a.M. 1990

Uhl, Matthias, Krieg um Berlin? Die sowjetische Militär- und Sicherheitspolitik in der zweiten Berlin-Krise 1958 bis 1962, München 2008 (= Quellen und Darstellungen zur Zeitgeschichte, 73)

Uhl, Matthias, und Armin Wagner, BND contra Sowjetarmee. Westdeutsche Militärspionage in der DDR. Hrsg. vom Militärgeschichtlichen Forschungsamt, Berlin 2007 (= Militärgeschichte der DDR, 14)

Uhle-Wettler, Franz, Die Jägertruppe. Die Wiedergeburt der Infanterie. In: Jahrbuch des Heeres, 3 (1971), S. 29-34

Unser Heer. The German army. L'Armee allenmande. Waffen, Fahrzeuge, Flugzeuge, Sonderausrüstungen, Bremen 1970

Verzögerungen im Schützenpanzerprogramm. In: Wehrkunde, Oktober 1964, S. 606

Von Truman bis Harmel. Die Bundesrepublik Deutschland im Spannungsfeld von NATO und europäischer Integration. Im Auftr. des Militärgeschichtlichen Forschungsamtes hrsg. von Hans-Joachim Harder, München 2000 (= Militärgeschichte seit 1945, 11)

Vontobel, Hans Dieter, Vorwort. In: Münkler, Vom Krieg zum Terror, U1-S. II

Vor dem Abgrund. Die Streitkräfte der USA und UdSSR sowie ihrer deutschen Bündnispartner in der Kubakrise. Hrsg. von Dimitrij N. Filippovych und Matthias Uhl, München 2005 (= Schriftenreihe der Vierteljahrshefte für Zeitgeschichte, Sonderbd)

Wallraff, Günter, Mein Tagebuch aus der Bundeswehr. Mit einem Beitr. von Heinrich Böll, Flottenadmiral Elmar Schmähling und einem Dialog zwischen Günter Wallraff und Jürgen Fuchs, Köln 1992

Walther – Tradition of innovation. Hrsg. von der Carl Walther GmbH, Ulm 2006

Wampler, Robert Allen, Ambiguous legacy. The United States, Great Britain and the foundations of NATO strategy, 1948-1957, Ann Arbor, MI 1991

Warburg, Jens, Das Militär und seine Subjekte. Zur Soziologie des Krieges, Bielefeld 2008

Was ist Militärgeschichte? Hrsg. von Thomas Kühne und Benjamin Ziemann mit dem Arbeitskreis Militärgeschichte e.V. und dem Institut für Soziale Bewegungen der Ruhr-Universität Bochum, Paderborn [u.a.] 2000 (= Krieg in der Geschichte, 6)

Weber, Max G., Wirtschaft und Gesellschaft, Tübingen, 1972

Wegmarkierungen. 50 Jahre Wirtschaftsgeschichte im Handelsblatt. Hrsg. von Rainer Nahrendorf und Waldemar Schäfer, Stuttgart 1996

Wegner, Bernd, Eine historisch-kritische Operationsgeschichte. In: Was ist Militärgeschichte?, S. 105-115

Wehren, Helmut von, Gefechtsausbildung der Panzergrenadiere. Aufgabensammlung für den Rekrutenausbilder zur Anleitung in der Gefechtsausbildung im Rahmen der Gruppe mit 2 le. M 6., gepanzert und ungepanzert, Berlin 1944

Weißbuch 1970. Zur Sicherheit der Bundesrepublik Deutschland und zur Lage der Bundeswehr. Hrsg. vom Bundesminister der Verteidigung und dem Presse- und Informationsamt der Bundesregierung, Bonn 1970

Weißbuch 1971/1972. Zur Sicherheit der Bundesrepublik Deutschland und zur Entwicklung der Bundeswehr. Hrsg. vom Bundesminister der Verteidigung und dem Presse- und Informationsamt der Bundesregierung, Bonn 1972

Weller, Jac, Bundeswehr Infantry Organisation and Tactics. In: MR, 1971, 2, S. 82-93

Wellershoff, Dieter, Mit Sicherheit. Neue Sicherheitspolitik zwischen gestern und morgen, Bonn 1999

Weltpolitik im neuen Jahrhundert. Schriften des Forschungsinstituts der Deutschen Gesellschaft für Auswärtige Politik e.V. Hrsg. im Auftr. der Bundeszentrale für Politische Bildung von Karl Kaiser und Hans-Peter Schwarz, Bonn 2000 (= Schriftenreihe der Bundeszentrale für Politsche Bildung, 364)

Wenzke, Rüdiger, Die Nationale Volksarmee (1956 bis 1990). In: Im Dienste der Partei, S. 423-535

Wieck, Hans Georg, Die Bundesrepublik Deutschland und das Nordatlantische Bündnis. Rückblick und Perspektiven. In: 30 Jahre Bundeswehr, S. 299-312

Willensmenschen. Über deutsche Offiziere. Hrsg. von Ursula Breymayer, Bernd Ulrich und Karin Wieland, Frankfurt a.M. 1999

Wörterbuch Staat und Politik. Hrsg. von Dieter Nohlen, 5. Aufl., München, Zürich 1998

Wörterbuch zur Sicherheitspolitik. Deutschland in einem veränderten internationalen Umfeld. Hrsg. von Ernst-Christoph Meier, Klaus-Michael Nelte und Heinz-Uwe Schäfer, 6., vollst. überarb. Aufl., Hamburg [u.a.] 2006

Wohlstetter, Albert, Das prekäre Gleichgewicht des Schreckens. In: Europa-Archiv, 1959, 14, S. 268-290

Wolf Graf von Baudissin 1907 bis 1993. Modernisierer zwischen totalitärer Herrschaft und freiheitlicher Ordnung. Im Auftr. des Militärgeschichtlichen Forschungsamtes hrsg. von Rudolf J. Schlaffer und Wolfgang Schmidt, München 2007

Zameck, Walburga von, Finanzwissenschaft. Grundlagen der Stabilisierungspolitik, München [u.a.] 1996

Zander, Otto-Eberhard, Probleme und Aspekte der Tradition in den neuen deutschen Streitkräften in West und Ost. Ein Vergleich der Traditionen von Bundeswehr und Nationaler Volksarmee (1950-1990), Phil. Diss. der Christian-Albrechts-Universität Kiel 2000

Zentner, Christian, Geschichte des Ersten Weltkrieges, München 1980

Zimmermann, John, Vom Umgang mit der Vergangenheit – Zur historischen Bildung und Traditionspflege in der Bundeswehr. In: Die Bundeswehr 1955 bis 2005, S. 115-129

Zwischen Kaltem Krieg und Entspannung. Sicherheits- und Deutschlandpolitik der Bundesrepublik im Mächtesystem der Jahre 1953 bis 1956. Im Auftr. des Militärgeschichtlichen Forschungsamtes hrsg. von Bruno Thoß und Hans-Erich Volkmann, Boppard a.Rh. 1988 (= Militärgeschichte seit 1945, 9)

Geografisches Register

Personenregister

Größenordnungen militärischer Strukturen / General-Legend

XXX	**Korps** 60000 – 100000 Soldaten
XX	**Division** 12000 – 20000 Soldaten
X	**Brigade** 3000 – 6000 Soldaten
III	**Regiment** 2000 – 3000 Soldaten
II	**Bataillon** 500 – 1000 Soldaten
I	**Kompanie** ca. 100 Soldaten
•••	**Zug** ca. 30 Soldaten
••	**Gruppe** ca. 10 Soldaten
•	**Trupp** ca. 5 Soldaten

Panzergrer (bei der NVA

Panzergrer

Panzergrer

Jäger- (allg. Zeichen

Panzer-

Panzeraufk

Panzerjäge

Panzerjäge

Panzerarti

Artillerie-

Raketenart

Raketen-

Geschossw (nur bei NVA)

Leichter M

Mittlerer M

Schwerer Mörser-	Leichte Kanonen-
Pionier-	Maschinengewehr-
Panzerpionier-	Quartiermeister-
Panzerschnellbrücken- (z.B. Brückenlegepanzer Biber)	Leichte Fahrzeug-
Fernmelde-	Schwerer Panzerabwehrraketen- (z.B. Leichtgeschütz 106 mm)
Panzerfernmelde-	

Schwerer Mörser-

Pionier-

Panzerpionier-

Panzerschnellbrücken-
(z.B. Brückenlegepanzer Biber)

Fernmelde-

Panzerfernmelde-

Sanitäts-

Transport-

Instandsetzungs-

ABC-Abwehr-

Heeresflieger-

MP Feldjäger-
(allg. Zeichen für Militärpolizei)

Lehr- / Schul-

Flugabwehr- (allgemein)

Flugabwehrartillerie-

Leichte Kanonen-

Maschinengewehr-

Quartiermeister-

Leichte Fahrzeug-

Schwerer
Panzerabwehrraketen-
(z.B. Leichtgeschütz 106 mm)

Zusatzzeichen

schwer

Stabs-

Versorgungs-

Stabs- und Versorgungs-

Territorialkommando
(z.B. Heimatschutzbrigade)

Gebirgs-

Luftlande-

Die Wappen der Panzergrenadierbrigaden 1959

PzGrenBrig 1
Hildesheim

PzGrenBrig 2
Braunschweig

PzGrenBrig 4
Göttingen

PzGrenBrig 5
Kassel

PzGrenBrig 7
Hamburg

PzGrenBrig 10
Amberg

PzGrenBrig 11
Amberg

PzGrenBrig 13
Grafenwöhr

PzGrenBrig 15
Koblenz

PzGrenBrig 17
Hamburg

PzGrenBrig 1
Flensburg

PzGrenBrig 20
Hemer

PzGrenBrig 29
Pfullendorf

PzGrenBrig 31
Oldenburg

PzGrenBrig 3
Schwanewede

www.ingramcontent.com/pod-product-compliance
Lightning Source LLC
Chambersburg PA
CBHW061236150426

42812CB00055BA/2601